遺忘
的危機

第一次台海危機的真相

周湘華 著

TAIWAN

推薦序一

　　1950 年代的台海危機，不僅威脅到台澎金馬地區的安全與生存，也影響到整體東亞局勢的穩定與發展。近年來，由於各類歷史文件紛紛解密，以及「後冷戰」時代國際和解氛圍的逐漸形成，「冷戰史」已成為國際史學界與人文社會科學領域中的新顯學。但是，相關的研究至今仍可說是方興未艾，而且解釋觀點雜然紛陳，尚無完全一致的共識，頗值得外交史與國際關係學者投注心力，尋求更為周全的新解釋。

　　周湘華博士的新著《遺忘的危機──第一次台海危機的真相》正是一本以歷史文獻為經，國際關係理論為緯，廣泛參酌相關中英文獻而完成的傑出近作。作者比較了從 1950 至 1990 年代美國史家對台海危機的不同解釋觀點，包括傳統學派、修正學派與後修正學派的各種異見，從早期強調杜勒斯在台海危機中扮演的角色，到運用國際政治學界的概念，將國家角色擬人化，藉以分析國家的行為角色，並擴大研究視野，修正以往過度集中杜勒斯角色分析的研究偏向，轉而著重對艾森豪的角色的分析。換言之，杜勒斯只是美國總統外交意旨的執行者，嚇阻中共使其不敢輕易使用武力，而艾森豪總統慎重的核武威脅，也適切的警告中共，使其不致冒進，卻又不會感到羞辱。另外，隨著研究課題與視野的擴大，包括對當時美國國會及輿論的研究，對英國影響美國官方決策的分析，以及對中共與蘇聯關係的探討，都提供了更多多元化的視角。此外，近 30

年來台灣、大陸、蘇聯等官方資料的開放與解密，也讓研究題材更見豐富，解釋觀點也更加信而有徵。其中研究成果，對過去強調杜勒斯或艾森豪英明果斷的觀點提出修正，也對理性決策的解釋觀點有所質疑，相對的，美國當時在台海危機中的決策乃是一種因時制宜的臨時性決策，期待的則是中共方面的良性回應。

周湘華博士站在前賢的研究基礎上，集中研究焦點在 1954 年台海危機時中共的行為角色之上。他廣泛檢閱了中共官方公布的史料和相關的回憶錄，並與美、蘇兩國的史料作比較，提出了一份精緻而深入的研究報告，也可說為國際關係理論與外交史研究的結合，提供了一項可貴的例證。

誠如作者提出，中共與美國雙方對危機初期的評估都相當準確，美國認為中共引爆危機乃是軍事試探，而中共主動引發台海危機的目標則是解放大陸沿海各島，未料卻加速了「中美共同防禦條約」的簽訂。中共將「解放台灣」的口號強加於有限的軍事行動之上導致軍事目標失敗，外交目標亦未成功，直到萬隆會議才有所轉圜。

至於杜勒斯所言「外島困境」，剪除臍帶（金、馬二島）之後是否即能創造出「兩個中國」的環境？很顯然的，中共方面是以「單打雙不打」策略拖住台灣與大陸的關係，而蔣中正總統則堅持「金馬不撤軍」的策略，反使美國以核武保住台灣，這使得台海關係自 1950 年代迄今，始終無法擺脫「一個中國」的格局。即使近年來台灣經歷了政黨輪替和「烽火外交」的衝撞，也無法衝破此一架構的局限。由此看來，台海雙方領導人在當時所做的抉擇，不但限制了美國外交當局的決策空間，同時也突破了「冷戰」與「後冷戰」的時代分際，而且還持續不斷的規約了當前台海關係的互動與發

展。就此而論，1950 年代的台海危機，的確可視為一場持續不輟的內戰格局的高峰，同時，也是台海關係迄今「剪不斷，理還亂」格局的真正開端！

周陽山　謹誌

民國 97 年 10 月

於台北

推薦序二

　　在民智未開的社會裡，一般老百姓難以瞭解戰爭何以發生。開啟台海第一次危機序幕的金門「九三砲戰」，對於親身經歷過的金門居民來說，是他們一生中首次遭遇到的，令人驚嚇、恐懼的場景。雖然砲擊只進行了十幾天，不如 1958 年的「八二三砲戰」損傷之大，但卻留下一生難於忘懷的體驗，也因為有了這一次經驗，在第二次遇到砲擊時，才能夠沉著無恐地渡過。就我個人的體驗，對一個十歲的小孩，臨場的記憶是那樣的片段、模糊，只是在往後人們口耳相傳和透過文獻的探討，才加深了我對此一事件的印象與認識。然而，這一場突如其來的災難何以會發生？不僅金門地區居民不知其所以然，執干戈以衛國土的士兵，恐怕也只是奉命投入戰場，而不知對岸何以選擇在此時發動砲擊，目的何在？這些疑問，時至今日，仍然沒有一致性的答案。最近，一位金門旅嘉同鄉的學長告訴我，他想瞭解「八二三砲戰」的因果和過程，但卻發現民間傳言和學者意見皆相當紛岐，不知如何能夠獲得正確的真相描述和客觀的評價？

　　自中共 1949 年建政、國府退居台灣以後，台灣海峽兩岸發生過數次危機或軍事危機。一般學者認為發生過三次。第一次是 1954 年 9 月 3 日至次年 4 月 23 日，歷經金門「九三砲戰」、一江山島淪陷、從大陳島撤退，並且發生過海、空作戰。第二次是 1958 年 8 月 23 日至 10 月 5 日，即史稱「八二三砲戰」，也有過海、空作戰。

第三次是 1995 年 7 月 21 日至 1996 年 3 月 8 日，因中共不滿李登輝「兩國論」而針對性地，兩次對台試射彈道飛彈所造成的危機狀態。但在大陸方面，有些學者則認為台海間發生過四次或五次危機，除了上述三次，也將 1949 年 10 月 25-26 日的古寧頭戰役，1962年間國府研擬反攻大陸的「國光計畫」未遂行動，以及 1990 年 7-9 月中共為反擊「兩國論」所進行的三軍戰備演習這三次納入計算。

　　自兩岸分治後，美國在兩岸互動關係上始終扮演著幾乎是決定性的關鍵角色。特別是 1950 年代的幾次台海危機，從危機的產生、發展和結束，美國的外交政策和軍事行動，都牽動了整個過程的演變。以本書所述的這一次危機而言，美國的介入與簽訂「中美共同防禦條約」，是促使中共挑起危機的主要原因之一。對國府而言，是台灣能夠免於中共解放金馬甚至攻台的危機。不論當時兩岸領導者對於各自所面臨的安全威脅的認知、處理危機的戰略和行動各不相同，也不論當時所處國內、國際環境的複雜程度，美國基於其國家利益所採取的政治、軍事決策，使中共解放台灣統一中國和台灣意圖反攻大陸的目標皆落空，造成海峽兩岸往後半個世紀的軍事對峙，也衍生了兩岸間和台灣島內的統獨之爭。在海峽三次台海危機中，台灣所得到的體驗是，幾次危機的解除，皆仰賴美軍出動第七艦隊的支援或嚇阻，才維持住台海的穩定和台灣的安全。這種依賴的心理和態度，也是造成今日為了國家安全所需要的軍購武器必須仰承美國鼻息的窘境因素。

　　幾次台海危機的產生、發展和結束，凸顯了政治意涵遠大於軍事行動的目的。克勞塞維茲認為「戰爭無非是政治交往使用另一種手段的延續」，毛澤東從辯證觀點來解釋：「戰爭是流血的政治、政治是不流血的戰爭」，因而強調戰爭應服從於政治。台海危機過程

中可以發現，中共雖然視之為內戰的延續，攻佔東南沿海島嶼和金馬外島，是其統一中國必然採取的軍事行動，但是中共也明白，以當時的國力和軍力，意圖進攻台灣，甚至攻佔金馬是不可能的任務。其目的在於試探美國的防禦決心，向國際宣示中共的領土主權。美國之軍事干預（出動太平洋第七艦隊和軍售台灣）台海危機，主要也是基於透過維持兩岸的動態平衡，保障其國家的最大利益。對台灣而言，儘管有志「反攻大陸」，但在中共軍力不斷增強和美國的一貫牽制情況下，明知沒有把握在軍事上取得全局的勝利，而只是為了台澎金馬的生存與發展所不得不採取的被動防禦作為。

關於第一次台海危機的研究，國外學者遠比兩岸學者重視，其成果也比較顯著。主要原因，在於史料的保存和開放程度，以及學者的自由研究風氣。海峽兩岸在這些方面皆顯示不足，在威權體制約束下，學術研究受政治或意識形態的影響一直難以排除。台灣在解嚴後已大為改善，但針對此次危機深入探討者實在有限。有鑑於此，周君有興趣從事這一項研究，並且樂於與讀者分享其心得，是值得鼓勵與肯定的。

目前為止，從事這次危機事件研究的學者，多半從國際關係演變過程中的外交政策面向來進行，特別是著重外交政策的決策者認知、決策過程和所產生的影響，並且嘗試引用國際關係和危機管理理論來解釋這種現象，這一方面，西方學者居多。其次，則是從歷史和戰爭或危機衝突面向，來探討這次危機事件。1950 年代的台海危機，是研究國共鬥爭史和兩岸關係發展史無法忽視的重要事件。在中美外交關係史上更是必須涉及的關鍵點。兩岸學者較多採取這方面的研究取向。比較起來，重視和積極研究的程度，大陸勝於台灣，但客觀性卻不如台灣。

　　本書作者對於台海第一次危機的產生、結束原因的分析，與危機過程中，中共行為角色的變化的探討，除了對既有研究文獻中，中西方學者對這些相關議題的論點能夠加以綜合的分析與評論以外，作者並且根據個人所補充的新出現資料進行分析，提出個人不同的見解與詮釋，這對於此一領域的研究，應該有其補強和累積成果的貢獻。對此一主題有興趣的讀者，這一本書是值得一讀的。

洪陸訓

國防大學政戰學院政治系教授

2008 年 10 月於北投

自 序

　　五〇年代的台灣似乎離現在太遠了。或許人們熟知兩個空包彈
的飛彈危機，卻不知道陸海空同時開戰的第一次台海危機。外島軍
民用生命築起的長城，台北、北京、華盛頓之間爾虞我詐的外交折
衝，建構了冷戰後兩岸體制下的第一次台海危機。

　　台海歷史遺忘了人們，還是台灣人遺忘了歷史？近千人死亡，
上萬人撤退的大陳孤兒，早已在台流的荒煙蔓草間消逝！本省人與
外省人合作抗敵的場景，也被政客血淋淋的撕裂！不同政權選擇各
取所需的歷史記憶，創造了新舊台灣人的歷史意象，有趣的是五〇
年代的歷史都是被忽略與遺忘的。

　　五〇年代的台海危機似乎已被不同的政權蓋棺論定，所幸的是
仍有許多先進孜孜不倦的繼續發掘真相。美國、台灣、中國相關的
檔案陸續解密，提供了後輩研究者新的研究發現與看法，個人不揣
簡陋投身研究的行列，希望能補綴部分歷史於萬一。

　　感謝二位授業恩師於百忙之中仍撥冗賜序，他們的學術風範一
直是我所景仰的。學弟董致麟協助校稿，也為本書補正不少缺失。
當然本書未盡之處在所難免，尚祈各界先進與讀者不吝指正。倘有
些微成果，願與父母、兄長及妻女分享。儘管歷史常被遺忘，但相
愛永不遺忘！

周湘華

龍塚盦藏　2008 年 10 月

目　次

第一章　緒論

　　五〇年代台灣海峽爆發二次大規模的軍事衝突，分別是一九五四年與五八年。一九五四年九月三日中共砲擊金門至一九五五年四月二十三日周恩來在萬隆會議發表「中國人民不要同美國打仗」止，史稱第一次台海危機。

　　美國學者對第一次台海危機研究甚多，從五〇年代末期到九〇年代，大致經歷了傳統學派、修正學派與後修正學派三個時期。[1]但研究的議題多以美國的決策與危機處理過程為主，當然這得利於美國學術研究的風氣與官方資料的解密。對於中共發動危機的原因探討，因中共官方資料的欠缺，則多以國際關係理論來加以論證研究。所幸九〇年代，中共官方資料逐漸陸續出版，並散見於相關人士的自傳與回憶錄，使得進一步探討中共在危機的行為成為可能，儘管欲深入探討中共的決策流程仍嫌不足，但是理解中共行為角色則具有歷史驗證的可信度。

　　本文蒐羅近年來中共官方及權威性的半官方資料，試圖探索中共在一九五四年台海危機的行為角色，分別就危機爆發的原因、危機過程與危機結束的原因進行歷史資料的補充與分析，並探討危機研究仍有爭論的議題，如中共的動機與對危機的態度與認知，核武、萬隆會議對中共的影響。此外，危機期間中共的軍事思維一直是台海危機研究所欠缺的。本文擬針對第一次台海危

---

[1]　三個時期的劃分與演進請參閱戴超武，「美國歷史學家與五〇年代台灣海峽危機（上）（下）」，*當代中國史研究*，1998 年第 4、5 期，頁 82-94，62-74。

機進行文獻的補充，以利史實的呈現，並對存有爭議的論點進行分析，希望論證出有意義的研究主題，對台海危機的研究進行補綴的工作。

第一節　問題提出與研究目的

美國官方對第一次台海危機的爆發原因，普遍認為是中共的試探行為。中央情報局於一九五四年九月四日提出大陸沿海島嶼的形勢報告就指出，中共的砲擊是一種試探美國意圖的行動，如果中共的軍事行動沒有受到美國有力的還擊，中共就會擴大行動的規模，甚至佔領某些島嶼。如果美國捲入衝突，就落實了美國對中共的侵略野心，甚至造成西方盟邦意見的分歧。除了破壞亞洲反共聯盟的前景，也提高了中共的聲望。[2]然而中共官方則認為危機的爆發是對美國侵略中國的一種反應。由於美國於一九五〇年派遣第七艦隊巡弋台灣海峽，阻止了中共對台灣可能的攻擊，再加上韓戰的爆發，延緩了中共的統一大業，美國持續軍援台灣，使得中共認定美國將進行長期的侵略。故周恩來於一九五四年八月十二日中共外交部工作會議表達：「遠東有三個戰爭：朝鮮戰爭、印度支那，還有台灣戰爭……，現在朝鮮戰爭停了，印度支那戰爭也停了，剩下來的就是美國加緊援助台灣進行騷擾性的戰

---

[2] Special National Intelligence Estimate, Washington, 4 September 1954, *Foreign Relations of the United States* (*FRUS*), 1952-1954, Vol.14, China and Japan, (Washington D.C.: United States Government Printing Office, 1985), pp.563-571.

爭。」[3]由於美國軍援台灣，製造分離的定型化，故中共所進行的只是自衛行為。

　　學者的研究儘管較官方說法分歧，但普遍也呈現出二元化的趨勢，有的學者認為中共冒進的軍事行動引發了危機。卡利奇（J. H. Kalichi）就認為：日內瓦會議後，中共希望增加自己在亞洲大陸的影響，並計劃在沿海側翼進行試探。[4]也有學者認為美國過度的圍堵政策引發中共的不安全感是促成危機爆發的原因。梅爾斯（David Mayers）認為美國對中共的威脅政策是造成第一次台海危機突然爆發的主要原因。[5]這些研究的立論多奠基於美國官方的資料與國際關係理論的研究。晚近大陸學者藉由中共官方資料的公佈，試圖確立中共引發危機是自衛行為的合理性，如陶文釗強調中共只是延續內戰，緩和台灣對大陸東南沿海的游擊政策，加速東南沿海的經濟復原。[6]

　　本文第一部分將探討中共引發危機的原因，當然針對美國官方指責共產主義擴張本質，本文將呈現一種歷史性的陳述，將東亞冷戰的形成作一介紹，認為新國際體系的形成與中共的國家安全抉擇是造成衝突的結構性因素，並針對傳統二元性觀點進行論證。除了冒進與自衛，應該還有更多的背景與動機導致中共來發

---

[3] 中共中央文獻資料室編，*周恩來外交文選*，（北京：中央文獻出版社，1990年），頁84。

[4] J. H. Kalichi, *The Pattern of Sino-American Crises: Political-Military Interaction in the 1950s,* (New York: Cambridge University Press, 1975), p.122.

[5] David Mayers, *Cracking the Monolith: U.S. Policy Against the Sino-Soviet Alliance, 1949-1955,* (Baton Rouge: Louisiana State University Press, 1986), pp.142-143.

[6] 陶文釗，*中美關係史，1949-1972*，（上海：上海人民出版社，1999年），頁230-231。

動危機。本文將以傳統性論述為架構，但進行更多因素的切割，試圖理解以下問題：

　　（一）中共國家利益的轉變與危機爆發的關聯？

　　（二）美國圍堵政策的矛盾與危機爆發的關聯？

　　（三）中共國內政經因素與危機爆發的關聯？

　　（四）中共軍事現代化與危機爆發的關聯？

　　本文第二部份將釐清危機過程相關事件的關聯度，運用歷史文獻說明美國的外島困境、中美共同防禦條約的效應、外島停火案、大陳撤退的誤解等，藉由學者津津樂道的議題，來呈現中共真實的觀點，試圖解答以下問題：

　　（一）中共危機管理的能力？

　　（二）危機是否主導中共的對外關係？

　　（三）中共在危機過程中追求的目標？

　　本文的第三部份將對危機結束的原因進行探討。不少美國學者認為美國的嚇阻政策是促成危機結束的主要原因。高立夫（Ralph N. Clough）就認為中共一連串軍事行動並沒有削弱美國防衛台灣的決心，所以決定改採溫和的方式面對美國。[7]然而張少書（Gordon H. Chang）卻認為是中共選擇讓情勢緩和下來，並不是受迫於美國的壓力，而是有政治經濟的考量。[8]所以是美國嚇阻

---

[7]　Ralph N. Clough, *Island China,* (Cambridge, Massachusetts: Harvard University Press, 1978), p.13.

[8]　Gordon H. Chang, "To the Nuclear Brink: Eisenhower, Dulles, and the Quemoy-Matsu Crisis," *International Security*, Vol.12, No.4 (Spring 1988), p.117.

成功，還是中共選擇緩和危機，又形成二元性的論證。所以本文試圖解答：

(一) 中共是否因美國核武嚇阻而緩和危機？

(二) 中共是否因為突破美國的圍堵而緩和危機？

在嘗試研究與回答問題的過程中，本文希望達成幾項目的：一、透過國際環境因素的分析與新資料的收集，對台海危機問題進行研究，並探討危機之所以形成與結束的原因；二、彌補或增進有關台海危機研究上的不足；三、探討中共處理危機的認知、態度與策略；四、對台灣在處理未來台海危機上有何啟示或助益。

本文希望透過對問題進一步的探討，來達成上述的研究目的，儘管部分研究目的具有濃厚的實務研究取向，但是本文的研究以歷史資料為主，希望歷史研究的經驗歸納有助於未來研究的開展與分析。

第二節　研究方法與架構

當談到一個歷史個案的研究時，研究者大體均會提出歷史研究途徑或方法來概括性地表達其對歷史事件的資料收集與事件分析。政治研究者常常不經意地提出歷史研究法卻又無法精確地表達什麼是歷史研究的方法。其實歷史研究途徑或方法可約略分為三部份：[9]

---

[9] Robert Jones Shafer，趙干城、鮑世奮譯，*史學方法論*，（台北：五南圖書出版公司，民國 85 年），頁 40-43。

(一) 學習證據分類：這是區別證據的關鍵因素，並了解這對
　　研究者意味著什麼。歷史研究者通常強調第一手資料對
　　史實研究的重要性，就如同政治研究者強調官方文件對
　　政治分析的重要性一樣。本文在證據的分類上強調政府
　　官方文件，相關人物的回憶錄，在尚無充分史實的部
　　分，則會借重歷史學者的分析與判斷。

(二) 收集證據：涉及檢索文獻、描述、把握，以及分析或作
　　註釋，這部分會花費研究工作不少時間。本文在文獻檢
　　索方面會借重相關的電子資料庫與重要的典藏機構，然
　　而在涉及證據的描述與把握會盡量引述原典，並尊重權
　　威性的解釋。至於證據的分析除了文件比對外，也會將
　　不同的歷史學者的解釋並陳，說明選擇證據的理由。

(三) 傳達證據：歷史研究中，可做模稜兩可表達的機會太
　　多，所以需要外部考證確認證據的可信度，並透過內部
　　考證決定證據的意義和價值，最後透過綜合研究把證據
　　融合成文，精確地描述歷史事件或解決歷史問題。

　　台海危機的個案研究會依循歷史研究途徑強調的證據分類、
收集與表達，特別是將各國官方文件進行比對，再輔以外交人員
的回憶錄。由於中共九〇年代後才開始出版部份史料，正式官方
外交文件的閱覽遲至二〇〇四年才對外開放，資料仍嫌不足，這
方面將從黨史研究或相關人物回憶錄裡尋求合理的解釋。

　　歷史研究與社會科學研究存在著許多相輔相成現象。儘管近
代許多社會科學從歷史學的領域獨立成為一個學門，但是學科不
同的研究導向，都提供各學門巨大的貢獻。社會科學試圖將自然

科學的研究架構，發展在社會科學上，然而研究主客體無法嚴格區隔，造成研究的結果充滿著許多的變數，這些變數的存在並不妨礙社會科學理論的建構與發展。然而理論導向的研究勢必影響研究者對客觀環境的觀察，但這不意味觀察的結果都是由理論所決定。特別是本文的研究既想用文獻分析求證歷史真相，又希望分析行為動機，勢必要借用許多社會科學發展的成果來強化史實的論證。

　　研究近代外交歷史，很難不重視近五十年來蓬勃發展的國際關係理論，特別是行為科學主義。行為科學強調社會科學概念的界定、原則或理論的發展，最重要的是尋找出可資操作的一套系統。為了發展可資運用的概念，行為者與行為者間的互動均須簡化並加以界定。像是國際關係理論主要的研究對象為國家行為，而國家的經驗性內涵：人民、土地、政府、主權卻是由政治學者界定以資操作的概念。但是這個概念想要進行系統化的運作勢必要忽略其經驗性內涵，特別是在國際政治的運作上，如何解釋一個國家的行為，成為必須克服的問題。本文接受摩根索（Hans J. Morgenthau）將國家的野心、願望與行為擬人化，成為一組抽象的共同特徵而成為國家的個別特徵。[10]在運用國家此一概念時，承認國家此一概念具有系統意涵（systematic import）[11]，即國家

---

[10] Hans J. Morgenthau 就指出這樣的國家是看不到的，只能在經驗中觀察，國家是由國民的共同特徵抽象化而存在。Hans J. Morgenthau, *Politics Among Nations: The Struggle for Power and Peace*, 6th, (New York: Knopf., 1967), p.117.

[11] 系統意涵係指一個概念除具有經驗意涵外，它與其他概念也能產生關聯而不孤立，此概念即具有系統意涵。請參閱 Alan C. Isaak，陳忠慶、黃紀合譯，*政治學的範圍與方法*，（台北：幼獅文化出版公司，民國80年），頁83-84.

是國際社會的主要行為者，它在國際系統不同層次中，都具有相互的影響力，國家在與其他國家互動時，展現權力來爭取其所設定的國家利益。

在說明行為者－國家的操作概念，國際政治行為者間的互動常以權力的型態來顯示。郝斯提（K. J. Holsti）認為權力可以定義為一個國家控制其他國家行為的一般能力。權力是一種手段、關係與過程，它以資源為基礎，雖然可以粗略地被度量，然而只有在相對比較時，權力的量才有意義。[12]一般而言，研究國際政治的學者把權力當作一種因果關係，在這種關係中，體現的是權力的使用者對另一行為者行為、態度、信念和偏好的影響。[13]他們期望權力資源具有可替換性（fungibility），就像貨幣一樣，[14]儘管政治學中缺乏像經濟學中的貨幣單位，沒有普遍承認可進行便於比較的政治價值標準，但是在現實主義者的觀念中，它仍是可以粗略估量的。[15]本文在運用權力概念一詞的操

---

[12] Holsti 將權力概念分為三個要素：一權力含有影響其他國家行動、過程和關係；二成功發揮影響力的資源；三對行動的反應。K. J. Holsti, *International Politics: A Framework for Analysis,* (Englewood Cliffs: Prentice-Hall, 1967), p.194.

[13] David A. Baldwin, "Neoliberalism, Neorealism, and world Politics," in *Neorealism and Neoliberalism: The Contemporary Debate*, David A. Baldwin ed., (New York: Columbia University Press, 1993), p.16.

[14] Ibid., p.21.

[15] Kenneth Waltz 承認政治能力不能用單位表達，但政治中缺少貨幣的對應物與理論的建構並無絕對關係；而 David A. Baldwin 則認為政治學中沒有普遍承認的可進行便於比較的政治價值標準，卻少像經濟學中貨幣單位，阻礙了政治學的理論化發展，但是把權力當作貨幣單位的類比仍然是很重要的。Ibid., p.21.

作性定義為：在理性的前提與類比性的評估下，權力是某人影響
他人的一種手段、關係與過程。當然，權力最露骨的表現即為軍
事行為。

　　國際政治的主要行為者－國家，會運用權力來爭取其設定的
國家利益。國家利益是國家對當前情勢及處境的想像與期望所產
生的概念，這些抽象的概念經過政治過程就會產生具體的政策目
標，而國家的行為就是要促成目標的成功，達成想像的狀況。所
以在現實主義者的觀點，國家利益是國家行為的基本要素，國家
會衡量其能力而決定投注多少資源來追求國家利益。[16]郝斯提將
國家目標區分為三種，但第一重要的是國家的核心利益與價值
（core interests and values），[17]而這種核心利益與價值通常與領
土、資源、主權的安全有關。[18]史拜尼爾（John Spanier）也認為
國家最基本而無法妥協的利益就是獲致安全，而安全的內涵包括
生存、領土完整、政治獨立，及其他價值觀或生活方式等。[19]紐
特連（Donald Nuechterlein）則將國家利益分為生存、緊要、主要
與邊際四類。[20]而這些利益的追求在無政府狀態下，不免會發生
衝突，衝突沒有妥善處理則有可能爆發戰爭，這使得戰爭成為追

[16] Kenneth Waltz, *Theory of International Politics*, (New York: Random House, 1979), pp.117-118.

[17] 另二種為中程目標（middle range objectives）、遠程目標（long range goals），請參閱 K. J. Holsti, *International Politics: A Framework for Analysis*, p.128.

[18] Richard Ullman, "Redefining Security," *International Security*, Vol.8, No.1 (Summer 1983), pp.139-141.

[19] John Spanier, *Games Nations Play,* (Washington, D.C.: Congressional Quarterly, 1993), p.89.

[20] Donald Nuechterlein, "The Concept of National Interest: A Time for New Approach," *Orbis*, Vol.23, No.1 (Spring 1979), pp.73-92.

求國家利益的重要手段。[21]國家既然肯冒著戰爭的風險去保護，顯示該項利益對國家而言必然是極重要的利益。[22]

　　本文在國家概念上的運用偏重傳統現實主義（classical realism）者的觀點，主因為五〇年代，除聯合國外，並無其他重要的國際政治行為者，故偏重國家為主要行為者應屬妥適。至於對權力概念的運用傾向接受新現實主義（neo-realism）的觀點，權力的互動具有理性與可類比的前提，以方便國家行為的分析。國家以戰爭的手段來展現權力，顯示該項利益的重要性。由此觀察危機的爆發與結束原因，應該具有一定的說服力。

　　本文以歷史研究的文獻分析為主要研究方法，並借用國際關係理論的重要概念進行論證的操作。大量依賴歷史材料的分析，試圖解答危機的因果關係。

　　在研究架構上，依據歷史研究的觀點，任何重大的歷史個案絕非偶發事件，必定有其背景或淵源，故歷史研究必須追根溯源，才能釐清事件真相。而歷史研究所陳述的背景或淵源，在國際政治研究上近似新現實主義所強調的體系結構會影響國家行為，也接受建構主義（constructivism）者所承認國際體系是一種共有觀念存在的客觀事實。[23]然而歷史研究會拉長時空因素，來求證事

---

[21] Kenneth Waltz, *Theory of International Politics*, pp.113-114.

[22] Bernard Brodie, *War and Politics,* (New York: Macmillan, 1973), pp.341-349.

[23] 其實強調體系理論的新現實主義有時又被稱為結構現實主義（structural realism），代表者如 Kenneth Waltz，他摒棄了傳統現實主義人性等難以科學化的概念，把無政府狀態、自助體系、權力分配、國家利己特徵與生存需求設定為核心概念，所以國際體系是一種物質性的權力分配。建構主義代表人物 Alexander Wendt 認為國際體系是一種社會意義的結構，行為者共有觀念所構成，體系是一種觀念的分配。相關論述請參閱 Kenneth Waltz, *Theory of International Politics,* (New York: Random House, 1979)；Alexander

物的因果關係；國際政治研究則重視當下事物的因果關係。國際
體系孕育期間，同時也塑造了國家對體系或對其他國家的觀念，
國家對於外在環境的認知與反應也在此一期間逐漸定型。基歐漢
（Robert O. Keohane）就認為大國對國際系統有大範圍的影響，
即系統的決定者（system determining）；小國是對國際系統缺乏影
響力，是系統的追隨者。[24]所以東亞冷戰的孕育期，對中共行為
動機當然具有結構性影響。姑且不論冷戰體系對中共所形成的權
力分配抑或觀念分配為何，體系勢必對其行為動機有重大影響。
故本文第二章將探討國際體系對第一次台海危機的結構性影響，
以釐清危機的本質。

　　在探討完危機的結構性因素，對於中共面對當下的危機他又
有何反應？布強（Alastair Buchan）就說：「危機通常暗示一種故
意的挑戰和一種故意的反應，雙方都希望能改變歷史的方向有利
於他們。」[25]對於引發危機的中共而言，計畫性地挑戰台海情勢，
卻又被動地等待美國的反應，稱其為機會主義者可能也不為過。
辛格（Gerald Segal）就認為中共採取軍事行動通常有兩種目的：
一是警告對手：一是試探對手的虛實，以決定是否採取進一步的
行動獲取利益。[26]這充分顯示中共發動危機或結束危機，其目的
都是多重的。

Wendt, *Social Theory of International Politics*, (New York: Cambridge University Press, 1999).

[24] Robert O. Keohane, "Lilliputians Dilemmas: Small States in International Politics," *International Organization*, Vol.23, No.1 (Spring 1969), p.293.

[25] Coral Bell, "Crisis Diplomacy," in Laurence Martin ed., *Strategic Thought in the Nuclear Age,* (Baltimore: Johns Hopkins University Press, 1979), p.159.

[26] Gerald Segal, *Defending China,* (New York: Oxford University Press, 1985), p.4, 241.

　　對於危機的認定而言，史托普（Thomas E. Stolper）認為一九
五四年台海危機不具備危機的震撼性、極大的危險性、極短的反
應時間，因此不符合危機的要件。[27]但是一九五四年台海危機卻
又具備危機的若干特質，如赫曼（Charles F. Hermann）將危機認
為是一種情勢，威脅到高度優先目標、反應時間受限、決策者對
危機的發生感到驚訝。[28]以重歐輕亞的美國而言，台海危機當然
只是一個區域議題，但是在韓戰停火、日內瓦會議失敗，台海危
機成為美國一個輸不起的戰場。其次，危機爆發的時刻艾森豪
（Dwight D. Eisenhower）正在渡假，杜勒斯（John Foster Dulles）
也遠在菲律賓參加東南亞公約組織（South East Asia Treaty
Organization）的簽訂，華府中樞無主，使得反應的時間相對限縮。
最後，美國對台海衝突早有預估，但是判斷上都認定大陳群島的
衝突最為可能，然而中共卻挑軍力最強的金門攻擊，使得美國受
到戰略上的襲擊而無法斷定中共的意圖。這些現象都說明了一九
五四年的台海危機的確具備了危機的重要特質，郝斯提就認為危
機是可以由先前的衝突引起，這個衝突也會醞釀一段時間，直到
其中一方突然採取敵對行動而升高緊張情勢，[29]這非常符合由逐
島戰爭升級的台海危機。若以陶意志（Karl W. Deutsch）的定義：
危機包括一種重要的轉向點，必須做某種決定或選擇，至少有一
方主要價值受到威脅，突發的緊急事件必須在時間壓力下做決

[27] Thomas E. Stolper, *China, Taiwan, and the Offshore Islands,* (Armonk, N.Y.: M.E. Sharpe, 1985), p.4.

[28] Charles F. Hermann, *International Crises: Insights from Behavioral Research,* (New York: Free Press, 1972), p.13.

[29] K. J. Holsti, *International Politics: A Framework for Analysis*, p.401.

定。[30]若以此種定義來看台海危機,並無不符的要件。儘管一九五四年台海危機的認定,國際政治學者仍存有若干爭議,但是在外交史學界,特別是中共官方也開始運用「危機」一詞來描述五〇年代中美在台海地區的對抗。[31]本文接受史學界對危機的認定與描述,因為一九五〇年代中美的對抗與衝突,用危機一詞加以描述,更為貼近史實。

本文在探討一九五四年台海危機,會以危機的理性分析途徑(rational analytic approach)來加以觀察。危機的發生乃是國家行為所造成,決策者的反應是由一個有順序列表的方案中所選擇,決策者的價值偏好可以排列,選擇的方案會產生不同的結果,而且成本效益是可以估算的,方案的評估與分析會隨情況轉變而做調整。[32]作為危機的挑戰者應有風險估算(risk calculus),即對目標的評估,對手嚇阻的可能代價,反應與否,透過這些評估以預測各方的可能行為,採取反制措施。[33]如果決策者認知到國家生存受到威脅,則傾向採取謹慎的態度,以談判解決問題而避免暴力行為;相反的,如果國家生存未受威脅,則傾向在危機中操控風險、不願妥協,並使用武力。[34]當然在危機的過程中,雙方都

[30] Karl W. Deutsch, "Crisis Decision-Making: The Information Approach," in Daniel Frei, ed., *Managing International Crises,* (Berverly Hills: Sage Publication, 1982), p.15.

[31] 戴超武,*敵對與危機的年代—1954-1958 年的中美關係*,(北京:社會科學文獻出版社,2003 年),頁 3。

[32] Richard G. Head, Frisco W. Short and Robert C. McFarlane, *Crisis Resolution: Presidential Decision Making in the Mayaquez and Korean Confrontations,* (Boulder, Colorado: Westview Press, 1974), pp.6-7.

[33] Glenn H. Snyder, *Deterrence and Defense,* (Princeton, N.J.: Princeton University Press, 1961), p.12.

[34] Charles F. Hermann ed., *International Crises: Insight from Behavior Research,*

會進行議價行為，特別是缺乏正確或直接的溝通管道時，國家會在
眾多分歧的利益衝突中透過沉默議價（tacit bargain）來達成協議。[35]
　　本文並不依照莫托拉（Kari Mottola）將危機活動分為預防
（preventing）、處理（managing）和解決（solving）來作為時間
與分析的區隔，[36]而是以中共發動與結束危機的可能原因作為重
點探討，並探究危機過程裡中美的互動來觀察中共行為角色，試
圖歸納中共在危機中的行為動機或模式。總結本文分析架構如下：

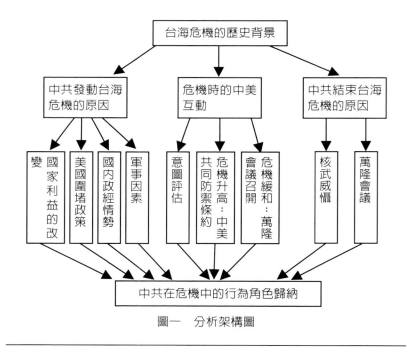

圖一　分析架構圖

(New York: The Free Press, 1972), p.296.

[35] Ibid., pp.217-258.

[36] Kari Mottola, "Systemic Crisis: lessons of Regional Détente," in Daniel Frei, ed., *Managing International Crises*, p.197.

第三節　文獻探討

　　由於美國資訊的透明度較佳，美國對台海危機的研究也較早發展。從五〇年代末期到九〇年代美國史家對台海危機研究分別經歷了傳統學派、修正學派、後修正學派。傳統學派強調杜勒斯在危機中的角色，甚至認為其主導了美國的外交政策。在危機的探討中，重視美國的外交決策因素，中共只是美國外交政策的反應體而非危機的主體。如 Deane Heller 與 David Heller 的 *John Foster Dulles: Soldier for Peace*、Fred Greene 的 *U.S. Policy and the Security of Asia*、[37]Hans J. Morgenthau 的論文 *John Foster Dulles, 1953-1959* 等。[38]少數以中共為主的分析如 Harold Hinton，他認為中共的砲擊不僅可行，而且有其必要。[39]儘管 Harold Hinton 論述合理，但欠缺一手資料的論證。

---

[37] Deane Heller 與 David Heller 認為杜勒斯完全主導著台海危機的決策，堅持保衛外島以證明美國不是紙老虎，Fred Greene 也同意此種看法。請參閱 Deane Heller & David Heller, *John Foster Dulles: Soldier for Peace,* (New York: Holt, Rinehart, and Winston, 1960), chapter 9; Fred Greene, *U.S. Policy and the Security of Asia,* (New York: McGraw-Hill Book Company, 1968), pp.92-104.

[38] Hans J. Morgenthou 就強調杜勒斯擔任國務卿在總統、國會、行政機構組織、國務院其他成員和公共輿論上所發揮的影響力。Hans J. Morgenthau, "John Foster Dulles, 1953-1959," in Norman A. Graebner, ed., *An Uncertain Tradition: American Secretaries of State in the Twentieth Century,* (New York: McGraw-Hill Book Company, Inc., 1961), pp.289-308.

[39] Harold Hinton 認為國府對大陸的封鎖影響其經濟發展，也強化美國對其圍堵，特別是韓戰與越戰的停火，台海成為中共唯一可向美國施壓的地區。請參閱 Harold Hinton, *Communist China in World Politics,* (Boston: Houghton Mifflin, 1966), pp.258-261.

　　七〇年代由於中美關係的緩和，使得連結美中台三方關係的台海危機成為重要的研究主題。也由於艾森豪回憶錄、駐華大使藍欽（Karl L. Rankin）的回憶錄與杜勒斯部分文件解密，再加上國際關係理論的興起，使得學者對危機的起源與外島政策有著不同的視野，也促成了修正學派的興起。修正學派與傳統學派最大的差別在於對危機探討的範圍擴大，運用國際政治的基本概念，將國家角色擬人化來進行國家行為的分析。如 Alexander George 和 Richard Smoke 用嚇阻理論探討的大著 *Deterrence in American Foreign Policy: Theory and Practice*，[40]與 J. H. Kalichi 則用決策理論發表的著作 *The Pattern of Sino-American Crises: Political-Military Interaction in the 1950s* 等。[41]此外，由於得以閱讀艾森豪與杜勒斯的資料，使學者開始修正以往過度強調杜勒斯的重要性，逐漸看重艾森豪在危機中決策的角色。如 Foster Rhea Dulles 的 *American Foreign Policy toward Communist China, 1949-1969*。[42]

---

[40] 根據嚇阻理論的看法，美國在台海危機的嚇阻部分成功但部分失敗。成功地是限制了危機的升高，失敗的是中共獲得危機施壓的控制權。中共發動危機是想清除沿海島嶼對其騷擾，穩定內部政治，並杜絕國府反共大陸的希望，預防美國介入。不過該書的觀點認為美國決策者認定中共是無法無天的侵略者，美國協助國府改進攻防能力，使其對大陸產生威脅，至使中共砲擊外島，減輕威脅與釐清不明確的台海局勢。Alexander L. George & Richard Smoke, *Deterrence in American Foreign Policy: Theory and Practice,* (New York: Columbia University Press, 1974), pp.266-267, 277.

[41] J. H. Kalichi 指出中共的決策思維認定有能力解決外島問題而不致引起美國干涉，並避免帝國主義勢力集結分裂中國領土，所以引發危機。J. H. Kalichi, *The Pattern of Sino-American Crises: Political-military Interaction in the 1950s,* (New York: Cambridge University Press, 1975), pp.122-155.

[42] Foster Rhea Dulles 指出艾森豪堅定地反對美國任何升高敵意的動作，毛澤東也是不願意直接挑戰美國，而不像杜勒斯以強力的行動走向戰爭邊緣。Foster Rhea Dulles, *American Policy toward Communist China, 1949-1969,*

　　八〇年代 *Foreign Relations of the United States* 文件的解密出版，艾森豪圖書館公開艾森豪檔案，使得美國學者擁有一手史料而重新改寫艾森豪在台海危機的決策地位，也奠定了修正學派的基礎。修正學派重視艾森豪的決策技巧，杜勒斯只是總統的執行者，其精密地控制危機，緩和局勢，並採用模糊嚇阻，既不強調外島的重要性，也嚇阻中共不得使用武力，使中共無法了解美國的意圖，特別是艾森豪慎重的核武威脅，既警告了中共，也沒有侮辱或刺激中共冒進。如 Richard H. Immerman, *Eisenhower and Dulles: Who Made the Decisions*、[43] Robert Divine 的 *Eisenhower and the Cold War*、[44] Anna Kasten Nelson 的論文 *The Top of the Policy Hill: President Eisenhower and the National Security Council*、[45]Fred I. Greenstein 的專文 *Eisenhower as an Activist President: A Look at New Evidence*、[46]與大作 *The Hidden-Hand*

(New York: Thomas Y. Crowell Company, 1972), p.150.

[43] Richard H. Immerman 認為艾森豪與杜勒斯的互動關係是相互尊重與信任（the type of give and take which indicates a mutual respect and confidence），請參閱 Richard H. Immerman, "Eisenhower and Dulles: Who Made the Decisions? " *Political Psychology* (Autumn 1979), pp.21-38.

[44] Robert Divine 認為艾森豪完美地控制危機，讓中共猜不透美國的意圖，適度地運用核武威脅但又避免核戰，請參閱 Robert Divine, *Eisenhower and the Cold War,* (New York: Oxford University Press, 1981), pp.10-66.

[45] Anna Kasten Nelson 研究指出艾森豪參與了 339 次國家安全會議，鼓勵官員辯論，最後才表達自己的看法，所以最後決策都是以艾森豪為中心。請參閱 Anna Kasten Nelson, "The Top of the Policy Hill: Eisenhower and the National Security Council," *Diplomatic History*, Vol.7, No.3 (Fall 1983), pp.307-326.

[46] Fred I. Greenstein 研究指出艾森豪對決策的影響遠超過以往認為杜勒斯決策為主的研究。Fred Greenstein, "Eisenhower as an Activist President: A Look at New Evidence," *Political Science Quarterly* 94 (Winter 1979-1980), pp.575-599.

Presidency: Eisenhower as Leader、[47] Bennett Rushkoff 的論文 *Eisenhower, Dulles and Quemoy-Matsu Crisis, 1954-1955*、[48] John Lewis Gaddis, *Strategies of Containment: A Critical Appraisal of Postwar American National Security Policy*、[49] David Mayers, *Cracking the Monolith*,[50] Thomas Stolper, *Taiwan, and the Offshore Islands: Together with an Implication for out Mongolia and Sino-Soviet Relations*,[51] Anthony James Joes 論文 *Eisenhower*

---

[47] Fred I. Greenstein 認為艾森豪的領導風格有如一隻隱藏的手在操作政治戰略，請參閱 Fred I. Greenstein, *The Hidden-Hand Presidency: Eisenhower as Leader,* (New York: Basic Books, Inc., 1982), pp.58-65.

[48] Bennett C. Rushkoff 根據 1980 年艾森豪圖書館開放的 Ann Whitman File，質疑杜勒斯不是操控者，只是執行者，艾森豪根本沒有讓杜勒斯去掌握所有外交事務。一開始，艾森豪就清楚考慮金馬危機的政治與軍事因素；再者，他反對參謀長聯席會議防禦外島的意見，特別是大陳的撤退。從艾森豪與杜勒斯的電話記錄清楚地證明這種立論，杜勒斯只是被指派負責擺平蔣介石與艾登，還有如何對媒體解釋一江山的事件。請參閱 Bennett C. Rushkoff, "Eisenhower, Dulles and the Quemoy-Matsu Crisis, 1954-1955," *Political Science Quarterly*, Vol.96, No.3 (Autumn, 1981), pp.465-480.

[49] John Lewis Gaddis 描述艾森豪與杜勒斯是一種混合搭配，個性截然不同的兩個人有著私誼的合作策略，它反映出緊張、折衷、寬容、合作與相互尊重。（The result was an amalgam: a strategy the product of two personally friendly but temperamentally very different men, reflecting strains and compromises as well as forbearance, cooperation, and mutual respect.）請參閱 John Lewis Gaddis, *Strategies of Containment: A Critical Appraisal of Postwar American National Security Policy,* (New York: Oxford University Press, 1982), p.129.

[50] David Mayers 強調美國以模稜兩可的立場保持對外島最大的彈性，一方面強調外島對台澎防禦不具重要性，另一方面警告中共不要輕舉妄動，否則美國將採取軍事行動。David Mayers, *Cracking the Monolith: U.S. Policy against the Sino-soviet Alliance, 1949-1955,* (Baton Rouge: Louisiana State University Press, 1986), pp.142-149.

[51] Thomas Stolper 贊成 David Mayers 的觀點，認為艾森豪希望中共理解，不要使他不得不做出決定。此外，Thomas Stolper 有別於美國史家以美國觀點檢

Revisionism: The Tide Comes In 等，[52]都強調了艾森豪的重要性與正面評鑑模糊戰略。

由於研究視野的擴大，美國學者也較能跳脫自身的主體意識，從事多元觀點的探討。不少學者就認為美國的圍堵政策，危害了中共的國家安全，特別是對台灣的軍援與建構集體防衛組織；當然，也有學者認為艾森豪的反共意識，促成美國反華風潮，影響中共的決策。[53]

九○年代後修正主義者對台海危機的研究提出許多新的角度，諸如研究國會、輿論對艾森豪決策的影響，[54]英國對美國決策的影響，[55]危機中美國分化中蘇關係的影響等，[56]都對危機的研

視台海危機，或重視美國危機的決策流程，適度地採納中共對危機的認知來觀察危機的發展。Thomas Stolper, *China, Taiwan, and the Offshore Islands: Together with an Implication for Out Mongolia and Sino-Soviet Relations,* (Armonk, N.Y.: M. E. Shape, 1985).

[52] Anthony James Joes, "Eisenhower Revisionism: the Tide Comes In," *Presidential Studies Quarterly*, Vol.15, No.3 (Summer, 1985), pp.561-571.

[53] Harold Hinton, *China's Turbulent Quest: An Analysis of China's Foreign Relations Since 1949*, (New York: The Macmillan Company, 1972), p.67; Clough, *Island China,* (Cambridge, Massachusetts: Harvard University Press, 1978), p.11; John Gittings, *The World and China, 1922-1972*, (New York: Haper & Row, 1974), pp.196-197; Alexander L. George and Richard Smoke, *Deterrence in American Foreign Policy*, pp.276-278.

[54] Robert Accinelli, "Eisenhower, Congress, and the 1954-1955 Offshore Islands Crisis," *Presidential Studies Quarterly*, Vol.20, No.1 (Spring 1990), pp.329-348.

[55] Rosemary Foot, "The Search for a Modus Vivendi: Anglo-American Relations and China Policy in the Eisenhower Era," in Warren Cohen and Akira Iriye, eds., *The Great Power in East Asia*, 1953-1960, (New York: Columbia University Press, 1990), pp.143-163; Zhai Qiang, *The Dragon, the Lion, and the Eagle: Chinese-British-American Relations, 1949-1958,* (Kent, Ohio: Kent University Press, 1994) pp.176-177.

[56] Gordon Chang, *Friends and Enemies: The United States, China and the Soviet*

究提供了多元化的觀點。此一時期，台海危機的研究也呈現出跨國性的合作，如張少書(Gordon Chang)與何迪(He Di)*The Absence of War in the U.S.-China Confrontation over Quemoy and Matsu in 1954-1955: Contingency, Luck, Deterrence?* 就是一個不錯的分工合作。大體而言，美國學者對台海危機的研究著重以美國立場來觀察，重視艾森豪與杜勒斯的決策流程，並以自身的冷戰觀點來檢視中共的行為，由於缺乏中共、蘇聯與台灣的官方資料，設定的研究主題均以美國觀點為主。

　　大陸方面對台海危機的研究，仍舊附屬在中美關係史之下。早期並無專題性的研究，但是由於中共中央重視美國的政策，由幕僚提供高層對美政策的分析研究，內部發行了一些資料彙編。如一九五七年發行的*中美關係資料匯編第一輯*，一九六○年發行*中美關係資料匯編第二輯*，一九七一年發行*中美關係（文件和資料選編）*，[57]這些資料彙編成為早期中共高層或研究者了解美國政策的重要訊息，但是對於台海危機研究仍付之闕如。八○年代末期，為教育外交人員與國際關係研究者，由中共學術智庫編撰了*戰後國際關係史手冊*[58]、*戰後世界歷史長編*[59]對內部發行，算是彙整了有關中共對台海危機的官方看法。不過這些觀點是流傳在黨政機構中，並沒有對外公布。八○年代中共官方出版由韓念龍

Union, 1948-1972, (Stanford: Stanford University Press, 1990), chapter 3.

[57] *中美關係資料匯編*，第二輯，（北京：世界知識出版，1960 年）；*中美關係（文件和資料選編）*，（北京：人民出版社，1971 年）。

[58] 劉志功、何春超主編，*戰後國際關係史手冊*，（南寧：廣西人民出版社，1987 年）。

[59] 劉同舜、姚椿齡，*戰後世界歷史長篇*，第九冊，（上海：上海人民出版社，1994 年）。

主編的*當代中國外交史*，是中共對外發行公布官方史觀的重要書籍。本書不認為中共是台海危機的挑釁者，並表示中共一直表達和平談判的意願，因為美國的敵對與圍堵，才使得危機延宕許久。其後，官方陸續出版謝益顯的*中國外交史*、裴堅章的*中華人民共和國外交史*等書，繼續沿用此種觀點，也代表者中共官方的態度。[60]

　　九〇年代後，許多留美的中國學者也以研究中美關係為主，並支持官方的論述，如蘇格博士論文改寫的*美國對華政策與台灣問題*一書，賈慶國的*未實現的和解：中美關係的隔閡與危機*等書，充分引用美國解密資料來為中共被圍堵下的自衛立場說明。[61]長期研究美國的大陸學者如陶文釗所撰寫的*中美關係史（1949-1972）*，其中專章探討二次台海危機，引述了中美雙方重要的史料。[62]其次，社科院美國研究所的鄭永平專文「台灣海峽危機期間的美台關係」也開始探討論證台海危機的史實。[63]一九八八年在北京大學召開的「1945-1955年中美關係史學術討論會」算是一場開放與系統性研究台海危機為主的研討會，顯見此一課題逐漸獲得中美雙方的重視，這當然與日益和解的中美關係有密切的關聯。

---

[60] 韓念龍主編，*當代中國外交史*，（北京：中國社會科學出版社，1990年）；謝益顯主編，*中國外交史：中華人民共和國時期，1949-1979*，（開封：河南人民出版社，1984年）；裴堅章主編，*中華人民共和國外交史*，第一卷，（北京：世界知識出版社，1994年）。

[61] 蘇格，*美國對華政策與台灣問題*，（北京：世界知識出版社，1999年）；賈慶國，*未實現的和解：中美關係的隔閡與危機*，（北京：文化藝術出版社，1998年）。

[62] 陶文釗，*中美關係史，1949-1972*，（上海：上海人民出版社，1999年）。

[63] 資中筠、何迪編，*美台關係四十年*，（北京：人民出版社，1991年）。

　　九〇年代台海危機的探討逐漸成為一個重要的課題。它不僅
逐漸獨立於中美關係史，也成為國際關係研究的重要課題。中共
官方逐步開放了五〇年代部份文獻，使得台海危機的研究更形熱
烈。一九九二年，沈宗美主編的*理解與溝通*綜合了大陸學者與華
裔美籍學者的論述。[64]一九九五年，中共中央黨校國際戰略研究
中心與美國哈佛大學費正清研究中心合作研究一九五五～一九七
一年的中美關係，四大主題之一即為五〇年代的台海危機，事後
並出版了*中美關係史上沉重的一頁*。一九九八年補充相關的研究
又出版了 *1955-1971 年的中美關係－緩和之前：冷戰衝突與克制
的再探討*。一九九八年雙方機構於哈佛大學舉辦中美關係史研討
會，討論的六大主題之一為一九五八年的台海危機，並於二千年
出版了*從對峙走向緩和－冷戰時期中美關係再探討*，充分說明了
大陸現階段研究的成果。[65]不過二〇〇三年南京大學歷史系戴超
武出版了專著*敵對與危機的年代－1954-1958 年的中美關係*，從
中共與美國的資料進行二次台海危機的比對分析，算是這一階段
有意義的總結性專著，反映大陸學界對本課題的研究成果。

　　綜觀中共對台海危機的研究著重在砲擊外島的原因、危機期
間中美的決策、共同防禦條約的簽訂。在探討砲擊原因上，大陸
學者強調國府的騷擾、美國的圍堵迫使中共必須維護主權，此一
政治主觀的看法，幾乎貫穿所有大陸學者的研究。在危機期間以

---

[64] 沈宗美編，*理解與溝通：中美文化研究論文集*，（南京：南京大學出版社，
1992 年）。

[65] 姜長斌，Robert Ross 編，*1955-1957 年的中美關係－緩和之前：冷戰衝突與
克制的再探討*，（北京：世界知識出版社，1999 年）；姜長斌、Robert Ross
主編，*從對峙走向緩和－冷戰時期中美關係再探討*，（北京：世界知識出版
社，2000 年）。

美國資料認定美國的侵略與中共緩和局勢的用心，何迪甚至指出中共為了緩和國際局勢，停止攻打金門，縮小沿海作戰規模，[66]而刻意忽略了毛澤東在攻下大陳後，指示軍方繼續規劃攻打馬祖的行為。[67]最後認為危機是一個精心的設計，強調砲擊金門的伐謀行動是一種戰略手段，而防約的簽訂是中共意外的失策。這些維護中共政治立場的觀點，多少會刻意忽略部分史料，而使得解釋有所偏頗。此外，蘇聯在第一次台海危機的角色是相當曖昧的，大陸學者泰半否認蘇聯的影響力，並表達對蘇聯的不滿，甚至有人認為是中蘇分裂的起因。[68]

台灣官方資料以國史館蔣中正總統檔案、外交部檔案、國防部檔案、國民黨黨史會中常會紀錄等為主，但由於解密有限及沒有系統性的整理，使得資料零碎而欠缺。在相關人士回憶錄上，陳誠的*石叟叢書*、國防部史政編譯局所編*俞大維先生年譜資料初編*是比較重要的一手資料，儘管當時參謀總長王叔銘的口述歷史已集結成冊，但是有關一九五四年台海危機的敘述非常少。國內相關方面研究通常附屬於中美外交史的次要項目討論，很少成為主題。目前以第一次台海危機為主題研究始於一九八一年李榮秋發表的「第一次台海危機期間美國的對華政策」，[69]一九九○年鈕

[66] 何迪，「台海危機和中國對金門、馬祖政策的形成」，*美國研究*，1998 年，第 3 期，http://www.mgyj.com/american_studies/1988/third/third03.txt（2004/10/10）
[67] 王焰主編，*彭德懷年譜*，（北京：人民出版社，1998 年），頁 592。
[68] 何迪就認為中共視台海問題為內部事務，所以蘇聯對中共的決策並無多大影響；賈慶國則認為蘇聯一直到中共態度傾向和緩才比較明顯支持中共，顯示蘇聯影響了中共的決策。何迪，「台海危機和中國對金門、馬祖政策的形成」；賈慶國，*未實現的和解：中美關係的隔閡與危機*，頁 181-182。
[69] 李榮秋，「第一次臺海危機期間的美國對華政策」，*政治學報*，第 9 期，民國 70 年 12 月，頁 195-239。

先鍾撰寫「中美外交與台海危機（1953-1955）」，[70]顯示出八〇年代以前，國內在相關方面研究是非常欠缺的。九〇年代後，國內相關研究開始蓬勃發展，其主因源自於台灣留美學者受美國研究興盛與發覺欠缺台灣觀點，開始在相關方面從事研究。林郁方的博士論文 *An Unequal Alliance: Exploring ROC-US Relations with a Special Emphasis on the 1950s* 從同盟理論的不平等關係來分析美台軍事同盟下的台海危機。[71]林正義的博士論文後來改編出版*台灣安全三角習題*一書，分析中共對台的軍事高壓手段等都是此一時期的研究。[72]而從歷史研究出發的張淑雅則是九〇年代研究台海危機發表著作最多的學者，其歸結研究經驗指出美國的決策可能不同於美國學者所指出艾森豪或杜勒斯的英明果斷，也非決策理論所喜好的理性決策，她認為美國對台海危機的決策是一種因地制宜的臨時性決策，決策的過程中難以看出美國意志的貫徹，而嘗試等待與期望中共的良性反應。[73]

　　九〇年代後，研究生論文的台海危機研究偏重於理論的應用與解釋，[74]部分以美國資料來進行對華政策的分析。[75]從文獻來探

---

[70] 鈕先鍾，「中美外交與臺海危機（1953-1955）」，*歷史月刊*，第 33 期，民國 79 年 10 月，頁 36-47。

[71] Yu-fang Lin, *An Unequal Alliance: Exploring ROC-US Relations with a Special Emphasis on the 1950s,* (Ph.D. Dissertation, University of Virginia, 1989).

[72] 林正義，*台灣安全三角習題：中共與美國的影響*，（台北：桂冠出版社，民國 78 年）。

[73] 張淑雅，「一九五〇年代美國對台決策模式分析」，*中央研究院近代史研究所集刊*，第 40 期，民國 92 年 6 月，頁 1-52。

[74] 藍於琪，*權力平衡、相互依存下的小國外交政策：三次台海危機（1954-55，1958，1996）中台灣的生存策略*，（嘉義：中正大學政治研究所碩士論文，民國 86 年）；黃倩雲，*一九五四～一九五五年臺海危機期間美國之危機決策過程*，（台北：淡江大學美國研究所，民國 85 年）。

討中共與台灣在危機的反應則不多。在期刊論文方面，至今也有近百篇相關論文發表。然而國內的相關研究常常會面臨一些瓶頸，對美國資料的掌握遠高於對台灣一手資料的掌握，使得學者研究呈現兩極現象，一種以談論美國決策、美國對台關係或對中關係為主；另一種則是運用國際關係理論試圖推理美中台三方角色，僅運用官方對外公佈的文告或新聞稿而欠缺政府內部資料，這都使得台灣的台海危機研究相較於美國與大陸而言，研究成果相形遜色。

回顧兩岸與美國對台海危機的研究主題設定，美國偏重決策者的評論、決策過程的分析，對華政策的考量；中共偏重在美國對華政策與中共的政治考量；台灣則偏重在美國對華政策。三者均有本位主義的研究立場，研究也是優劣互見。美國在台海危機的立場與觀點研究，學界已有非常豐富的研究著作，然而以文獻探討中共的立場則是近十年來的事，這方面的研究又以大陸學者與部份美國華裔學者為主，他們運用不少中共出版的文獻來為原本侵略污名化翻案，致使研究結論雖有新意，但欠缺多元性。台灣則是官方文獻開放不足，學者又重視對美外交，長期的威權政治指導，致使台灣觀點的台海危機研究欠缺。有趣的是台灣面對重要的對手中共，更是欠缺相關的文獻研究，顯示台灣的台海危機在研究主題的設定上，存在相當大的缺憾。

此外，由台海危機研究所衍生的其他議題，也有不錯的成果。如探討美國國家安全會議的運作、國會及輿論對決策者的影響、

---

[75] 謝其偉，一九五四年至五五年臺海危機期間美國對華政策，（台北：文化大學美國研究所，民國 76 年）；李俊融，中共和美國會談與台海危機關聯性之研究（1955-1963），（台北：政治大學東亞研究所碩士論文，民國 90 年）。

英國與蘇聯在危機中的角色、兩個中國的探討等。然而仍存有部分研究議題至今爭論不休，如中共發動危機的原因、美國核武嚇阻的成效、萬隆會議的影響等，尚無定論。當然也有一些研究議題付之闕如，如台灣在台海危機的立場、兩岸的軍事觀點等。當然存有爭議或成果欠缺的研究議題，大多與官方資料的公布有絕大的關連。

　　本文擬借重大陸公佈的資料，除了在美國對華政策的研究成果上，繼續補強中美雙方官方資料的比對分析，並進一步利用蔣中正總統檔案（大溪檔案）來佐證史實，藉此降低政治意識形態對中共行為的解釋，同時利用三方文獻來補足理論分析所欠缺的文獻基礎，並針對仍有爭論的研究議題，提出更多的文獻分析，來論證作者的看法。最後針對台海危機研究欠缺的軍事研究觀點，提出分析與看法，彌補傳統軍事分析流於戰史敘述，與欠缺文獻論證的基礎，相信是台海危機研究一個有意義的研究主題。

第四節　研究範圍與限制

　　本文研究以歷史研究的文獻分析為主，但在論述分析時引借許多國際關係理論的概念加以運用，試圖歸納中共在危機中的行為角色。茲就本文研究範圍與限制作一說明：

（一）蓋然率法則的研究，最好能收集研究對象相關的經驗，以提高法則的可信度。本文研究中共行為角色，理應收集中共歷次台海危機的行為，進行歸納與彙整，以釐清動機的共同點與相異點。惟若將戰爭行為動機研究範圍

擴大恐篇幅結構失衡，致使研究焦點渙散；故本文僅討論第一次台海危機中共的行為角色，為一個案研究。

(二) 研究中共歷史常常苦惱於一手資料的缺乏，所幸近年來中共官方陸續公佈一些資料，如*建國以來毛澤東文稿*、*周恩來年譜*、*彭德懷年譜*等官版史料，使得早期中共文獻有了更直接的資料。藉此比對相關人物日記、傳記或回憶錄，如*毛澤東傳*、*楊尚昆日記*、*聶榮臻傳*、*彭德懷傳*、*張震回憶錄*、*葉飛回憶錄*等，使得研究中共早期歷史越來越信而可徵。再者，有關外交史料方面，儘管中共外交部已於二○○四年一月十六日成立外交部開放檔案借閱處，公布一九四九到一九五五年代百分之三十的史料，然而申請閱覽卻是層層困難，筆者只能借重由中共外交部編撰的外交大事記與介紹新資料的書籍，[76]作為引證資料。近年來中共歷史學界也逐漸興起了考證的風氣，相關論著出版也有利於事實的澄清，比起以往中共研究，五○年代的史實論述，特別是外交史方面，有美蘇兩國公布的官方資料可以驗證，相對會有較精準的歷史呈現。

(三) 台灣相關研究的文獻主要集中於國史館、外交部、國防部等單位，國民黨的中常會雖有從政同志的專題報告，但助益不大。儘管台灣已施行國家檔案管理法，並設立國家檔案局，但是國防部與外交部的重要資料仍由各部存查，並無系統性的整理，且申請閱覽也常以機密具有

---

[76] 這些介紹新資料的書，大多負責外交部的檔案整理者所出版，如徐京利，*解密中國外交檔案*，（北京：中國檔案出版社，2005 年）。

延續性而拒絕閱覽合法公開的資料。所幸在五○年代的戰史資料，國防部史政編譯局出版了不少珍貴的資料，稍補研究的缺憾。

(四) 本文為求行文方便，對於一九四九年撤退來台的國民政府會以國府、中華民國、台灣、台北等稱呼。一九四九年建立政權的中國共產黨則以中共、中華人民共和國、大陸、北京等稱呼。美國有時則以華盛頓或華府稱之。在引用中共著作時，為尊重原典陳述「中國」、「美蔣」或「美台」一詞，在原文引用時保留原典陳述。在陳述美國、中共、台灣三者關係時，會以中美代表中共與美國，美台代表美國與台灣，以利行文分析。

(五) 本文在年代敘述方面以西元為主，以便利美中台三方事件年代的統一與敘述。

(六) 由於美國官方資料解密較早及學術研究風氣自由，故研究台海危機多引用美國資料，使得台海危機中美國的觀點異常突出，甚至具有主導性。九○年代以後，大陸學者引用中共官方與半官方資料作為依據，逐漸建立以中共為主的台海危機史觀。然而台灣由於官方解密資料不足，亦缺乏系統性整理，致使台灣學者裹足不前，研究相對呈現弱勢。故本文在研究主體上以中共為主，台灣觀點只能做輔助性的說明，雖然這是歷史研究的遺憾，也只能等待台灣官方資料的進一步開放與整理。

第二章　結構性的危機
——冷戰初期中美對峙的歷史

一九五四年的台海危機，其實是冷戰下的產品。從冷戰到中美對峙，並非直線發展，中間也歷經了許多轉折。雖然一九四七年美蘇在歐洲的政治冷戰開始，但是遲至一九四八年柏林危機才開始軍事冷戰的對峙。而在東亞地區，美蘇雙方並沒有馬上形成冷戰，不管是政治或軍事方面，美蘇都希望在中國建立一個雙方均可接納的緩衝國。然而中共在國共內戰的勝出，打破了權力平衡的現象，美國希望藉由善意的表達，獲得中共的默許重建權力平衡，但是中共基於國家安全的考量，選擇追隨蘇聯霸權，進而使得中美關係斷絕，但尚未至全然決裂的地步，韓戰的爆發才是促成雙方軍事敵對的開始。中共開始以美國為主要敵人，美國也將中共視為東亞的頭號敵人。

本章擬陳述這段促成危機爆發的重要背景因素，並認為二次大戰後的新國際體系，對中美對峙有著巨大的影響，當然也導致危機的不可避免，希望藉由本章的釐清，說明危機的結構性因素。

第一節　兩極體系的對抗

　　二次大戰時，雅爾達體制所形成美蘇勢力範圍的重新劃分，短暫地滿足了美蘇戰後合作的基礎。蘇聯依據雅爾達協議鞏固了沙俄在東歐與東亞的傳統勢力範圍，美國也掌控了日本與西歐。然而對於雅爾達協議沒有規範的南歐與中東地區，及新興的原子能武器管制上，美蘇的歧異也逐漸擴大。雙方基於安全認知的差異，美蘇逐漸將對方的行為視為圍堵與挑釁。

　　一九四六年二月，時任美國駐蘇聯大使館代辦的肯南（George Kennan）在回報國務院有關蘇聯經濟與金融的報告，提出了8000多字著名的長電報（Long Telegram）指出：蘇聯政策有著深刻的歷史、社會和意識型態的原因，其敵視資本主義國家乃不可避免之趨勢。[1]這封電報在華盛頓的高層流傳，杜魯門（Harry Truman）甚至指定數千名政府官員必須閱讀，更宣稱肯南的報告代表著他的觀點（My voice now carried.）。[2]同年三月五日，杜魯門刻意安排卸任的英國首相邱吉爾（Winston S. Churchill）發表了鐵幕演說（Iron Curtain Speech），點出了美蘇對峙的前景。[3]同年四月一日，

---

[1] George Kennan, *Memoirs: 1952-1950*, (New York: Pantheon Books, 1967), pp.547-559; Thomas Paterson G. ed., *Major Problems in American Foreign Policy: Documents and Essays*, Vol.II, (Washington D.C.: Heath and Company, 1984), pp.295-299.

[2] 肯南自從發表這封長電報後，調回華盛頓擔任新成立國家戰爭學院（National War College）的講座，並於1947年由馬歇爾（George C. Marshall）指定擔任國家政策設計室主任（Director Policy Planning Staff），成為杜魯門主義與馬歇爾計畫重要政策的形成者。http://galenet.galegroup.com/servlet/BioRC檢索資料。（2003/10/10）

[3] 邱吉爾的演說主要強調美國必須負起自由世界的歷史責任，建立英美的特殊關係，宣稱蘇聯已經在東歐圍起了鐵幕，並用警察國家的制度加以壓迫，

時代雜誌（Time）公佈了肯南的長電報，營造出杜魯門政府反共的氣氛。一九四七年二月希臘與土耳其危機的爆發，杜魯門於三月十二日發表後來被人稱為杜魯門主義的國情諮文，正式揭櫫因希臘面臨共產主義的威脅，如果美國在此關頭不行使自己偉大的責任，任其失陷，那必定會對世界產生災難性的後果。[4]同年六月提出的歐洲復興計畫（European Recovery Program），意欲將東歐在內的歐洲國家納入一個統一的經濟市場，引發蘇聯的反對。[5]同年七月，時任國務院政策設計室主任的肯南以 X 先生為筆名，在外交季刊（Foreign Affairs）發表了「蘇聯行為的根源」（The Sources of Soviet Conduct），為美蘇的對峙提供了理論性的基礎。[6]

　　肯南認為蘇聯的政治行為有幾個特色：第一，對西方極為敵視，它不相信兩種社會制度國家之間存在什麼共同目標，最終推翻他們國境以外的政治勢力是蘇聯的職責；第二，在國內實行獨裁統治，確保領導人的統治安全；第三，蘇聯的行為具有頑強、堅定、靈活等特性，一旦做出決策，相關部門就像上緊發條的機器玩具，朝著既定的方向不停地開動，除非碰到不可抗拒的力量

最後認為美國必須以實力執行強硬的對蘇政策。請參閱 Thomas Paterson G. ed., *Major Problems in American Foreign Policy: Documents and Essays*, Vol. II, pp.299-302.

[4] Thomas Paterson G. ed., *Major Problems in American Foreign Policy: Documents and Essays*, pp.308-310；或參閱 http://usinfo.org/chinese_cd/living_doc/BIG5/trumandoctrine.htm（2005/3/9）

[5] 蘇聯原本期待透過一個鬆散的經濟協調機制來獲取美援的利益，並派遣以外長莫洛托夫（Vyacheslav Mikhailovich Molotov）為首200餘人的代表團與會，後了解此一計劃有可能將東歐納入美國的經濟勢力範圍，故反對東歐國家參加，另組經濟互助理事會，將東歐納入蘇聯的經濟管制下。

[6] X, "The sources of Soviet conduct," *Foreign Affairs*. Vol.25, No.4 (July 1947), pp.566-582.

否則不終止；第四，蘇聯的政治行為是意識形態與環境的產物。肯南建議美國的對蘇政策為：第一，美國對蘇聯採取一種信心十足的遏制政策，凡有跡象表明蘇聯侵害美國利益，就須堅定的反擊；第二，美國不能與蘇聯結盟，須視其為對手而非夥伴；第三，樹立美國的領導形象與威望。這些政策的期望是藉由極大的壓力迫使蘇聯限制其政策的推行，最終達成改變蘇聯內部體制。自此，杜魯門所希望建構的圍堵政策，不管是在理論上與實際上都漸趨成型。

戰後，史達林（Joseph Vissarionovich Stalin）最關注的是蘇聯的復興發展與國家安全。蘇聯重建軍工基地、研製原子武器、建立強大的防禦力量，繼續戰時的大國合作，希望能共同遵守達成的協議，並獲得某些經濟利益，組建美英蘇主導的國際組織，獲得有利的戰略邊界，在邊境周圍建立友好的，最好是共產黨的政權，儘可能擴展防禦地帶，甚至在邊境兩線都駐紮有自己的軍隊。[7]史達林滿懷信心地設想一個分裂、軟弱、渙散，而且沒有一個國家能違抗其意志的歐洲，在戰後出現。所以他在一九四四年設想未來紅軍佔領區不僅包括東歐和大部分的德國，還有半個挪威。莫斯科不認為他與英美在歐洲的地位是對等的，他設想在歐洲大陸的東部擁有至高無上的權力，西部則是要向各種政治勢力開放競爭。[8]為了謀求最大限度的安全，蘇聯希望與土耳其能共同控制進出黑海的海峽；在伊朗方面，蘇聯希望在伊朗北部佔領區建立自治政府與石油控制權，直到英美的抵制蘇聯才放棄。[9]史達

---

[7] 劉金質，冷戰史，上冊，（北京：世界知識出版社，2003 年），頁 52。

[8] Vojtech Mastny，郭懋安譯，斯大林時期的冷戰與蘇聯的安全觀，（桂林：廣西師範大學出版社，2002 年），頁 17、19。

[9] 對於蘇聯而言，控制黑海航行權與伊朗北部的緩衝區與石油是蘇聯的有限

林與以往的沙皇前輩一樣，先是提出過度的要求，受挫後便放棄
這些要求。這種試探西方容忍限度的行事方式製造了更大的緊
張，儘管史達林無意製造冷戰，但是他沒有明確界定出安全的範
圍，卻是造成冷戰的重要原因之一。[10]

一九四六年九月二十七日，蘇聯駐美大使諾維科夫（K.V.
Novikov）在外交部長莫洛托夫的授意下提出了一份敵對意識極強
的報告。[11]報告指出：美國的對外政策反映了美國壟斷資本的帝
國主義傾向，其特點就是在戰後謀求世界霸權，而對其推行霸權
政策的阻力就是蘇聯。在英美同盟上，儘管有不少經濟衝突，但
是軍事聯繫仍然緊密，邱吉爾要求建立盎格魯薩克遜民族統治的
演講，美國儘管沒有公開贊成，但也沒有反對。美國在戰後不再
鼓吹美英蘇三大國的合作，而是竭力破壞團結，將別國的意志強
加給蘇聯，削弱或推翻對蘇聯友好的政權，改以聽命於美國的政
府取代，美國的政策帶有明顯的反蘇和危害和平的特徵與目的。[12]
這篇報告似乎是針對一九四六年四月時代雜誌公佈了肯南長電報
的一種反應，也似乎是莫洛托夫迎合史達林不安全感所提供的理
論基礎，某種程度上，這篇報告反映了蘇聯官方的看法。

擴張行動以維護其核心安全，但是對於英美而言，卻是蘇聯共產主義世界
革命的試探。請參閱沈志華、張盛發，「從大國合作到集團對抗－論戰後斯
大林對外政策的轉變」，東歐中亞研究，1996 年第 6 期，頁 55-66。

[10] 蘇聯戰後秩序的設計者李維諾夫（Maxim Litvinov）就曾對訪問蘇聯的西方
人士表達，他的政府對安全的追求沒有明確的界線是出現麻煩的主要原因，
而西方沒有及早及堅定地予以抵制則是次要的原因。Vojtech Mastny, "The
Cassandra in the Foreign Commissariat: Maxim Litvinov and the Cold War,"
Foreign Affairs, Vol.54 (1975/1976), pp.366-376.

[11] 劉金質，冷戰史，上冊，頁 101。

[12] Thomas Paterson G. ed., *Major Problems in American Foreign Policy:
Documents and Essays,* Vol.II, pp.253-259.

　　一九四七年三月十二日所揭櫫的杜魯門主義，即美國決心以一切必要的手段捍衛受到共產黨顛覆威脅國家的主權完整。蘇聯內部的評估並不認為美國的做法對其構成安全的威脅，他除了口頭的譴責外沒有其他具體動作，顯示史達林理解杜魯門主義不會用於他所控制下的東歐。這也說明了杜魯門主義並不是美蘇冷戰的轉折點。[13]然而是什麼原因促使了蘇聯截然改變政策，與美國採行對抗的政策呢？

　　一九四七年六月五日，國務卿馬歇爾所提出的「歐洲復興計畫」，具體而明確地援助歐洲國家的經濟並增進了歐美的團結。比起杜魯門主義的泛論與鬆散，歐洲復興計畫表明了美國要在他的心臟地帶，穩定其經濟、政治、社會與道德的秩序，承擔長期的責任。此一計畫打亂了史達林的安全觀，即一個脆弱鬆散的西歐，這種跡象的反轉必然被蘇聯視為威脅。再者，歐洲復興計畫使得史達林面臨兩難的抉擇。選擇加入則要冒著美國影響力滲透到其勢力範圍；拒絕加入則又落實了鐵幕的宣傳陷阱。[14]最後，史達林為了建立其在東歐的絕對權威與政經影響力，拒絕加入歐洲復興計畫，並加速與東歐國家經濟的整合，建立歐洲共產情報局，成為共產國家對外行為協調與控制的中心。自此，美蘇兩國的對抗成為兩大陣營的對峙，政治性的冷戰儼然形成，但是軍事性的冷戰卻是柏林危機後才產生的。

　　一九四八年四月一日，蘇聯實施對柏林的交通管制，儘管這是抗議美英法佔領區經濟合併的一種施壓，卻未料引起西方國家

---

[13]　John L. Gaddis, "Was the Truman Doctrine a Real Turning Points?," *Foreign Affair*, Vol.52 (1973/1974), pp.386-402.

[14]　Vojtech Mastny，郭懋安譯，*斯大林時期的冷戰與蘇聯的安全觀*，頁 25-26。

強硬的反擊。其實蘇聯並無意挑起軍事衝突，所以他並未對西方國家自六月二十六日開始進行空運補給進行封鎖，然而杜魯門卻於六月二十八日批准派遣六十架能夠攜帶核武的轟炸機進駐英國，並大肆宣傳，引起了蘇聯的恐懼。一九四八年八月二十五日，英、法、荷、比、盧共同簽署了布魯塞爾條約（Brussels Treaty），將五國結成了軍事同盟，隨後延伸出一九四九年四月四日簽署的北大西洋公約組織（North Atlantic Treaty Organization, NATO），此一組織將北美與西歐納入了一個集體自衛組織的範疇，雖然並未言明威脅的來源與對象，但直指蘇聯的用意昭然若揭。一九四九年五月十二日，柏林封鎖解除，蘇聯從歐美的軍事壓力下敗退下來，但是他也以華沙公約組織（Warsaw Pact）來加以對抗，軍事性的冷戰自此展開。[15]

第二節　冷戰下的中美關係

冷戰的形成對於一九四五年爆發的國共內戰產生了頗為複雜的影響。儘管到一九四七年美蘇集團對立的雛型產生，但是嚴重的軍事對立卻是在一九四八年的柏林危機產生。冷戰的軍事對立在歐洲迅速的形成，但是在東亞卻未產生美蘇的軍事對峙。相反地，美蘇雙方均避免被國共任一方捲入衝突。

戰後有關日軍佔領區的接收問題，是導致國共內戰的導火線。一九四五年八月十一日，國民政府命令中共軍隊原地待命，

---

[15] 劉金質，冷戰史，上冊，頁 176-185，192-203；Vojtech Mastny，郭懋安譯，斯大林時期的冷戰與蘇聯的安全觀，頁 48-54。

由日軍暫時維持佔領區的治安，等待國軍派兵接管。同年八月十二日，遠東地區盟軍統帥麥克阿瑟下令駐華日軍只能受降於國民政府。八月十三日，中共由朱德、彭德懷致電蔣中正反對此一命令，毛澤東於同日發表「抗日戰爭勝利後的時局與我們的方針」，指示中共對付蔣介石必須針鋒相對，寸土必爭。[16]國共內戰的爆發，對於同年六月剛與國民政府簽訂「中蘇友好同盟條約」的蘇聯而言是頗為尷尬的。蘇聯承諾支持國民政府，不承認中共，對於處於劣勢的中共，蘇聯只能給予政策上的指導，而欠缺實質上的幫助。[17]然而美國對於國民政府的支持也是有限的，美國重歐輕亞的政策，與顧慮蘇聯可能的介入，也不敢貿然大規模支持國民政府打壓中共。[18]在此一情況下，聯合政府成為美蘇的納許均衡點（Nash Equilibrium）。一九四五年十二月十五日，美國派遣馬歇爾使華接替赫爾利（Partick J. Hurley）進行調停，並利用美援來節制國民政府行為；[19]蘇聯也要求中共配合組成聯合政府，

---

[16] 毛澤東，「抗戰勝利後的時局和我們的方針」，毛澤東選集，第四卷，http://www.mzdthought.com/4/4-1.htm（2004/4/12）。

[17] 蘇聯於 1942 年 1 月派遣奧爾落夫・安得烈・雅科弗列夫少將，作為毛澤東及其家屬的醫生，並透過莫斯科提供的電台成為毛澤東與史達林之間的秘密聯繫管道。請參閱徐曉天、李春隆、徐振澤著，新中國與蘇聯的高層往來，（吉林：吉林人民出版社，2002 年），頁 25。

[18] 蘇格就認為戰後初期，美國不敢大力支持國府打壓中共的原因有四：一是美國重歐輕亞的政策；二是擔心蘇聯捲入；三是國軍在軍事上具有優勢；四是戰後孤立主義的興起。請參閱蘇格，美國對華政策與台灣問題，（北京：世界知識出版社，1999 年），頁 58-59。

[19] 杜魯門政府給予馬歇爾訓令主要有四點：（一）認定國民政府是一黨政府，亦承認其為合法政府，希望期能擴大成為聯合政府；（二）自主性的共產軍隊與中國的統一不相容，宜於代議制度樹立時改編為國家軍隊；（三）正告蔣介石與其他政黨領袖，一個分裂而經過內戰摧殘的中國，將不能成為美國考慮援助的對象；（四）美國同意派遣船艦運輸華北的國軍，但不必告知

以利東亞的穩定。[20]在前三個月的蜜月期達成了停戰命令、政治協商、軍隊整編改編方案，然而之後一系列的挫敗，終於導致一九四七年一月馬歇爾失敗離華。

一九四八年秋，國共內戰出現了結構性的轉變，中共的勝出成為一個越來越明顯的事實，如何確保美國在東亞的安全成為一個重要的議題。由於重歐輕亞的核心概念所困，美國一直淡化中共勝利所可能產生的影響，並想像出一個東方狄托（Josip Broz Tito）的政策，成為其對華政策的主軸。美國在國共內戰的過程中，限制國軍行動，卻無法節制中共行動，並避免與中共正面衝突，[21]但是中共並不認為美國偏袒它，並指責馬歇爾調停不公，

中國而將留為調停之武器，由馬歇爾自行決定。請參閱梁敬錞譯註，*馬歇爾使華報告書箋註*，（台北：中央研究院近代史研究所，民國83年），頁5-6。另馬歇爾向國務卿貝爾納斯（James F. Byrnes）請示的和談假設曾提出如果中共接受妥協方案，而國民黨不肯，美國應採取何種方案？貝爾納斯的回答是停止美援。然而二日後，貝爾納斯又給了馬歇爾另一個指令，倘使蔣介石不接受，美國也不能拋棄蔣介石，只能接受一個分裂的中國。請參閱 Herbert Feis, *The China Tangle: the American effort in China from Pearl Harbor to the Marshall mission,* (Princeton, N.J.: Princeton University Press, 1953), pp.418-419.

[20] 蘇聯要求中共加入蔣介石的政府，解散自己的軍隊，並於日本投降後要求毛澤東親赴重慶與蔣介石談判，走和平發展的道路；警告中共不要打內戰，否則中華民族有毀滅的危險，這一切均因蘇聯評估中共實力不足，可能導致美蘇衝突，故要求中共配合其外交政策。請參閱裴堅章主編，*中華人民共和國外交史：1949-1956（第一卷）*，（北京：世界知識出版社，1998年），頁9-10。

[21] 例如美國的煙台登陸行動，在發出最後通牒要求共軍退出，但是在朱德的抗議與警告下，反而取消登陸，顯見美國避免與中共衝突的意圖。許湘濤，「戰後初期之中蘇關係（1945年8月至1946年8月）」，張玉法主編，*中國現代史論集，第十輯*，（台北：聯經出版社，民國71年），頁400-401。

使得美國陷入抉擇的困境。[22]然而美國並未放棄與中共的接觸，反而保留駐瀋陽、北平、上海等中共統治地區的領事館，與各地中共單位接觸運作，顯示美國常駐大陸的決心。美國駐華大使司徒雷登（John Leighton Stuart）在中共佔領南京時仍留駐南京，顯示美國願意與中共建立良好關係。[23]一九四九年三月十三日國務卿艾奇遜（Dean Acheson）發給駐華大使司徒雷登的訓令中表示，美國原則上不把承認中國當作一項政治武器，只要這個國家能夠控制大部分領土與國家機構，為維持公共秩序，有能力履行國際義務，統治權為人民普遍默認，美國便可承認這個國家。[24]一九四九年六月三十日毛澤東發表「論人民民主專政」，宣佈了向蘇聯「一邊倒」的外交政策，[25]美國仍然沒有放棄與中共改善關係的

---

[22] 1948 年 9 月 7 日國務院政策設計室提出 PPS39 號備忘錄指出美國因為反蘇戰略的需要而支持蔣介石，這一政策雖然可以理解，但不是好的外交，它使美國無從選擇，援助國民政府不可能扭轉戰局，美國要從政治、軍事和經濟中掙脫出來。Memorandum by the Policy Planning Staff, Washington, September 7, 1948, *Foreign Relations of the United States (FRUS)*, 1948, Vol.8, The Far East: China, (Washington, D.C.: United States Government Printing Office, 1973), pp.146-155.

[23] 中共其實也相當注意美國所表達的善意，不僅是透過司徒雷登的秘書傅涇波與中共駐南京外辦主任黃華取得聯繫，國民黨革命委員會成員陳銘樞將軍亦轉達了他與毛澤東、周恩來、葉劍英對美國友善的談話；此外民主同盟領袖人物張東蓀及其長子張宗炳、羅隆基等人也傳達了周恩來希望與外國進行貿易的期待。華慶昭，*從雅爾塔到板門店－美國與中、蘇、英：一九四五至一九五三*，（北京：中國社會科學院，1992 年），頁 168-171。

[24] The Secretary of State to the Ambassador in China (Stuart), Washington, May 13, 1949, *FRUS*, 1949, Vol.9, p.22.

[25] 毛澤東在本文談到「"你們一邊倒。"正是這樣。一邊倒，是孫中山的四十年經驗和共產黨的二十八年經驗教給我們的，深知欲達到勝利和鞏固勝利，必須一邊倒。積四十年和二十八年的經驗，中國人不是倒向帝國主義一邊，

期待，同年八月美國發表「美國與中國的關係－著重於一九四四～一九四九年」（United States Relations With China, With Special Reference to the Period 1944-1949）的白皮書，正式宣告與蔣介石政權劃清界線，等待中共勝利的「放手政策」（offhands policy）[26]。美國的舉動明確地表達對中共的善意，它不期望中共能在短期內傾向美國，但希望中共能扮演一個中立的角色，或至少不完全倒向蘇聯的遠東國家。

　　一九五〇年一月一日，助理國務卿魯斯克（Dean Rusk）向聯合國秘書長賴伊（Trygve Halvdan Lie）表明，美國將不會對中共入會進行投否決票。[27]一月五日，杜魯門總統向外界否認美國有意援助台灣或分離台灣，並支持中國的領土統一：[28]

> ……開羅宣言中美國總統、英國首相、中國主席曾申明他們的目的是，使日本竊取于中國的領土，如台灣，歸還中國。……美國對台灣或中國其他領土從無掠奪的野心，美國目前無意在台灣或取特別權力或特權或建立軍事基地，美國亦不擬使用武裝部隊干預其現在的局勢，

就是倒向社會主義一邊，絕無例外。騎牆是不行的，第三條道路是沒有的。我們反對倒向帝國主義一邊的蔣介石反動派，我們也反對第三條道路的幻想」，「論人民民主專政」，毛澤東選集，第四卷，http://www.mzdthought.com/mxxx.htm（2001/12/21）。

[26] 林孟熹，司徒雷登與中國政局，（北京：新華出版社，2001 年），頁 190。或「別了，司徒雷登」，毛澤東選集，第四卷，http://www.mzdthought.com/mxxx.htm (2001/12/21), Editorial Note, *FRUS*, 1949, Vol.9, p.1392.

[27] 華慶昭，從雅爾塔到板門店，頁 185。Tang Tsou, *American Failure in China, 1941-1950,* (Chicago: Chicago University Press, 1963), p.523.

[28] 中美關係資料匯編，第二輯，（北京：世界知識出版，1960 年），頁 10。

> 美國政府不擬遵循任何足以把美國捲入中國內爭中的途徑。[29]

同日，國務卿艾奇遜亦闡述杜魯門總統的聲明：[30]

> ……台灣島即依照已成立的宣言及投降條件交與中國人。中國人已統治台灣四年，美國或任何其他盟國從未對該項權力及佔領發生過任何疑問。當台灣被作為中國的一個省份的時候，沒有任何人曾對此提出過任何法律上的疑難，此舉經認為是符合各項約定。

一月六日，美國國務院向總統報告，國務院已指示聯合國代表團針對撤銷台灣席位或接納中共入會寧可棄權也不投否決票。[31]美國對中共展現諸多善意，其目的就是希望誘導中共不要與蘇聯簽訂軍事同盟。一月十二日艾奇遜在全國新聞記者俱樂部發表煽動性的演說，認為蘇聯正在分離華北脫離中共：[32]

> 俄國人對華北和其他地區的態度和興趣早在共產主義化以前就是如此。……蘇聯正在把中國的北部省份從中國分離出去，使它們附屬於蘇聯。這種過程在外蒙古已經完成，在滿洲已接近完成，我可以肯定說，在內蒙古和新疆的蘇聯代理人已向莫斯科提出了樂觀的報告。這就是正在

---

[29] 其實一直到 1950 年 1 月 4 日前 杜魯門政府內部對台灣前途仍無一致意見，杜魯門是被艾奇遜強力說服後才於 1 月 5 日發表，並獲得印度、越南等東南亞國家的普遍支持。華慶昭，*從雅爾塔到板門店*，頁 184-185。

[30] *中美關係資料匯編，第二輯*，頁 12。

[31] 華慶昭，*從雅爾塔到板門店*，頁 185。

[32] 艾奇遜在美國新聞記者協會發言，*中美關係資料匯編，第二輯*，頁 26。

發生的情況，整個中國人居住的地區正從中國分離出去而
附屬於蘇聯。

面對艾奇遜的發言，正在莫斯科的毛澤東以胡喬木之名發表
了一篇批駁的文章：[33]

所謂中國共產黨是蘇聯走狗，蘇聯已經或正在或將要吞併
中國這類低能的造謠污衊，只能激起中蘇兩國人民的憤
慨，加強中蘇兩國的友好合作，此外不會有別的結果。

艾奇遜的發言期望造成中蘇之間的猜忌，這種發言猶如一把
雙刃刀，他可能增強也可能削弱毛澤東在莫斯科談判「中蘇友好
同盟互助條約」的地位，然而面對艾奇遜的發言，中共又不得不
公開澄清自己的立場，結果強化了中共對蘇聯效忠的表態。
其實中共也並非鐵板一塊，一九四九年初，毛澤東在與蘇聯
密使米高揚（Anastas Mikoyan）會談有關新政府承認問題，米高
揚表示毛澤東除了希望蘇聯的立即承認外，對於外國政府有意承
認也不排斥。[34]解放軍渡江後，毛澤東仍指示如果美國及英國能
斷絕和國民黨的關係，可以考慮和它們建立外交關係。[35]同年解

---

[33] 中共中央文獻研究室編，*建國以來毛澤東文稿，第一卷*，（北京：中央文獻
出版社，1987 年），頁 245-248。

[34] 參閱 1960 年 9 月 22 日，米高揚提交蘇聯共產黨中央委員會主席團報告「米
高揚就 1949 年 1-2 月的中國之行向蘇聯共產黨中央委員會主席團提交的報
告」，俄羅斯聯邦總統檔案館，全宗：3，目錄：65，案卷：606，頁 1-17。
轉引自 A.M.列多夫斯基，陳春華、劉存寬譯，*斯大林與中國*，（北京：新
華出版社，2001 年），頁 69。

[35] 毛澤東 1949 年 4 月 28 日致鄧小平、劉伯承、陳毅等電報，外交部編，*毛
澤東外交文選*，（北京：中央文獻出版社，1994 年），頁 83。

放軍攻陷南京前夕，中共駐南京軍管會外事處主任黃華與美國駐
華大使司徒雷登取得聯繫，並邀請司徒雷登以燕京校友名義訪問
北京。[36]除了黃華的聯絡途徑外，國民黨革命委員會陳銘樞將軍
於一九四九年六月十日拜訪了司徒雷登後轉往北京，事後給了司
徒雷登一份同年六月十九日與毛澤東、周恩來、葉劍英談話的備
忘錄，文件指出中共希望美國不要再援助國民黨，並制定友善的
政策，他將會以同樣友善的態度對待美國。[37]此外，五、六月間
民主同盟人士張東蓀及其長子張宗炳，羅隆基等人也穿梭在北京
中共高層與美國駐北京總領事柯樂博（O. Edmund Clubb）之間，
他們反應了北京高層了解對外貿易與外交關係的需求，中共終將
考慮美援，但不考慮走狄托路線，一旦美蘇有戰爭，中共並未承
諾會站在蘇聯這一方。[38]一九四九年十一月美國中央情報局的情
報顯示，周恩來曾經談及中共經不住在同時有兩個敵人，但並沒
有東西能妨礙他們有兩個以上的朋友。[39]此時中共在國共內戰中
已無實力不足的問題，而美國的塵埃落定政策也使中共無須擔心
國民政府與美國的關係是否會影響其統一政策，顯示中共沒有排
拒與美國合作的可能，或至少不立即敵對的狀態。

---

[36] 有關中共與司徒雷登接觸之事，中外學者說法不一，林利民認為係司徒雷
登秘書傅涇波主動接觸，林孟熹與傅涇波訪談紀錄說明黃華主動來電致
意，1972 年美國參議院外交委員會發表一份「1949 年及 1950 年的美國及
共產黨中國：關於恢復邦交和承認問題」，傅爾布萊特（J. Fulbright）說明
了中美之間的接觸與中共放棄美國結盟。請參閱林利民，*遏制中國：朝鮮
戰爭與中美關係*，（北京：時事出版社，2000 年），頁 54；林孟熹，*司徒雷
登與中國政局*，（北京：新華出版社，2001 年），頁 118-129。

[37] 華慶昭，*從雅爾塔到板門店*，頁 169。

[38] 同前註，頁 170。

[39] 同前註，頁 186。

　　在中美雙方均無意敵對的意願下，為何雙方會走上對抗之路？當然，對抗的明顯標誌就是一九四九年六月三十日，毛澤東所發表的「論人民民主專政」。艾奇遜反對司徒雷登訪問北京與美國遲遲不承認中共有相當的關聯，但是蘇聯的態度可能是更直接的原因。毛澤東處於兩大強國之間，這兩個國家沒有一個是真心支持其革命。蘇聯玩弄國共的兩手策略中共儘管不滿，但是又無法正面去反對他。當時世界上有一個強大的國際共產主義運動，蘇聯是其中心；有一個共產國際組織－共產情報局；有一個社會主義陣營，蘇聯是頭目；有一位世界革命的導師－史達林；還有一個最佳的反面教材－南斯拉夫。除非蘇聯的壓力忍無可忍，中共別無他法只能與蘇聯結盟。[40]中共需要打消蘇聯對其狄托化的疑慮，最大程度爭取蘇聯的同情與支持，這使得進一步對美國採取敵對的態度成為必要行為。[41]

　　一九四九年十月一日，中華人民共和國正式建立。毛澤東出訪莫斯科一待三個月，簽訂了「中蘇友好同盟互助條約」，正式將中蘇關係緊密地連結在一起。中共的「一邊倒」政策，使得美國杜魯門總統試圖追求一個不隸屬蘇聯集團的中國政策隨之破滅。[42]在毛澤東指示打掃乾淨再請客的政策下，[43]華德（Augus Ward）事件[44]成為中美關係破裂的重要原因。

---

[40] 同前註，頁 178。

[41] 時殷弘認為有三個因素決定了中共對美國敵對的態度：一是美國對華態度的現狀，即支持國民政府；二是共產黨的思想；三是中共所理解的中國革命現實需要，即對帝國主義壓迫的仇恨。這三個原因導致中美對抗的必然性。時殷弘，*敵對與衝突的由來－美國對新中國的政策與中美關係 (1949-1950)*，（南京：南京大學出版社，1995 年），頁 57-59。

[42] 1949 年 1 月美國國家安全會議（National Security Council）NSC34/1 文件即指出，美國要預防任何可能支配中國的外國強權出現，立即而明顯的目標

　　中蘇共的結盟，使得美國製造東方狄托的努力受到頓挫。但是美國對於分化中蘇關係仍然視為一個長程計畫，只是預期雙方衝突的時間會比想像中的久。然而中蘇團結的現狀遠比中蘇分裂的願景更為重要。[45]在韓戰之前，美國對中共採取友善的政策逐漸弱化，繼之而起的是一種消極性的圍堵政策。一九四九年十二月二十九日，美國國家安全會議制定了第一份全面性的亞洲政策文件－「美國當前的情勢與亞洲的展望」（The Position of the United States with Respect to Asia），即 NSC48/2 文件，把圍堵蘇

是預防中國成為蘇聯的附庸。Note by the Executive Secretary of the National Security Council (Souers) to the Council, NSC 34/1, Washington, January 11, 1949, *FRUS*, 1949, Vol.9, pp.474-475.

[43] 1949 年 2 月毛澤東會見米高揚談到對外關係總方針說：「我們這個國家，如果形象地把它比作一個家庭來講，它的屋內太髒了……。解放後，我們必須認真清理我們的屋子，從內到外，從各個角度以至門窗縫裡，把那些髒東西統統打掃一番，好好加以整頓，等屋內打掃清潔、乾淨，有了秩序，陳設好了，再請客人進來。我們的真正朋友可以早點進屋子來……」，這是打掃屋子再請客的思想由來。請參閱師哲，*在歷史巨人身邊*，二版修訂版，（北京：中央文獻出版社，1996 年），頁 379。根據米高揚提交蘇聯共產黨中央委員會的報告指出毛澤東並不去力爭外國政府對新政府的承認，如果外國政府表示有意承認就不予排斥。請參閱陳春華、劉存寬譯，A. M.列多夫斯基著，*斯大林與中國*，頁 69。

[44] 1949 年 10 月 24 日美國駐瀋陽總領事 Augus Ward 被其中國雇員指控使用暴力，瀋陽市人民法院於同年 11 月 21 日判決，Augus Ward 與四名外籍職員判刑數月，緩刑一年，並驅逐出境。隨後瀋陽市人民法院以美國總領事館指揮掩護間諜活動為由，宣判領事館全體外籍人士驅逐出境，Augus Ward 本人於同年 12 月 11 日離境。其實華德事件並非單純的民事事件，中共中央於 1948 年 11 月 10 日指示東北局不承認美國總領事地位，同年 11 月 20 日沒收美國總領事館電台，並軟禁領事館人員與眷屬一年多才驅逐出境，美國被迫於 1949 年 5 月底關閉瀋陽總領事館。請參閱陶文釗，*中美關係史，1949-1972*，（上海：上海人民出版社，1999 年），頁 4。

[45] 時殷弘，*敵對與衝突的由來－美國對新中國的政策與中美關係（1949-1950）*，頁 41。

聯作為亞洲政策的首要目標。文件指出一旦發生對蘇戰爭，在西
方進行戰略進攻，在東方進行戰略防禦，美國最近的目標就是要
在一切可能的地方遏止和降低蘇聯在亞洲的力量，使之不致威脅
美國的安全。美國必須圍堵蘇聯在亞洲的力量與影響，加強在日
本、沖繩、菲律賓的地位，保持亞洲大陸沿海島嶼防衛體系的完
整，並斷絕與中共的貿易，在東南亞建立替代市場，就是要建立
從亞洲沿海島嶼到亞洲大陸以守為攻的圍堵戰略。文件也指出美
國要透過政治、心理和經濟的手段，利用中蘇之間，中國的史達
林主義者與其他成員的爭吵，並用隱蔽的手段來達成上述目標。
此外，福爾摩沙雖然具有戰略重要性但不足以動用到美國軍隊。[46]
此一圍堵政策的主軸是以蘇聯為主，中共只是從屬角色。美國在
主觀意識上並無意採取較蘇聯、東歐更甚的中共政策，[47]甚至不
願出兵防禦台灣。但是國際局勢的轉變強化了美國的不安全感，
特別是蘇聯於一九四九年九月成功試爆原子彈、中蘇同盟的建
立，再加上美國國內麥卡錫（Joseph McCarthy）恐共風潮的興起，
美國制定了一份對抗性極強的 NSC68 號文件。

　　一九五〇年四月份頒訂的 NSC68 號文件呈現出零和遊戲的
國際觀，[48]它強調國際體系面臨根本性的改變，美蘇兩極體系形

---

[46] 如同 Dean Acheson 所接篆的亞洲新政策是建立在防禦而非進攻上。Bruce I.
Cumings, eds, *Child of Conflict: The Korean-American Relationship, 1943-1953*,
(Seattle: University of Washington Press, 1983), pp.45-47; John L. Gaddis,
*Strateigies of Containment: A Critical Appraisal of Postwar American National
Security Policy*, (New York: Oxford University Press, 1982), pp.251-257. 劉雄，
「艾森豪威爾政府亞洲政策論綱」，崔丕主編，冷戰時期美國對外政策史探
微，（北京：中華書局，2002 年），頁 191。

[47] 林利民，遏制中國：朝鮮戰爭與中美關係，頁 85。

[48] John Lewis Gaddis, *Strategies of Containment: A Critical Appraisal of Postwar*

成，但是蘇聯與以往霸權不同的是，他的擴張受到狂熱的信仰所
驅使，由於蘇聯擴張的必然性，自由世界必須堅守陣地不能退讓。
美國要充分利用民主制度來影響蘇聯的極權統治，並擴充軍備來
進行全球性的圍堵政策。文件建議美國迅速增強自由世界的政治
經濟與軍事力量，以便在任何情況下可以制止蘇聯的擴張，不管
這個擴張是局部性還是全面性，美國必須負擔保衛自由世界的任
務與削弱蘇聯的力量。[49]由新任的國務院政策設計室主任尼茲
（Paul Nitze）所撰寫 NSC68 號文件，升高了共產主義的威脅感。
他試圖轉變杜魯門尊重中國領土安撫中共的動作，並否定艾奇遜
視中國為蘇聯設計的戰略泥沼，而將中共視為共產主義前進東南
亞的一塊跳板，提升了軍事平衡的重要性，也促使國務院開始轉
變對台灣重要性的看法。[50]

參謀聯席會議主席布萊德雷（Omar N. Bradley）在一月二十
五日參議院外交委員會作證指出台灣若被潛在敵人所掌握，將對
美國在太平洋的安全產生危險。[51]四月中旬，參謀聯席會議應國
防部長強森（Louis A. Johnson）指示提出報告指出，為減輕美國
在東南亞的壓力，台灣的軍隊已恢復活力，顯著提高效能，應該

American National Security Policy, p.137.

[49] Memorandum by the National Security Resources Board, Washington, 29 May, 1950, *FRUS*, 1950, Vol.1, pp.316-323.有關 NSC68 文件的分析可以參閱周桂銀，「美國全球遏制戰略：NSC68 決策分析」，沈宗美編，*理解與溝通：中美文化研究論文集*，（南京：南京大學出版社，1992 年），頁 74-102。

[50] Gordon H. Chang, *Friends and Enemies: The United States, China, and The Soviet Union,1948-1972,* (Stanford, California: Stanford University Press, 1990), pp.69-70.

[51] Dorothy Borg and Waldo Heinrichs, eds., *Uncertain Years: Chinese-American relations, 1947-1950,* (New York: Columbia University Press, 1980), pp.85-86 & p.88.

可以為美國所用。強森強烈建議國務卿採納此一意見。[52]五月十八日，杜勒斯提交備忘錄指出台灣是展現美國遏止共產主義決心的恰當地區。[53]五月二十九日與六月十四日，麥克阿瑟均提出確保台灣的意見書，並說：[54]

> 一旦美蘇爆發戰爭，掌握在共產黨手裡的台灣就好比一艘不沉的航空母艦和潛艇供應站，其位置對於蘇聯完成其進攻戰略十分理想，……同時還可以把美國遠東部隊在中部、南部的反攻能力徹底消滅。……台灣最終的命運無疑取決於美國，……絕不能讓台灣落入共產黨手中。

麥克阿瑟甚至對一些東京的官員表示，亞洲的命運取決於不讓共產黨得到台灣，如果美國政府真的把台灣一筆勾銷，那麼保衛其他地方也就沒什麼意義。[55]。六月五日，國務卿艾奇遜也向

---

[52] Dorothy Borg and Waldo Heinrichs, eds., *Uncertain Years: Chinese-American relations, 1947-1950*, pp.85-86.

[53] 杜勒斯時任美國舊金山和約的顧問，其所提出的備忘錄深獲助理國務卿魯斯克（Dean Rusk）所贊同，特別是對台灣的觀點。杜勒斯建議台灣應在聯合國的庇護下中立化，藉以保證台灣既不會被中共奪取，又不會被用作反攻大陸的作戰基地。這項計畫能約束國民政府不用美國的飛機與炸彈破壞大陸沿海城市，並限制國府對商船的封鎖，避免激怒英國與中共，甚至將蘇聯拖下水。此外，在軍事上這種做法不用派陸軍，只要以海空軍便能落實；更重要的是以和平的手段掩飾美國軍事介入的事實。Memorandum by Mr. John Foster Dulles, Consultant to the Secretary of State, Washington, May 18, 1950, *FRUS*, 1950, Vol.1, pp.314-316.

[54] "Formosa in the hands of the Communists can be compared to an unsinkable aircraft carrier and submarine tender ideally located to accomplish Soviet offensive strategy…", Memorandum on Formosa, by General of the Army Douglas MacArthur, Commander in Chief, Far East, and Supreme Commander, Allied Powers, Japan, Tokyo, 14 June, 1950, *FRUS*, 1950, Vol.7, pp.161-165.

[55] Michael Schaller, *Douglas Macarthur: The Far Eastern General,* (New York:

英國駐美大使透露美國即將對台灣地位重作考慮。一星期後，杜勒斯向國府駐美大使顧維鈞透露，美國對台灣政策將有改變，會呈現一個較友善的態度來考慮對台軍援的問題，並暗示美國有干預台灣海峽的意願，[56]反映出美國正在從消極性的圍堵與積極性的圍堵當中擺盪，而韓戰提供了這個機會。

　　韓戰的爆發不管是蘇聯對西方世界的試探，或是將美國牽制在東亞，以符合蘇聯在西歐侵略的全球戰略，或是征服日本的代理人戰爭，都使得美國直接介入韓國。[57]艾奇遜也認定北韓的南侵是共產集團協調一致的步驟，其直接目標除韓國外，還包含中南半島、緬甸、菲律賓、馬來西亞，中程目標則是香港、印尼、泰國、印度與日本。[58]為防止與蘇聯爆發全面戰爭，故派遣第七艦隊巡弋台灣海峽。[59]由於對蘇聯軍事平衡的過度關切與「中蘇友好同盟互助條約」的簽訂，使得美國採用軍事的觀點來圍堵共產主義的擴張，而忽略了中共自身的國家利益。[60]在杜魯門決定越過三十八度線之際，中美關係的惡化也以軍事對抗的形式呈

　　Oxford University Press, 1989), p.177.

[56] Gordon Chang, *Friends and Enimies*, p.74.

[57] 崔丕，「美國對朝鮮政策的演變」，崔丕主編，*冷戰時期美國對外政策史探微*，頁 141-142。

[58] The Secretary of State to the Embassy in the United Kingdom, Washington, July 10, 1950, *FRUS*, 1950, Vol.7, pp.348-350.

[59] Memorandum of Conversation by the Ambassador at Large (Jessup), 25 June 1950, Memorandum of Conversation by the Ambassador at Large (Jessup), 26 June 1950, *FRUS*, 1950, Vol.7, pp.157-161, pp.178-183.

[60] 大陸學者劉雄就認為美國把圍堵亞洲共產主義擺在第一位，所以在亞洲形成了以軍援為主經援為輔的格局，並持續到 60 年代，有別於美國對歐洲的援助。劉雄，「美國的亞洲遏制與科倫坡計劃」，崔丕主編，*冷戰時期美國對外政策史探微*，頁 235。

現，從而改變了東西方關係與冷戰政策。中共的參戰使史達林確信毛澤東不會很快變成東方的狄托，進而增加對北京的軍事與經濟的援助；中共也在韓戰中見識到美軍現代化的武力，更加深對蘇聯的安全依賴。東亞冷戰的軍事化型態確立，台灣地位意外地獲得高度的提升。原本杜魯門對台灣約束性的中立化角色，變成了軍援的重要對象，甚至要求台灣必須保有反攻大陸的能力，成為太平洋島鏈不可或缺的一環。美國與中共的關係完全斷絕。

第三節　韓戰後中美對抗的歷程

韓戰的爆發的確是美國改變對華政策的關鍵點，同時也是中共將美國視為頭號敵人的開端。[61]杜魯門總統在六月二十七日發表聲明：[62]

> ……對朝鮮的攻擊已無可懷疑地說明，共產主義已不限於使用顛覆手段來征服獨立國家，而且立即會使用武裝的進攻與戰爭。……在這些情況下，共產黨部隊的佔領台灣，

---

[61] 大陸學者蘇格便持這種看法，請參閱蘇格，*美國對華政策與台灣問題*，頁155。其實周恩來在外交政策的闡述中，就曾指出：「美國在聯合國組織裡，阻止中華人民共和國代表的參加；美國阻撓中國代表參加盟國對日管制；美國藉口朝鮮的形勢派遣海空軍侵入台灣；……美國空軍還侵入中國領空，實行掃射轟炸，……美國是……中華人民共和國最危險的敵人。」請參閱中共中央文獻研究室編，*周恩來外交文選*，（北京：中央文獻出版社，1990年），頁22-23。

[62] *中美關係資料匯編*，第二輯，頁89-90。

　　　　將直接威脅太平洋地區的安全，及在該地區執行合法而必
　　　　要的職務的美國部隊。因此，我已經命令第七艦隊阻止對
　　　　台灣的任何進攻。

　　這項聲明明顯阻斷了中共攻打台灣的行動。[63]毛澤東於六月
二十八日在中央人民政府委員會第八次會議批評：[64]

　　　　杜魯門在今年一月五日還聲明說美國不干涉台灣，現在他
　　　　自己證明了那是假的，並且同時撕毀了美國關於不干涉中
　　　　國內政的一切國際協議。美國這樣地暴露了自己的帝國主
　　　　義面目，……

　　針對美國對台灣政策出爾反爾，周恩來也於同日以外交部長
名義發表了「關於美國武裝侵略中國領土台灣的聲明」，[65]認定韓

---

[63] 依據美國的情報顯示中共已將解放台灣列為頭等重要任務，並為攻打台灣一
　　直在營造和集結戰船，儲存油料，訓練軍隊。台灣情報也顯示中共佔領海南
　　島之後，即在福建沿海作水陸空的攻擊演習，並集結大量作戰飛機和登陸艦
　　艇，預計 1950 年 5、6 月將有攻台可能。請參閱 The Consul General at Shanghai
　　(Mcconaughy) to the Secretary of State, Shanghai, January 5, 1950, *FRUS*, 1950,
　　Vol.6, p.267. 陳志奇，*美國對華政策三十年*，（台北：中華日報社，民國 69
　　年），頁 108。國務卿艾奇遜在 1951 年 6 月 2 日在參議院作證時指出，若不
　　是因為韓戰，台灣早在 1950 年中就會陷落。第 82 屆國會第一次會議，參議
　　院軍事委員會與外交委員會聽取遠東局勢作證會議記錄，第三卷，*中美關係
　　資料匯編*，*第二輯*，頁 481-482。根據中共資料 6 月 30 日，中共中央軍委會
　　副主席周恩來向海軍司令員蕭勁光傳達新的戰略方針「形勢的變化給我們打
　　台灣增添了麻煩，因為有美國在台灣擋著……現在我們的態度是，譴責美帝
　　侵略台灣，干涉中國內政。我們的軍隊打算是，陸軍繼續復原，加強海空軍
　　建設，打台灣的時間往後延。」中共中央文獻研究室編，*周恩來年譜：
　　1949-1976*，上卷，（北京：中央文獻出版社，1997 年），頁 52。
[64] 「毛澤東主席在中央人民政府委員會第八次會議上關於美國侵略台灣和朝
　　鮮的講話」，外交公報，第一卷第二期，*中美關係資料匯編*，*第二輯*，頁 91。

戰的爆發是美國指使李承晚的侵略行為。[65]八月一日，蔣介石與
來訪的麥克阿瑟各自發表聲明，強調防衛台澎是美台共同利益，
引發中共的反彈。[67]中共透過蘇聯在聯合國安理會提出控訴美國
侵略中國案，援引聯合國憲章爭端當事國得出席安理會說明，於
十月二十三日派遣伍修權出席聯合國，並於十一月二十八日正式
在安理會發表譴責美國之發言。[68]美國也在安理會提出大韓民國
遭受侵略訴訟案，譴責中共侵略朝鮮，並於一九五一年二月一日
通過譴責中共為侵略者，並要求會員國給予聯合國軍一切援助，
對中共與北韓勿給予任何援助。[69]二月十六日組成額外措施委員
會（The Additional Measures Committee）來針對中共與北韓的侵
略提出額外的制裁措施，[70]開始了對中共經濟制裁的措施。[71]

---

[65] 聲明全文請參閱外交公報，第一卷第二期，*中美關係資料匯編*，第二輯，頁 91-92。

[66] 根據俄羅斯總統府檔案館解密檔案顯示，韓戰的爆發的確是由金日成挑起，蘇聯與中共均有參與，此項爭議殆無疑義。請參閱沈志華，*朝鮮戰爭：俄國檔案館的解密文件*，（台北：中央研究院近代史研究所，民國 92 年）。

[67] 1950 年 8 月 1 日，中央社，*中美關係資料匯編*，第二輯，頁 123。有關麥克阿瑟訪台是否經過杜魯門核准，曾經在新聞界有所爭議；然而在 1951 年 5 月 4 日麥克阿瑟在參議院作證時回答諾蘭參議員明確指出，1950 年 8 月訪台是經過華盛頓方面核准的。*中美關係資料匯編*，第二輯，頁 434。

[68] 伍修權，*伍修權將軍自述*，（遼寧：遼寧人民出版社，1998 年），頁 174-187。

[69] 聯合國通過的決議：「一、認定中華人民共和國中央人民政府由於直接援助和協助業已在朝鮮進行侵略的人，而且對聯合國在朝鮮的部隊從事敵對行為，它自己已在朝鮮從事侵略；……五、號召所有國家與當局對在朝鮮的侵略者勿給予任何援助；」五屆聯合國大會紀錄，*中美關係資料匯編*，第二輯，頁 391。

[70] The Secretary of State to the United States Mission at the United Nations, Washington, February 5, 1951, *FRUS*, 1951, Vol.7, p.1893.

[71] 在聯合國決議尚未通過之前，美國商務部於 1950 年 12 月 2 日就已宣布對中國大陸、香港、澳門的出口實行全面的許可證制度，16 日更宣布將中共在美國的資產加以凍結，並禁止美國船隻駛往中國。Memorandum by the

　　一九五〇年，中國從西方國家進口總額約四億八千萬美元，
出口總額約四億美元，西方國家與中國貿易額約佔中國外貿總額
的三分之二。[72]

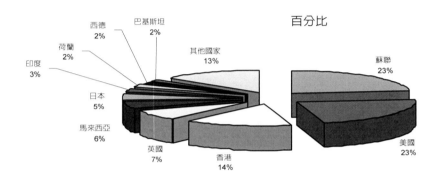

圖二　一九五〇年中共主要貿易夥伴（總貿易百分比）

資料來源：James Tuck-Hong Tang, Britain's Encounter with Revolutionary
　　　　　China, 1949-1954, (New York: St. Martin's Press, Inc, 1992), p.203.

　　美國聯合其盟國對中共的制裁，顯然對中共的經濟復甦造成
了重大的傷害，然而全面的經濟戰可能損害英法在香港與印度支
那的利益，更可能加深中共對蘇聯的經濟依賴。[73]針對美國的制

<hr />

　　Ambassador at Large (Jessup) to the Executive Secretary of the National
　　Security Council (Lay), Washington, December 2, 1950; Memorandum by the
　　Secretary of the Treasury (Snyder) to the National Security Council, Washington,
　　December 6, 1950; The Secretary of State to All Diplomatic Offices,
　　Washington, December 16, 1950, *FRUS*, 1950, Vol.6, pp.672, 674, 682-683.

[72] Memorandum by the Assistant Director of Central Intelligence for National
　　Estimates (Langer) to the Director of Central Intelligence (Smith), Washington,
　　25 June, 1951, *FRUS*, 1951, Vol.7, p.1996.

[73] 1950 年代初，美國考慮分化中蘇關係成兩派：一是以杜魯門為首，相信

裁，中共於一九五○年十二月四日停止對美、日、加、菲等國的結匯輸出，改採先進後出方式為主的易貨貿易。二十八日宣布凍結美國在中國大陸資產。[74]面對西方國家的制裁，中共對西方國家的貿易由一九五一年的四億三千三百萬，降到一九五二年的二億五千七百萬。同樣地，對社會主義國家的貿易也從一九五○年佔總額的 32.4%，一九五一年增加到 52.9%，一九五二年上升到72%，直到五○年代末期一直保持在 70%以上。[75]

　　經濟制裁的同時，美國開始具體援助台灣。國務院依據一九四八年援華法案項下 1.25 億美元贈款的剩餘部份，提供台灣運用採購美國軍火。[76]同時同意麥克阿瑟建議，於一九五○年八月派遣福克斯（Alonzo P. Fox）調查團前往台灣調查其防衛能力。[77]此

門戶關閉政策，企圖在短期內使中共依靠蘇聯，由於經濟的制裁使得中共對蘇聯產生大量的需求，而蘇聯在沒有辦法滿足中共的需求下，進而產生兩者的摩擦，最後導致分裂。另一派是以美國駐印度大使 Chester Bowles 為首的自由主義份子，強調中共不是蘇聯的附庸，對中共保持善意的彈性，誘導其脫離蘇聯。惟杜魯門執行強硬的圍堵政策，後繼的艾森豪又啟用反共著稱的杜勒斯擔任國務卿，使得以溫和彈性誘使中共脫離蘇聯的政策一直未在五○年代出現。請參閱 Gordon Chang, *Friends and Enemies*, pp.84-88.

[74] *中美關係資料匯編*，第二輯，頁 258-259。其實中共可能早有被美國封鎖的認知，在 1949 年 8 月 18 日，毛澤東發表了「別了，司徒雷登」一文，即有：「多少一點困難怕什麼。封鎖吧，封鎖十年八年，中國的一切問題都解決了。中國人死都不怕，還怕困難嗎？」http://www.mzdthought.com/4/4-67.htm（2004/2/2）。

[75] 中國社會科學院、中央檔案館編，*1949-1952 年中華人民共和國經濟檔案資料選編：對外貿易卷*，（北京：經濟管理出版社，1994 年），頁 458、461、465、471、476。

[76] The Department of State to the British Embassy, *FRUS*, 1950. Vol.6, p.445.

[77] 福克斯報告（Highlights of Report of Far East Command Survey Group to Formosa Dated September 11, 1950）請參閱 Memorandum by Mr. Richard E.

外，默許退休海軍柯克上將（Admiral C. M. Cooke, Jr.）以中國國際商業公司（Commerce International China, Inc.）與國府行政院物資局簽訂軍事顧問聘約，協助國府軍事整備，[78]並於同年十一月二十三日緊急援助 4700 噸彈藥給台灣。[79]一九五一年一月二十日指示藍欽告知國民政府，美國願意提供國府防衛性的軍事援助，但由美國派人監督軍援物資的交付與使用。[80]一九五一年四月二十一日，美國派遣軍事顧問團赴台，並任命蔡斯（William C. Chase）將軍為軍事顧問團團長，促使美國進一步介入台灣的軍事防衛，甚至擴及到經濟社會的發展。一九五一年五月十七日，NSC48/5「美國在亞洲的目標、政策和行動方針」（United States Objectives, Policies and Courses of Action in Asia）文件表明，繼續第七艦隊的任務，向台灣提供經濟和軍事援助，阻止台灣陷落，提高國民黨的威望和影響。[81]一九五二年三月二十二日，美國副

Johnson of the Office of Chinese Affairs to the Director of the Office of Chinese Affairs (Clubb), *FRUS*, 1950, Vol.6, pp.590-596.

[78] Memorandum for Admiral C. M. Cooke, Jr. Recommendations for Technical a Dvisory Group，*蔣中正總統檔案*，特交檔案，檔號：080106，卷號：047，卷名：美國軍事援助，編號：08A-01657。

[79] 國防部史政編譯局編，*美軍在華工作紀實（顧問團之部）*，（台北：史政編譯局，民國 70 年），頁 108。

[80] The Secretary of State to the Embassy in the Republic of China, Washington, January 20, 1951, *FRUS*, 1951, Vol.7, pp.1521-1522.「美駐華代辦本年一月三十日第十三號照會」，*蔣中正總統檔案*，特交檔案，檔號：080106，卷號：047，卷名：美國軍事援助，編號：08A-01657。

[81] Report to the National Security Council by the Executive Secretary (Lay), Washington, May 17, 1951, *FRUS*, 1951, Vol.6, p.38.其實中共介入韓戰後，美國一直謹慎地將衝突限制在朝鮮半島，特別是戰況居於劣勢的 1950 年底，不少官員贊同動用台灣的軍隊來攻擊大陸東南沿海以為牽制，但是與台灣掛勾不僅重新捲入中國問題，又必須與蔣介石打交道，並非是杜魯門所願，美國政府只想被動地拒絕讓中共控制台灣，而不想付出太大代價。1951 年

國防部長佛斯特（William C. Foster）起草 NSC128 號文件，建議
杜魯門採納以下建議：[82]

(一) 阻止台灣落入任何與蘇聯結盟或受蘇聯控制的中國政
　　 權手中。

(二) 必要時採取單方面行動，確保台灣能被用作美國軍事行
　　 動基地。

(三) 第七艦隊繼續其保護台灣使命，直到遠東形勢允許台灣
　　 當局自行保衛該島。[83]

(四) 支持與美國友好的台灣政權，並使其與美國密切合作。

(五) 發展台灣的軍事潛力。

　　顯示美國已經傾向扶植台灣作為對抗共產主義的戰略資產。
　　以結束韓戰作為競選主軸的艾森豪於繼任總統後，於一九五
三年二月二日第一份國情咨文（State of Union Address）表達：「一
九五〇年六月二十七日的聲明實際上意味著要讓美國海軍來保衛

韓戰膠著的情況日益明顯，中共在韓戰中所展現的戰力與不妥協性，使美國
重新評估共產勢力在遠東的實力，為了控制中共可能的擴張與厚植未來談
判的本錢，台灣又成為可資運用的活棋，至此美國才認為可能將台灣從美
國的政治負擔變成政治資產，並開始探討積極保全該島的可能性。請參閱
張淑雅，「美國對台政策轉變的考察（1950 年 12 月-1951 年 5 月）」，*中央
研究院近代史研究所集刊*，第 19 期，民國 79 年 6 月，頁 469-486。

[82] Memorandum by the Acting Secretary of Defense (Foster) to the Executive
Secretary of the National Security Council (Lay), Washington, 22 March, 1952,
FRUS, 1952-1954, Vol.14, pp.20-21.

[83] 國家安全會議討論後將本條後修正為：「第七艦隊繼續其使命，今後美國政
策將根據世界和遠東形勢的變化作相應的修改。」，此為放棄台海中立化的
先聲。Memorandum of the Substance of Discussion at a Department of
State-Joint Chiefs of Staff Meeting, Held at the Pentagon, April 9, 1952, *FRUS,*
1952-1954, Vol.14, pp.31-42.

共產黨中國，由於國際形勢的變化，要求美國海軍為中共承擔防衛責任已經沒有任何意義，因此，我命令第七艦隊不再被部署為屏障共產黨中國。對我們來說，這一命令並不包含侵略意圖。」[84] 表面上這是對中共的恫嚇，藉此壓迫中共在韓戰停火協定上妥協；實際上，在國情咨文發表的前三天，藍欽已向蔣介石表達美國不希望國府在未與美國磋商的情況下反攻大陸，更不能動用美援的飛機與裝甲部隊。[85]為了迫使國府同意，美國停止交付 F84 噴射戰鬥機給台灣，直至四月二十三日，台灣終於向美國承諾動用飛機的軍事攻擊，需事前與美國協商。[86]台灣臣服於美國的遠東戰略。

　　一九五三年四月六日，國家安全會議討論了 NSC148 號文件。文件指出美國在遠東所面臨的中心問題是與蘇聯緊密結盟，並得到蘇聯支持的侵略性的中共對美國及自由世界的威脅。美國在中共的最終目標是在中國產生一個對美國友好，非共產黨的政府，而達成這個目標的手段有兩種：一是使北平背叛莫斯科；二是推翻北平政權。文件建議由於目前沒有中蘇共分化的現象，也沒有推翻共產政權的可能，所以持續給予中共更大的政治、經濟

---

[84] Message From the President to the Congress, Washington, February 2, 1953, *FRUS*, 1952-1954, Vol.14, p.140; *New York Times*, Feb. 3, 1953, p.1.

[85] The Charg'e in the Republic of China (Rankin) to the Department of State, Taipei, February 1, 1953, *FRUS*, 1952-1954, Vol.14, pp.135-136. 1953 年 2 月 15 日，駐美大使顧維鈞回報國府有關艾森豪國情咨文也表示，艾森豪對第七艦隊的指令仍僅限於台澎，不包括外島；如國府攻擊大陸，美方不予援助。然沿海游擊戰術遭致中共反擊，則美國提供援助。顧維鈞華盛頓電，*蔣中正總統檔案*，特交檔案，檔號：080106，卷號：033，卷名：對美國外交，編號：08A-1576。

[86] 陶文釗，中美關係史，1949-1972，頁 215。

與軍事的壓力，等待情勢明朗再決定是促使中蘇分化，還是搞垮共產黨。[87] NSC148 號文件說明了艾森豪政府將東亞問題視為一個整體，而解決問題的核心是孤立中共。[88]然而 NSC148 號文件卻沒有通過，成為艾森豪政府東亞政策指導性的文件，其原因在於文件並沒有把韓戰談判新進展納入考量，而延後決議。但是 NSC148 文件的核心概念的確反應了艾森豪政府孤立中共的決心。

　　一九五三年十月三十日，艾森豪政府制定了第一份東亞政策的指導性文件－NSC161/2 號文件。在中國問題上，NSC161/2 認為在沒有全面戰爭的情況下，中共政權短期內是不可能垮台，然而隨著韓戰停火，中共將越來越強調本國利益，中蘇之間的利益衝突遲早會削弱中蘇同盟，但目前中蘇同盟仍十分穩固，中國的戰略要地及龐大兵員是蘇聯集團的巨大財富。美國的國家安全是以集體安全為主，並以核武為主體所建立的大規模報復力量。[89]有別於杜魯門時期以傳統武器與有限戰爭為主的戰略，艾森豪以核子武器為主的大規模報復政策，使他認為成功地迫使中共簽訂韓戰停火協定。[90]同年十一月五日，艾森豪政府制定了其任內第一

---

[87] Staff Study on Basic U.S. Objective Toward Communist China, *FRUS*, 1952-1954, Vol.12, p.294.

[88] 蔡佳禾，*雙重的遏制－艾森豪威爾政府的東亞政策*，（南京：南京大學出版社，2000 年），頁 63。

[89] NSC162/2, Basic National Security Policy, Oct 30, 1953, Documents of the National Security Council, 1947-1977, Microfilm reel III, University Publications of America, 1980. 劉雄，「艾森豪威爾政府亞洲政策論綱」，崔丕主編，*冷戰時期美國對外政策史探微*，頁 192-193。

[90] Richard K. Betts, *Nuclear blackmail and nuclear balance,* (Washington D.C. : Brookings Institution, 1987), pp.31-47,認為艾森豪的核子強制政策成功地結束韓戰。

份中國政策文件－美國對共產中國的政策（United States Policy Toward Communist China），即 NSC166/1 號文件。[91] NSC166/1 是艾森豪政府第一份對中國外交政策的高層文件，文件強調美國的遠東政策必須妥善處理一個敵對而強大的中國及中蘇聯盟所改變的權力結構，並要盡力阻止中共力量的成長與損害中蘇關係。[92] NSC166/1 文件認可了對中共施壓的政策，美國在維持外島安全、防止中共領土擴張、承認並支持國民政府、強化非共亞洲，繼續對中共施加公開的和非傳統的及無形的壓力，並運用一切可行的手段傷害中蘇關係。[93] NSC166/1 號文件延續了 NSC148 的核心精神，視中共為東亞問題的核心，而且確認美國的目標在改變中共政權，然而改變中共政權美國既不願意出兵，也不願意支持國府反攻大陸，只是強調不能對中共讓步。這是一種長期而全面性的對抗政策，美國的亞洲冷戰政策正式確立。[94]

---

[91] NSC166/1 有關中國政策部分乃是由 1953 年 6、7 月間，由日光浴室計畫（Project Solarium）中對中國政策建議所作成結論延伸出來。Gordon H. Chang, *Friends and Enemies*, p.89; John Lewis Gaddis 以 Operation Solarium 來稱呼艾森豪中國政策的研擬過程，相關介紹請參閱 John Lewis Gaddis, *Strategies of Containment: A Critical Appraisal of Postwar American National Security Policy*, pp.145-146.

[92] NSC166/1, "U.S. Policy Toward Communist China," "NSC Staff Study on U.S. Policy Toward Communist China," both Nov.6, 1953, *FRUS, 1952-54*, Vol.14, pp.297-298, 278-306.其實直到第一次台海危機爆發，杜勒斯都認為中共會有獨立自主的傾向，狄托化是美國所樂見的。John Lewis Gaddis, *Strategies of Containment: A Critical Appraisal of Postwar American National Security Policy*, p.143.

[93] NSC, "Basic U.S. Objectives Toward Communist China," April 6, 1953, *FRUS*, 1952-54, Vol.14, pp.175-179.

[94] 蔡佳禾，雙重的遏制－艾森豪威爾政府的東亞政策，頁 70-71。

　　美國在亞洲圍堵政策的對象從蘇聯為主，中共為輔，改變到破壞中蘇同盟與抑制中共成長，最後逐漸形成以中國為主的亞洲圍堵政策。這一現象在一九五三年三月史達林死亡後逐漸明顯。赫魯雪夫的集體領導繼任後，為了穩定國內權力，對外倡導和平共存（coexistence），顯示出他比毛澤東更像東方的狄托。美蘇關係趨於和緩，但美國對中國政策卻日趨強硬，日內瓦會議更強化了這一趨勢。

　　由於法國在與越盟的對抗下耗損其經濟的復甦，美國的援助口惠而不實，法國急於從越南抽身，但又希望維持保大政權，[95]維繫法國在越南的影響力，故由英美蘇法中等國召開了日內瓦會議，希望能達成停火協議。美國對此一會議並不抱持太大希望，然而在會議期間，奠邊府之役法軍大敗，全數投降，使得會議急轉直下，終於達成停火協議。中共在日內瓦會議期間扮演著重要的關鍵角色，停火協議的達成，使得中共國際威望驟增。美國在這場外交戰爭沒有爭得任何好處，又被迫與中共展開人質談判，故將日內瓦會議視為西方的失敗與共產主義的獲勝。

　　一九五四年八月四日，根據艾森豪的命令，美國國家安全會議提出了美國遠東政策的觀察（Review of U.S. Policy in the Far East），即 NSC5429 號文件。文件強調日內瓦協議的簽署是一個指標，它代表著共產黨在印度支那的勝利，這一勝利產生了嚴重的後果，即它威脅了美國在遠東的安全，增強了共產黨在當地的力量。美國雖然不蓄意挑起戰爭，但是即使冒著戰爭的風險，也

---

[95] 二次大戰後法國自日本手中取回原法屬印度支那殖民地，為降低殖民地新興的民族獨立運動，扶植越南傳統皇室保大皇帝作為其代理政權。

要削弱中共的力量。[96]一九五四年九月三日，第一次台海危機爆
發，美國與中共再次軍事對抗。

第四節　小結

　　根據本章的分析，冷戰的形成源自歐洲，先從政治性冷戰
後來擴張到經濟與軍事的冷戰。體系理論所強調的嚴密兩極體
系，[97]在歐洲初步形成，但是東亞冷戰的正式形成則是自「中蘇
友好同盟互助條約」確立。所以中共並非是在嚴密兩極體系下被
迫選邊，它只是預期嚴密兩極體系的不可避免而選邊，所以中共
的「一邊倒」促成了東亞嚴密兩極體系的形成。

　　結構現實主義強調在體系中的國家，會因相對的權力或地位
而處於不同的階層，結構限制國家的行為與互動，連帶影響權力
分配的狀況，主要成員數目的改變會造成結構的變化，也連帶影
響成員的行為模式跟著改變。[98]從本章研究發現，中蘇的東亞軍
事聯盟的確改變了美國所期望的緩衝國式的權力平衡，也影響了
中共對美國改採越來越對立的態度。美國也從原本表達善意的利
誘分化中蘇共的結盟行為，改變成以嚴厲的圍堵促使中共對蘇聯

[96] NSC5429, Review of U.S. Policy in the Far East, *FRUS*, 1952-1954, Vol.12, pp.696-709.

[97] 嚴密兩極體系的特徵是體系內的大部分國家都被歸屬在兩大集團，兩個集團形成全球性對峙，彼此競爭激烈，並視對方在安全或權利的任何斬獲為己方的損失。John Spanier, *Games Nations Play,* (Washington D.C.: Congressional Quarterly, 1993), p.136.

[98] Kenneth N. Waltz, *Theory of International Politics,* (Reading: Addison-Wesley, 1979), pp.79-80.

期望的破滅。這使得等待塵埃落定的台灣，變成有利的圍堵籌碼，韓戰則是深化台海現狀的絕對性因素。

　　韓戰不僅使東亞嚴密兩極體系成為權力的分配，也成為觀念的分配。西方民主陣營與共產主義陣營成為截然性的觀念分配，也合法化許多國家行為。如美國以聯合國名義帶領西方民主國家參與韓戰；中共則以共產國際的東亞代理人參與韓戰，雙方的參戰更加深了資本主義與共產主義的不相容性，強化了觀念性的分配。在權力的分配上，中共以志願軍的名義參戰，幕後支撐的其實是「中蘇友好同盟互助條約」的軍事聯盟作後盾；美國則是要求西方盟國在軍事與經濟上全面封鎖中共，甚至將中共視為東亞的主要敵人。這種體系權力與觀念的分配深化了兩極體系，使得雙方的政策和行動變得僵化，導致戰爭的可能性大增。[99]

　　兩極體系下，超強與盟國的實力懸殊，在單邊的安全承諾下，超強成為保護者，而盟國成為被保護者。[100]台灣在兩極體系下成為很大的獲利者，一九五〇到五四年，台灣既非美國正式軍事同盟夥伴，但享受到美國超強的單邊保護，儘管受制於美國軍事援助的部份規定，但是在國家目標卻不受美國控制，享有很大的行動自由。這其實違反了兩極體系穩定的要素之一，即超強會在重大區域畫出一道明確的界限，來明確敵我界限，並制止盟國蠢動。[101]台灣卻在美國單邊保護下，不時侵擾大陸東南沿海，增加

---

[99] J. David Singer & Melvin Small, "Alliance Aggregation and the Onset of War, 1815-1945," in Francis A. Beer, ed., *Alliances: Latent War Communities in the Contemporary World,* (New York: Holt, Rinehart & Winston, 1970), p.67.

[100] Glenn H. Snyder & Paul Diesing, *Conflict Among Nations: Bargaining, Decision Making and System Structure in International Crises,* (Princeton, N.J.: Princeton University Press, 1977), p.34.

[101] John Spanier, *Games Nations Play*, pp.142-143.

了體系的不穩定性，衝突自難避免。所以從一九五〇到五四年所
形成的東亞嚴密兩極體系，來看台海衝突的爆發，一點都不覺得
稀奇。體系的結構使然，使得台海危機成為一種結構性的危機，
是具有歷史與理論驗證的可信度。

第三章　中共引發危機的原因

　　國際體系的結構性因素，促使中共採取了追隨蘇聯的政策，即與危險的一方結盟或屈服於威脅，[1]來獲取本身的安全利益。中共追隨蘇聯反應的是一個不滿現狀的國家，追隨一個正在崛起並試圖挑戰與改變現存國際秩序的國家，追隨挑戰者才有可能解除現狀對追隨者的限制，並分享建立新世界的果實。[2]然而從一九五〇年「中蘇友好同盟互助條約」簽訂到一九五四年台海危機爆發前，中共並沒有明顯享受到追隨者的利益，也沒有獲得嚴密兩極體系下，超強的單邊保護利益，反而是為了超強的利益，而付出了重大的聯盟成本。

　　中共參與韓戰後，不僅在軍事蒙受重大損失，也使美國從圍堵蘇聯改成以圍堵中共的亞洲政策，中共不僅在聯合國，國際會議均受到美國的抵制，在經濟上，美國也以較蘇聯為高的經濟封鎖來對付中共。在政治、經濟、軍事蒙受重大損失的中共，不得不重新思索「一邊倒」的政策是否真能代表中共的國家利益。本章將以中蘇關係的互動來論證，中共確因國家利益的改變而引發台海危機。

[1] Stephen M. Walt, *The origins of Alliances,* (Ithaca, N.Y.: Cornell University Press, 1987), p.17.
[2] Randall L. Schweller, "Bandwagoning for Profit: Bring the Revisionist State Back in," *International Security*, Vol.19 (Summer 1994), pp.79-81.

　　其次，一個區域性的台海問題，為何值得採取武力來爭取該項利益。從國家利益的角度來看，台海問題涉及了領土完整的核心價值。[3]然而這個重要利益為何沒有在建國之初就馬上處理？主要是生存利益暫時高於統一價值。韓戰的發展與結束，使中共確認美國執行有限戰爭的想法，短期內並不擔心基本生存受到威脅，所以次要的國家利益成為決策者主要的政治議題。特別是「中美共同防禦條約」會將台海中立化定型，促使中共必須有所表態，確保政治路線的正確，以維持政權的正當性。所以本章論證「中美共同防禦條約」所造成的台海中立的定型化，是促使中共發動危機的重要因素。

　　由於受到美國的圍堵，再配合意識形態對立的論證，使得中共也呈現出第三世界新興國家普遍性的安全情結，即新興國家面對內部政治凝聚（political cohesion）的程度問題與安全環境的性質問題，[4]由於內部的易受害感常造成對外界干涉的敏感，甚至認為內部的不安全與國家發展的困境是外部結構所形成。[5]在這種內外糾結的不安全感下，中共成功地將美國與國府的影響力排拒在

---

[3] 有關領土等概念是國家安全的重要利益眾多學者均有論述，請參閱 Harold C. Hinton, *Communist China in World Politics,* (Washington D.C: George Washington University Press, 1965), pp.107-121; Richard Ullman, "Redefining Security," *International Security*, Vol.8, No.1 (Summer 1983), pp.139-141; John Spanier, *Games Nations Play,* (Washington D.C.: Congressional Quarterly, 1993), p.89.

[4] Edward E. Azar & Chung-in Moon, "Rethinking Third World National Security," in E. E. Azar & C. Moon, eds., *National Security in the Third World,* (England: Edward Elgar Publishing Ltd., 1988), pp.6-7.

[5] Barry Buzan, "People, States and Fear: The National Security Problem in the Third World," in Azar & Moon, eds., *National Security in the Third World*, pp.41-42.

外，並運用軍事力量鎮壓反革命份子，第一個五年經濟計畫的成功，穩定了政權的自信與安全，使得在對外事務上，中共敢於運用挑戰性的方式來改變現狀。所以本章將論證中共政權的逐漸穩定，促使中共敢於發動危機，爭取期望的國家利益。

再者，台海危機本質上就是一場軍事衝突，軍事衝突強調的是實力原則，沒有實力的一方不可能靠戰爭手段攫取國家利益。一九五四年沿海地區的軍力平衡逐漸對中共有利，中共也在此一時期完成了第一波軍事現代化的成功，所以才敢於一九五五年進行建國以來第二次的國慶閱兵大典，展現壯盛軍容。所以中共敢以軍事行動與國府對抗，但避免與美國軍事對抗，顯示這場危機有單純的軍事目的也夾帶複雜的政治目的。本章也將論證中共軍事現代化的成功與沿海軍力失衡，促使中共發動危機。

最後，本章想要探討一個有趣的戰術問題，即中共為何選擇砲擊金門，而不直接攻打有把握的大陳島？其所顯示的可能為外交策略的問題，也可能僅是軍方內部問題。

第一節　危機爆發的相關論述

一九五四年台海危機的探討，美國學界主導了危機的解釋權。一則是美國政府官方資料解密較早，再加上資訊透明，學界討論的風氣遠比兩岸受制於政治思維的限制來的開放，也較廣為各界引用。然而一九九〇年代後，兩岸政治意識逐漸鬆綁，各自獨立的史觀也逐漸浮現，對於危機論述的觀點也逐漸多元化。從早期宣傳共產主義擴張的本質，中共反美反帝的鬥爭，到恐懼美

國的圍堵與遏止國府的騷擾,諸多的觀點各有其論述依據與觀察
角度,本文先就以往的觀點加以說明與分析。

中共的擴張主義常是不少學者所提及的原因。卡利奇(J. H.
Kalichi)就認為:「日內瓦會議後,中國希望增加自己在亞洲大陸
的影響,並計劃在沿海側翼進行試探,因此中國對台灣海峽的政
策必須從戰略和外交方面加以解釋,因為中國人感到有能力佔領
國民黨控制下的沿海島嶼而不至引起美國的干涉。」[6]當然,共產
主義的擴張本質,表現在韓戰與越戰中,絲毫不讓美國人懷疑。
其次,一九五三年三月史達林的突然暴斃,克里姆林宮的權力鬥
爭持續兩年多,赫魯雪夫對毛澤東的尊重與容忍遠超過史達林時
代,大幅提升了中共在國際共產陣營的地位。當然這種地位的獲
得不是來自克里姆林宮的賞賜,而是韓戰血流成河的戰績與支持
北越的勝利,使得中共在日內瓦的第一次國際場合中大大露臉,
成為眾所矚目的大國。但是這種藉由擴張以增加威望的外交政策
是否真得為中共所接受頗值得懷疑?

一九五二年八月,中共提出了建國以來第一個五年經濟計畫
(一九五三到一九五七年,又稱「一五計畫」),毛澤東對此計畫
不僅重視且反覆琢磨,並派遣以周恩來為首的龐大代表團向蘇聯
請示,接受相關意見方定案執行。[7]對於建構社會主義天堂的第一
份作業,毛澤東應該不會輕率地毀於對外戰爭,除非是重大的外
力威脅。在經歷抗戰、國共內戰、韓戰等,若說中共還有發動對

---

[6] J. H. Kalichi, *The Pattern of Sino-American Crises: Political-Military Interaction in the 1950s,* (New York: Cambridge University Press, 1975), p.122.

[7] 由中共各部門彙整起來的五年經濟計畫二大冊,充其量只能說是要求蘇聯
    援建的項目和願望,並非完整成形的計畫。師哲,*在歷史巨人身邊*(修訂
    本),(北京:中央文獻出版社,1996 年五刷),頁 516。

外大型戰爭的能力，也就不必發明人民戰爭理論來嚇阻敵人。張曙光與陶文釗就認為中共領導人恐懼美國會從朝鮮、越南、台灣三個方向進攻中國。[8]在如此恐懼下，若說共產主義還有什麼擴張理想，應該是宣傳多於實際。

　　恐懼被美國圍堵，也是形成中共發動危機的重要因素。何迪就指出美國孤立中共，剝奪聯合國代表權，中共只有二十個國家承認，缺乏向國際社會表達意願及吸引注意的渠道，藉由有限軍事手段向國際社會表達不滿，成為不得不的手段。[9]辛頓（Harold Hinton）就認為九三砲戰的本質是防禦性質的，[10]當中共面臨著嚴重的政治危機及軍隊現代化尚處於初期階段之時，國民黨在台灣海峽的活動使中共有理由擔心美國正當其進行戰略包圍，他希望採取行動防止國民黨進一步穩固他在台灣及沿海島嶼上的勢力。[11]梅爾斯（David Mayers）認為美國對中共的威脅政策也是造成第一次台海危機突然爆發的主要原因。從中共的角度看，如果可以把美國支持的國民政府從離自己非常近的沿海據點趕走，這將極大地改善中共的外部安全環境，砲擊金門顯示中共的決心，表明他並不屈從美國不斷增加對台灣的支持。[12]格瑞布勒

[8] Shu Guang Zhang, *Deterrence and Strategic Culture: Chinese-American Confrontations, 1949-1958,* (Ithaca, N.Y.: Cornell University Press, 1992), p.190. 陶文釗，*中美關係史，1949-1972，*（上海：上海人民出版社，1999 年），頁 221。

[9] 何迪，「台海危機和中國對金門、馬祖政策的形成」，美國研究，1998 年，第 3 期，http://www.mgyj.com/american_studies/1988/third/third03.txt（2004/10/10）

[10] Harold Hinton, *China's Turbulent Quest: An Analysis of China's Foreign Relations Since 1949,* (New York: The Macmillan Company, 1972), p.67.

[11] Harold Hinton, *Communist China in World Politics,* (Boston: Houghton Mifflin Company, 1966), pp.258-261.

[12] David Mayers, *Cracking the Monolith: U.S. Policy Against the Sino-Soviet*

（Norman A. Graebner）認為艾森豪對亞洲共產主義運動的過度反應刺激了中共，迫使中共採取行動。[13]然而中共真的恐懼美國的圍堵嗎？一九四九年八月十八日，毛澤東發表了「別了，司徒雷登」一文就指出：「多少一點困難怕什麼。封鎖吧，封鎖十年八年，中國的一切問題都解決了。」[14]顯示毛澤東對美國的圍堵是有準備，這也符合毛澤東外交方針「打掃乾淨再請客」。美國的圍堵與進攻是不同的，中共是有心理準備面對美國的圍堵，恐懼美國的進攻，但不代表中共恐懼美國的圍堵。

　　政治鬥爭的考量，也是中共發動危機的原因。何迪指出中共領導人有可能根據客觀形勢的發展，進行軍事與政治上的調整，由原來側重於局部軍事鬥爭的需要發展到後來從全局的政治鬥爭進行考慮。[15]霍布斯（Townsend Hoopes）認為中共的目標首先是政治方面的，表明中共並非消極接受美國與台灣締結共同防禦條約企圖加強事實上的兩個中國局面，另外中共當時並不具備對台灣發動兩棲進攻的軍事能力，砲擊並不是進攻台灣的序幕，甚至連封鎖或進攻金門的打算都令人懷疑。[16]史托普（Thomas Stolper）

Alliance, 1949-1955, (Baton Rouge: Louisiana State University Press, 1986), pp.142-143.

[13] Norman A. Graebner, " Eisenhower and Communism: The Public Record of the 1950s", in Rechard Melanson, David Mayers, eds., *Reevaluating Eisenhower: American Foreign Policy in the Fifties,* (Urbana: University of Illinois Press, 1987), pp.67-87.

[14] 「別了，司徒雷登」，毛澤東文選，第四卷，http://www.mzdthought.com/4/4-67.htm。

[15] 何迪，「台海危機和中國對金門、馬祖政策的形成」，美國研究，1998年，第3期，http://www.mgyj.com/american_studies/1988/third/third03.txt（2004/10/10）

[16] Townsend Hoopes, *The Devil and John Foster Dulles,* (Boston: Little Brown and Company, 1973), pp.267-283.

認為一九五四－五年的台灣事件並不是針對大陳或金門，而是北京所進行的一場長期的鬥爭，旨在防止美國向俄國和蘇聯分離外蒙古那樣，將台灣從中國分離出去。因此，中共的動機就是堅決保衛其主權和領土完整，這並不意味著奪取幾個小小的沿海島嶼，而是要防止任何改變台灣地位的企圖，因為此種改變可能會使台灣永遠為北京的能力所不及，除非以一場世界大戰的代價。[17]所以砲擊金門是向國內百姓證明，中共持續抵抗美國帝國主義的威脅。[18]霍布斯與梅爾斯指出，由於台北錯誤報導「中美共同防禦條約」即將達成，致使中共展開政治與軍事的鬥爭。[19]大陸學者焦紅認為一九五四年砲擊金門是中共中央和毛澤東想要通過有限的軍事行動，適當地頂美國人一下，認為這樣會更有利於台灣問題的解決。同年十二月二日，當美台簽訂共同防禦條約後，為了表明中國政府決不承認這個非法條約的堅定立場，中共中央與毛澤東進行了兩方面的鬥爭：一方面由周恩來發表政府聲明予以譴責，進行外交方面的鬥爭，另一方面解放大陳島，進行軍事方面的鬥爭。[20]卡利奇（J. H. Kalichi）認為中共擔心帝國主義勢力

---

[17] Thomas Stolper, *China, Taiwan, and the Offshore Islands: Together with an Implication for Out Mongolia and Sino-Soviet Relations,* (Armonk, N.Y.: M. E. Shape, 1985).

[18] Nancy Bernkopf Tucker, "Cold War Contacts: America and China, 1952-1956,," in Harry Harding & Yuan Ming eds., *Sino-American Relations, 1945-1955: A Joint Reassessment of a Critical Decade,* (Wilmington, Dela: Scholarly Resources, 1989), pp.248-249.

[19] Townsend Hoopes, *The Devil and John Foster Dulles*, pp.263-264. David Mayers, *Cracking the Monolith: U.S. Policy Against the Sino-Soviet Alliance, 1949-1955*, p.136.

[20] 焦紅，「50 年代毛澤東對台軍事鬥爭戰略決策的特點與啟示」，*軍事歷史*，2001 年第 5 期，頁 50。

正重新糾合起來，試圖以武力佔領中國領土。故砲擊金門可以有三個效用：（一）表示反對美國組建東南亞公約組織，這是最具影響力的因素，它既影響了中共進行試探的時間，又影響了中共的決心；（二）試探美國和國民黨關係的密切程度；（三）試探沿海島嶼在美國政策中的地位。[21]辛頓也認為隨著朝鮮和越南問題的解決，台灣海峽成為中共可以對美國施加壓力的唯一地區。[22]這種政治鬥爭既具備國際性也具備內政性。

當然，國府對大陸東南沿海的封鎖與騷擾，也製造了中共不少困擾。尼爾森（Harvey W. Nelsen）認為國府利用外島對中共的封鎖侵擾，讓中共決定發動反擊。[23]辛頓認為國民黨佔據沿海島嶼並對中國海岸線進行封鎖，當中共開始發展同非共產主義集團的貿易，並將其工業投資的重點從內地轉向沿海的時候，這種封鎖比以往更為有害。[24]這樣的觀點在一九五四年六月二十三日，蘇聯油輪圖阿普斯號（Tuapse）被台灣扣押來台更形強化。[25]席格（Leon V. Sigal）強調中共擔心三點：一台灣獲得美國援助發動

[21] J. H. Kalichi, *The Pattern of Sino-American Crises: Political-Military Interaction in the 1950s*, p.132.

[22] Harold Hinton, *Communist China in World Politics*, pp.258-261.

[23] Harvey W. Nelsen, *Power and Insecurity: Beijing, Moscow & Washington, 1949-1988,* (Boulder, Colorado: Lynne Rienner Publishers, 1989), p.38.

[24] Harold Hinton, *Communist China in World Politics*, pp.258-261.

[25] 蘇聯油輪被扣押，使中蘇雙方不得不聯想，若沒美國同意台灣應該不敢對蘇聯船隻進行攔截，所以蘇聯也積極協助中共進行護航。然而自 1950 年國府攔截了 70 艘船，英國籍就有 40 艘，由此驗證 Harold Hinton 的觀點，國府對沿海船隻的攔截引發中共的反彈。請參閱王焰主編，*彭德懷年譜*，（北京：人民出版社，1998 年），頁 572-573；Memorandum by Harry H. Schwartz of the Policy Planning Staff to the Director of the Staff (Bowie), Washington, August 20, 1954, *FRUS*, 1952-1954, Vol.14, p.544; Harold Hinton, *Communist China in World Politics*, pp.258-261.

反攻；二就地理位置而言，國府保有外島是侵略性而不是防禦性；三就國際政治而言，中共在台海危機前一直受到美國的威脅，所以國府持續的侵擾坐實了中共的擔心。[26]然而美國官方認為中共發動危機的原因主要是一種試探美國意圖的行動。中共可能對國府佔領沿海島嶼進行襲擊，增加海、空、砲兵活動，如果這些軍事行動沒有受到美國的有利反擊，中共就會擴大行動的規模，甚至佔領某些沿海島嶼。如果美國介入，中共便可配合軍事、外交、宣傳等方面攻擊美國，擴大美國與盟國之間的裂痕，提高中共在亞洲的威望，損害美國在亞洲的地位。[27]

　　近來，大陸學者戴超武針對中共文獻歸納中共引發危機的原因有四：一是對台灣主權的要求；二是利用日內瓦會議的成果，藉由台海危機打破美國的圍堵政策；三是打擊台灣對大陸沿海的騷擾與海上封鎖；四是阻止「中美共同防禦條約」的簽訂。[28]由戴超武的研究發現，中共決策所關心的不是共產主義的擴張、國際政治的鬥爭，也不是全球性的相關議題，對一個新興國家而言，這些都不會是它最關心的主題。新興國家對於國際重大議題向來只是擔任從屬的角色，也只能獲取些微的邊際利益。所以中共對共產主義擴張的理想多少會量力而為，儘管劉少奇在一九四九年訪問蘇聯時曾經強調中共會負起東亞共產陣營的責任，與其說是納入國際共產集團的分工體系，還不如說是防止蘇聯勢力滲透到

---

[26] Leon V. Sigal, "The Rational Policy Model and the Formosa Straits Crises," *International Studies Quarterly*, Vol.14, No.2 (June, 1970), pp.123-127.

[27] The Situation with Respect to Certain Islands off the Coast of Mainland China, Washington, 4 September, 1954, *FRUS*, 1952-1954, Vol.14, pp.563-571.

[28] 戴超武，*敵對與危機的年代－1954-1958 年的中美關係*，（北京：社會科學文獻出版社，2003 年），頁 121-126。

中國傳統勢力範圍。其次，冷戰所形成的圍堵政策也不是自中共
而始，對於東亞的圍堵政策，中共本身並無足夠能力突破圍堵，
也不會為這種全球性議題耗費過多的國力，當然反美反帝的國際
鬥爭更只是外交辭令，中共關注的只是生存安全與區域議題。所
以在觀察中共發動危機的因素中，這兩個觀點應該具有絕對性的
影響。

第二節　國家利益的重新思索

　　一九四九年一月十九日中共即將勝出前夕，發出了第一個正
式的外交指令－「中央關於外交工作的指示」，要求全軍貫徹不承
認、不急於、另起爐灶及打掃乾淨再請客的基本外交方針，方針
對於各國使節並未區分敵我。[29]同年四月三日，中共與各民主黨
派聯合發表「反對北大西洋公約聯合聲明」，第一次公開表明蘇聯
是中共的盟友，但並未明確指出中共的敵人為何？這樣的作法除
了說明中共不想刺激美國捲入內戰，也顯示中共進行外交試探。
試探的對象不僅是資本主義國家，同樣地也在試探蘇聯的容忍度。
　　一九四九年六月三十日，毛澤東發表了「論人民民主專政」
宣佈向蘇聯「一邊倒」，正式在兩極體系選擇追隨的霸權，並於一
九五〇年一月與蘇聯簽訂了「中蘇友好同盟互助條約」，清楚地說
明中共將其國家安全的核心價值寄託在蘇聯霸權。[30]由於對蘇聯

---

[29] 徐成芳，*和平方略－中國外交策略研究*，（北京：時事出版社，2001 年），
　　頁 42。
[30] 現階段中共學者普遍認知，「一邊倒」政策是中共希望在經濟政策與統一政

安全的期望與降低蘇聯對中共的可能威脅，中共放棄了自身的主
觀國家利益－國家統一與經濟復原，被迫於建國後不久隨即代理
蘇聯投入長達三年之久的韓戰，藉由對聯盟宗主國的效忠，來確
認蘇聯對中共安全保障的可信度與其所期待的經濟建設援助。[31]

　　韓戰給予了中共重新思索國家利益的重大轉捩點。沒有韓
戰，中共所期待的國家利益是在「中蘇友好同盟互助條約」的保
障下，防止美國帝國主義的侵略，並限制蘇聯在中國的勢力範圍，
全力鞏固內戰的勝利果實與發展國民經濟。然而中共所期待軍事
聯盟所產生的安全利益，卻變成了服務蘇聯安全的韓戰。倘使沒
有韓戰，中共不會在一九五〇到一九五四年在東南沿海採取守
勢，並與國軍進行了四年的逐島戰爭，更不會縱容國府圍堵其東
南沿海航線，致使沿海經濟飽受摧殘。中共在蘇聯的壓力下放棄
內戰轉向朝鮮戰爭，滿足了蘇聯的安全需求，卻違背了中共的安
全期待。[32]如此犧牲國家利益來完成國際共產集團的利益，卻在
戰爭期間未獲得蘇聯足夠的支持與援助，使得中共不得不思索其
國家利益。中共元老胡喬木在其回憶錄就提及：[33]

策獲得蘇聯的協助，所採取的外交政策，完全是基於中共的國家利益來考
量。戴超武、趙文洪，「第五屆全國青年世界史工作者學術討論會在廣州召
開」，*世界歷史*，1999 年，第 1 期，頁 67-69。

[31] 有關中共國家安全利益的抉擇請參閱周湘華，「相互威脅的安全－一九五〇
年中蘇共安全合作的觀察」，*中國大陸研究*，第 47 卷，第 2 期，民國 93 年
6 月，頁 113-135。

[32] 胡喬木在其回憶錄就曾提及：「朝鮮戰爭爆發後，斯大林給中國一封電報，
大意說中國是朝鮮的唯一希望。事實上，我們出兵的決策是很難下的……
我們出兵是迫不得已，非常不情願的。」請參閱胡喬木，*胡喬木回憶毛澤東*，
（北京：人民出版社，1992 年），頁 87。

[33] 胡喬木，*胡喬木回憶毛澤東*，頁 89。

我們歷來說，自力更生為主，爭取外援為輔，但為輔的外援究竟在哪裡呢？這是個很大的問題。對美國的希望那麼殷切，反映出我黨和蘇聯關係雖然經歷的時間那麼久，但蘇聯始終對我黨關係冷淡。蘇聯始終沒有什麼真刀真槍的援助。……就是在皖南事變[34]時，蘇聯的反應亦不如美國。這是一個很重要的背景。

蘇聯只有口頭支持中共解放台灣政策，在實質上卻不積極援助，特別是攻打台灣亟需的海空軍，中共遲遲無法獲得足夠的裝備，這不得不使中共修正對蘇聯的期待利益，重新探尋落實國家主觀利益的可能。

韓戰停火協定的簽訂，除了反映蘇聯和平共存的新政策，其實也代表著中共主觀國家利益的抬頭。中共不願意繼續耗損國力在韓國戰場，亟思解決困擾東南沿海的航運安全，以求經濟的全面發展。所以一九五三年秋季，中共中央軍委會批准了華東軍區發動一次攻擊金門大規模的作戰行動，試圖解決沿海航運的安全，維護本身的國家利益。但是在嚴密兩極體系下，超強對附屬國有較強的控制力，中共考慮到配合蘇聯和平共存的政策，中央軍委暫緩攻打金門的準備，指示首先解放浙江沿海島嶼。所以從一九五四年三月起，中共延續逐島戰爭的模式，陸續攻佔東磯列

---

[34] 皖南事變即新四軍事件，1940 年 12 月國民政府要求項英所領導的新四軍北調納入第十八集團軍，以黃河以北為作戰區域，但項英未服從指令反而攻擊國軍第四十師，反遭擊潰，國民政府宣佈解散新四軍以整飭軍紀，遭中共強烈反彈，並於 1941 年 1 月 29 日在蘇北重新成立新四軍。關中，「戰時國共商談」，張玉法主編，*中國現代史論集，第十輯*，（台北：聯經出版社，民國 74 年），頁 254-256。

島等島嶼，控制了浙江沿海的制空權與制海權，並無大規模的軍事行動。[35]

　　為了服膺蘇聯和平共存的政策，中共逐漸採用外交協商的手段來表達其維護和平與採取軍事自制的態度。在軍事自制方面，一九五三年七月二十七日，美國空軍分五十三批共三二四架次進入中國東北偵查並擊落蘇聯客機，中共僅表達外交抗議，並未採取軍事報復的手段；同年九月二十九日，中英在珠江口爆發海空衝突，中共也只採用外交抗議的手段。在維護和平方面，同年九月五日，周恩來接見錫蘭貿易代表團強調和平共處，平等對待等原則。九月二十八日接見日本擁護和平委員會主席大山郁夫教授，表達中共願意恢復與世界各國的正常關係，特別是與日本恢復關係。十月十五日，周恩來致函印度總理尼赫魯（Jawaharlal Nehru），表達歡迎與印度商討西藏問題；十二月三十一日，周恩來接見印度代表團首次提出和平共處五原則：互相尊重領土主權、互不侵犯、互不干涉內政、平等互惠及和平共處；並於一九五四年四月二十九日與印度簽訂「關於中國西藏地方和印度之間的通商和交通協定」，首次將和平共處五原則公開在外交文件上。[36]這一時期的軍事自制與和平宣傳，促成了一九五三年十月二十六日於板門店召開美中朝韓四國政治會議，及一九五四年一月二十五日在柏林由美、蘇、英、法舉行的四國外長會議，[37]並

---

[35] 陶文釗，《中美關係史，1949-1972》，（上海：上海人民出版社，1999年），頁220-221。

[36] 宋恩繁、黎家松主編，《中華人民共和國外交大事記》，第一卷，（北京：世界知識出版社，1997年），頁124-136。

[37] 蘇聯於1953年9月8日建議召開美蘇法中五國外長會議，周恩來於10月8日發表聲明響應，但在美國的反對下達成四國外長會議，儘管中共於

於二月十八日決議邀請韓戰參與國共同參加一九五四年四月二十六日舉行的日內瓦會議。

　　日內瓦會議的召開讓中共自覺國際局勢已朝有利的方向發展，積極打開外交大門有利於對抗美國的圍堵政策。一九五四年五月，毛澤東在一件接待外賓的請示報告上批示：「我們的房子打掃乾淨了，現在可以請客了。」[38]顯示出中共對其國內政治掌控已有相當的把握，[39]對於恐懼國外勢力陰謀推翻中共政權的疑懼已經消失，更有信心介入國際社會顯示大國風範。也由於日內瓦會議是中共建國以來第一次參加國際會議，中共派遣二百多人代表團與會，周恩來並於會前兩度前往莫斯科參與協商，國務院與外交部忙碌準備資料長達兩個月，顯見中共對日內瓦會議的重視。[40]

　　日內瓦會談不但提供中共寬廣的國際舞台，越南停火協議的達成更展示出美蘇無法達成的大國外交。然而美國在日內瓦會議

　　1954 年 1 月 9 日重申參與五大國會議的意願，但仍被排除。請參閱宋恩繁、黎家松主編，*中華人民共和國外交大事記*，第一卷，頁 128-132。

[38] 裴默農，*周恩來與新中國外交*（北京：中共中央黨校出版社，2002 年），頁 88-89。相同的話語在 1954 年 10 月 18 日，周恩來對外事幹部工作會議提到：「前幾年，我們說先打掃乾淨房子再請客；當時各項社會改革還未進行，房子還未打掃乾淨，不請客是對的。現在經過初步整理，房子已基本上打掃乾淨。因此，可以請一些客人來。」請參閱宋恩繁、黎家松主編，*中華人民共和國外交大事記*，第一卷，頁 166。

[39] 中共從 1950 到 1953 年末，先後抽調了 41 個軍部 140 個師，大約 150 萬餘兵力，配合各地政府剿滅 260 萬餘人的反抗勢力，所以 1954 年初，中共內亂問題已經大致平息。請參閱韓懷智、譚旌樵主編，*當代中國軍隊的軍事工作（上）*，（北京：中國社會科學出版社，1989 年），頁 32。

[40] 中共參與會談的準備與忙碌可從師哲回憶錄得知，不過日內瓦會談蘇聯最初並不認為會達成任何協議，中共則表達爭取達成協議的可能。請參閱師哲，*在歷史巨人身邊*，頁 537-544。

對中共的敵對態度，甚至謠傳出杜勒斯拒絕與周恩來握手，都讓中共突破美國圍堵政策遭遇困難。儘管美國為了被中共羈押的人質問題於六月四日至七月二十一日與中共私下進行了四次協商，達成部分人員遣返交換，但是雙方都不滿意協議的結果，也使得中共認為對美溝通的外交管道用盡，必須考慮其他方法突破現狀。

　　一九五四年七月七日，中共中央政治局召開擴大會議，毛澤東對國際局勢做出了重要的分析，他認為美國與盟國之間的團結是有問題的，美國處在一個孤立的狀態，基於美台可能簽約並遭致盟國的反對，這時分化帝國主義之間的團結是有利的。[41]根據上述的國際局勢分析，毛澤東正式地提出台灣問題的解決：[42]

> 在朝鮮戰爭結束之後我們沒有及時地向全國人民提出這個任務，沒有及時地根據這個任務在軍事方面、外交方面和宣傳方面採取必要措施和進行有效的工作這是不妥當的，如果我們現在還不提出這個任務，還不進行工作，那我們將犯一個嚴重的政治錯誤。

　　周恩來接續毛澤東的政治指示，於一九五四年八月十二日在外交部指出：「遠東有三個戰爭：朝鮮戰爭、印度支那戰爭、還有台灣戰爭……現在朝鮮戰爭停了，印度支那戰爭也停了，剩下來的就是美國加緊援助台灣進行騷擾性的戰爭。」[43]遠東的三場戰

---

[41] 「毛澤東在中共中央政治局擴大會議上的講話」，1955 年 7 月 7 日。轉引自宮力，「兩次台灣海峽危機的成因與中美之間的較量」，姜長斌、Robert Ross 主編，從對峙走向緩和－冷戰時期中美關係再探討，（北京：世界知識出版社，2000 年），頁 41-42。

[42] 裴堅章主編，中華人民共和國外交史，1949-1956，（北京：世界知識出版社，1994 年），頁 337。

[43] 中共中央文獻資料室編，周恩來外交文選，（北京：中央文獻出版社，1990

爭只有台海戰爭對中共最具重要性，然而中共卻打了朝鮮戰爭，支援了越南戰爭，[44]唯獨對統一大業分毫未動，顯見毛澤東所指嚴重的政治錯誤，就是犧牲統一的利益來滿足蘇聯和平共存的新政策，民族國家利益不能完全服膺國際主義。此時，聯盟的附屬國不向宗主國表達抗議，就可能危及其重大利益。所以在日內瓦會議中蘇聯手犧牲越盟在奠邊府的勝利，達成了以北緯十七度切割南北越的協議；中共也恐懼台灣是否會成為美蘇和平共存的祭品？鮑大可（A. Doak Barnett）就指出蘇聯的和平共存是超強聯手犧牲中共利益的陰謀；[45]王緝思也認為中共發動危機是對美蘇在東亞戰略現狀的一種挑戰；[46]吉廷（John Gittings）說五〇年代儘管中蘇關係比四〇年代更密切，但兩國在東亞的戰略利益有明顯的差異，[47]這使得客觀上中共不得不重新確立國家利益，在免

年），頁 84。

[44] 1950 年初，中共便已在境內協助訓練越盟軍隊並提供作戰物資；同年七月，中共派遣以西南軍區副司令員陳賡為首的軍事顧問團赴越協助越盟進行一系列戰爭。一九五三年十一月起，更協助越盟進行奠邊府之役，並提供所有作戰物資。請參閱韓懷智、譚旌樵主編，*當代中國軍隊的軍事工作（上）*，頁 34。

[45] A. Doak Barnett, *China and the Major Power in East Asia,* (Washington, D.C.: Brooking Institution, 1977), p.34.

[46] 王緝思，「1945-1955 年美國對華政策及其後果」，*美國研究*，1987 年第 1 期，http://www.mgyj.com/american_studies/1987/first/first03.txt（2004/10/10）

[47] 50 年代中期美蘇在東亞的關係，同 40 年代中期有某種相似之處：雙方心照不宣地承認對方的勢力範圍。蘇聯仍然把注意力集中於它對東歐的控制，在東亞地區則同美國一樣，希望暫時維持現狀。同 40 年代中期中共與蘇聯的關係相比，50 年代的中蘇關係更加密切，但兩國的戰略利益仍有明顯差異。這一點在 1954 至 1955 年的台灣海峽危機中就有所表現。1955 年 1 月，蘇聯在聯合國提出一個議案，呼籲「不論何方，都在台灣周圍地區避免敵對行動」，實際上是限制中共在自己的主權範圍內採取軍事行動。請參閱 John Gittings, *The World and China, 1922-1972,* (New York: Haper & Row,

除了基本生存利益的可能威脅，核心價值的次要目標：領土主權、國家威望等，逐漸變成主要的國家利益。

第三節　台海中立化與定型化

　　韓戰爆發後，美國由消極的東亞防禦變成積極防禦，並在台海執行中立化政策，[48]試圖將軍事衝突限縮在韓國戰場。然而中共參戰後，杜魯門的台海中立化政策馬上面臨挑戰。一方面美國希望衝突不要擴大，仍然希望軍事衝突限制在韓國戰場；另一方面中共的介入，使得美國潰敗，對美國形成明顯的羞辱，致使軍方不斷促請杜魯門正視台灣國軍的力量，並希望國軍可以介入韓戰，牽制或打擊中共東南沿海的軍力。初生之犢的中共竟然可以與世界強權美國打成平手，強烈的羞辱感使軍方急思扳回顏面，然而政治上的考量杜魯門反對調用國軍，但是在台海中立化的政策下，卻又接受軍方的思維，默許台灣對大陸沿海進行襲擾，[49]形成韓戰的一個側翼。

1974），p.199。

[48] 台海中立化政策始自 1950 年 6 月 27 日杜魯門總統發表第七艦隊巡弋台灣海峽聲明，阻止兩岸發生衝突，並一直延續至 1953 年艾森豪總統繼任。儘管艾森豪總統宣布第七艦隊不再負有保護大陸東南沿海的責任，但實際上，美國仍約束台灣對大陸的軍事行動，使台海中立化的政策持續進行。

[49] 美國對國府的游擊、攔截商船等騷擾行動，由中央情報局（Central Intelligence Agency, CIA）暗中提供游擊隊的裝備與訓練，美國估計國府的游擊行動大概牽制了大約二十萬的中共兵力。張淑雅，「台海危機前美國對外島的政策（1953-1954）」，*中央研究院近代史研究所集刊*，第 23 期，民國 83 年 6 月，頁 298；然而國府估計其游擊行動大約牽制了中共八十萬的兵力，請參閱國防部史政編譯局編，*戡亂時期東南沿海島嶼爭奪戰史（二）*，

　　其實，美國的台海中立化政策本身就存在著一些矛盾。為圍堵亞洲共產主義擴張而逐漸成型的台海中立化政策，本身並不是為了維繫國民政府，它只是不讓台澎落入不友好政府之手。在這個前提下，美國對於外島的國軍並不支持。國府曾於一九五○年七月七日向華府提交一份備忘錄，希望華府承諾協防其所據守的外島，並支持國府反攻大陸政策，但為美國所拒絕。[50]參謀聯席會議也表達美國在台灣只限於輔助性的行動，不同意在該島部署任何武力。[51]這使得國府延續退守台灣的政策，對於一些無法堅守的外島陸續撤退，僅留下金門、馬祖、大陳等三大島群。[52]此外，美國不同意協防外島的國軍，並希望國府不要主動挑釁。然而中共參與韓戰後，美國卻變相鼓勵國府對大陸發動騷擾性的攻擊。一九五一年二月華府與國府簽訂「中美共同互助協定」限制軍援物資只能適用於台澎，到一

（台北：國防部史政編譯局，民國 86 年），頁 217。

[50] The Charg'e in China (Strong) to the Secretary of State, Taipei, July 10, 1950; The Secretary of Defense (Johnson) to the Secretary of State, Washington, July 17, 1950; The Secretary of State to the Embassy in China, Washington, July 22, 1950, *FRUS*, 1950, Vol.6, pp.373, 379-380, 387. 國府曾詢問華府的中立化政策是否包含外島，華府回答若中共攻打外島，第七艦隊是不會協助的。The Charg'e in China (Strong) to the Secretary of State, Taipei, June 29, 1950, *FRUS*, 1950, Vol. 7, p.226; *FRUS*, 1950, Vol.6, pp.371, 374, 380, 387-8, 390.

[51] The Secretary of Defense (Johnson) to the Commander in Chief, Far East (MacArthur), Washington, 4 August, 1950, *FRUS*, 1950, Vol.6, p.423.

[52] 韓戰前國軍最大的撤退行動係 1950 年 5 月 13 日以「美援及日本賠償物資運輸計畫」的舟山群島撤退，此一行動撤退了十餘萬人，由國軍獨立完成。撤離舟山群島的主因係中共在華東沿海已經集結二百餘架飛機，並有俄製噴射機，國軍的制空權已不具優勢，再加上支援與補給困難，故決定撤離。其餘撤離的尚有 1950 年 5 月 26 日南山衛，6 月 27 日外伶仃、三門群島，7 月 13 日擔桿島等粵南群島。國防部史政編譯局編，*戡亂時期東南沿海島嶼爭奪戰史（二）*，頁 32-34，119-127。

九五二年美國鼓勵國府盡力守住外島,並允許美軍顧問團
(Military Assistance Advisory Group, Formosa)指導外島防禦
策略,並在不妨礙台澎防禦的前提下,同意將部份軍援物資提
供外島防禦。[53]在「中美共同互助協定」簽訂後,國府也在大
陳島成立了「江浙反共總指揮部」,派遣胡宗南整合指揮,並
有長期性的規劃。[54]一九五三年八月,國府接受美軍顧問團之
建議撤換胡宗南,改由曾接受美軍戰術訓練的六十七軍軍長劉
廉一擔任,並派遣訓練良好的美式裝備第四十六師移防大陳,
建立聯合指揮中心與防禦計畫。[55]此外,為配合美國韓戰的側
翼,國軍於一九五二年十月十日發動了對南日島的突擊;一九
五三年七月,配合韓戰停火協定簽定前的金城江之戰,倉促實
施了犧牲頗大的東山島突襲。[56]所以台海中立化和平的形式,

---

[53] The Charge in the Republic of China (Rankin) to the Department of State, Taipei, April 11, 1952; The Secretary of State to the Embassy in the Republic of China, Washington, May 9, 1952, *FRUS*, 1952-1954, Vol.14 , pp.42-43, pp.49-50.

[54] 胡宗南於 1951 年 9 月 10 日以秦東昌化名視察大陳一星期,建議國府於各島嶼成立縣政府,並建立「東南訓練班」來培養幹部;要求經濟部、國防部、內政部提供資源從事基礎建設,顯示國府對大陳有固守打算。請參閱國史館藏行政院秘書處檔,「秦東昌大陳地區視察報告並建議等—大陳地區視察報告並建議」,軍事部份建議事項,目錄號:071,案卷號:103。

[55] 1953 年 7 月 8-10 日美軍顧問團參訪大陳,強烈批評大陳欠缺有效的聯合指揮機構、防衛計畫與缺乏戰力,要求撤換總指揮官與陸海空軍的負責軍官,改以接受美式訓練的軍官替代,請參閱 1953 年 7 月 16 日「美軍顧問團參觀大陳報告」,*蔣中正總統檔案*,特交檔案,檔號:080102,卷號:101,卷名:大陳及邊區作戰,編號:08A-00878。四十六師是國府遷台後,第一個改制美式標準配備的重裝師,是當時陸軍的精銳部隊。胡炘,*大陳回憶*,(台北:國防部軍務局,民國 87 年),頁 14。另見韓懷智、譚旌樵主編,*當代中國軍隊的軍事工作(上)*,頁 255。

[56] 是役中共傷亡 2530 人,國軍傷亡 2190 人,請參閱國防部史政編譯局編,*戡亂時期東南沿海島嶼爭奪戰史(二)*,頁 220、227,附表三-四:東山突

卻隱藏著軍事衝突的實質內涵，這對美國維持現狀的目標不盡然相符。美方認為此政策不僅維持中立美名，又可牽制中共軍力，實為一舉數得之方法。艾森豪執政後在他的第一次國情咨文宣布解除台海中立化政策，實質上並沒有改變台海中立化政策矛盾的本質。駐華大使藍欽在通報了艾森豪政策轉變的同時，也要求國府未與美國磋商前不得反攻大陸，並不得動用美國援助的飛機及裝甲武器。這一附加條件使台灣剛解除頸上的皮帶，但馬上又被中立了。[57]儘管如此，國府持續小股滲透的軍事行動，也使得沒有掛台海中立化招牌的現狀，繼續加深中共的反感。

　　對中共而言，台海中立化政策作實了美國威脅中共的事實，儘管「放蔣出籠」（Unleashing Chiang）是假，但在宣傳上加深了美國侵略中共的形象。其實，中共對於美國的圍堵仍然存有默許的空間，他反對圍堵，但不畏懼圍堵，但是明確圍堵到本國境內則是中共無法容忍的，特別是這個圍堵政策即將用條約的形式來合法化，挑戰到新興民族國家尊嚴的底線。最後，籌劃一年多的「中美共同防禦條約」，引爆了中共新一波的政治鬥爭。[58]

　　一九五三年三月，國府首次向剛上台的艾森豪政府提出了簽訂協防條約的意願，杜勒斯表示可以考慮，但是對外島如何處理表示疑惑。同年八月，美國與南韓簽訂安全條約，十一月，副總

　　擊敵軍傷亡統計表，附表三-五：東山突擊國軍傷亡統計表。
[57] Karl Lott Rankin, *China Assignment,* (Seattle: University of Washington Press, 1964), p.156.
[58] 有關美國與國府對「中美共同防禦條約」的談判，國府官方資料請參閱*蔣中正總統檔案*，特交檔案，檔號：080106，卷號：034，卷名：對美國外交，編號：08A-01577，08A-01578，08A-01579。

統尼克森訪台，國府再度提出，並於十二月十五日提交初稿給駐華大使藍欽，但國務院方面仍未有積極回應。一九五四年初，國務院的討論因為日內瓦會談而擱置此一問題。同年五月二十日，美國國防部部長威爾遜（Charks Wilson）以特使身分參加蔣中正總統就職典禮，國府再度表達締結條約的意願，而杜勒斯於此同時告知駐美大使顧維鈞目前不可能簽約。[59]六月二十八日，蔣總統再度請藍欽大使轉達美國若同意簽約，國府在採取重要軍事行動一定會徵求美國同意。七月二十日，藍欽返美述職公開雙方正在討論協防條約問題；同日，國府外交部長葉公超也宣稱雙方正在談判。七月二十一日，艾森豪接受訪問時承認雙方研議協防條約已久，但仍未作成最後決定。[60]

　　這一年多來美台雙方對協防條約的角力，中共自然不會無所知悉。[61]特別是中共對於美國圍堵的認知，從一九五〇年艾奇遜宣稱的美國防禦島鍊，獨漏南韓與台灣，造成了北韓的冒進，隨後美國於一九五一年八月三十日與菲律賓簽訂安全條約，九月一日與澳大利亞、紐西蘭簽訂安全條約，九月八日與日本締結安全條約，完成了美國最早先的島鍊防禦規劃，但仍然不與南韓與台灣簽約。這自然與前述的這些國家只面臨共產主義意識的威脅有關，他們並無立即明顯且具體的敵人存在，然而台

---

[59] 1954 年 5 月 19 日，顧維鈞大使電臺北指出杜勒斯反對棠案（暨「中美共同防禦條約」），請參閱《蔣中正總統檔案》，特交檔案，檔號：080106，卷號：034，卷名：對美國外交，編號：08A-01577。

[60] Bennett C. Rushkoff, "Eisenhower, Dulles and the Quemoy-Matsu Crisis, 1954-1955," *Political Science Quarterly* (Fall 1981), pp.465-487.

[61] 1954 年 7 月 11 日，毛澤東就批准了華東軍區以攻打大陳，來打擊美蔣協防陰謀。王焰主編，《彭德懷年譜》，（北京：人民出版社，1998 年），頁 571。

灣與南韓卻不只面臨著共產主義的威脅，他們也有立即而明顯的敵人，且戰鬥是持續的，美國對於這些國家的安全承諾是有保留的。

一九五三年八月八日，美國與南韓締結共同防禦條約。這個條約並不代表美國對有立即而明顯威脅的國家提高了安全承諾，美國希望在所有衝突的區域保留自身行動的最大自由，避免過多的承諾而造成無法脫身。然而與南韓條約的簽訂，卻是安撫李承晚的一種手段。由於李承晚不惜獨立作戰也不願簽訂韓戰停火協定，迫使美國提高安全承諾來換取李承晚的合作，然而台灣卻沒有這種本錢。國府缺乏大量安全的運輸工具將軍力投射到大陸，更欠缺後勤支援，要求美國提高安全承諾自然是有困難的。

然而中共的理解當然是不同的。李承晚公開發表不惜一戰，對中共而言只是韓戰停火協訂施壓的技倆；美韓共同防禦條約的簽訂，也只是東亞圍堵戰略的明確劃線政策，這都不影響中共對美國台海政策的認知。因為台海中立化與「放蔣出籠」政策看不出實質的差異，有趣的是，韓戰停火協定簽訂後至九三砲戰前，雙方幾乎沒有大規模的軍事衝突，特別是所謂的「放蔣出籠」在韓戰後，國府沒有任何具體明顯攻擊大陸的事件產生。這讓中共可以清楚的理解，「放蔣出籠」是假，台海中立化是真。中共可以默認軍事能力的不足來維持台海中立化的現象，但絕無法容忍台海中立化用任何明確的方式來定型。美國與國府的共同防禦條約就是將台海中立化定型的挑戰。在被封鎖的情況下，中共領導人無法瞭解美台談判的進程及他們之間就條約適用範圍和放棄使用武力問題上的爭執，也不清楚美國並不想承擔義務，防守金、馬

等沿海島嶼；他們十分擔心，像早先出現的南北朝鮮、南北越南一樣，「中美共同防禦條約」將有可能把台海兩岸的分裂局面以法律的形式固定下來。為了防止台灣問題固定化，引起國際社會的關注，毛澤東決定突出強調台灣問題。[62]

　　台海中立化定型的挑戰，馬上衝擊到宣傳美國是紙老虎的中共。對於打虎英雄的中共而言，韓戰是中共擅長的陸戰，韓戰成功的金字招牌，使得中共在外交上攻擊美國異常順遂，也願意耐心等候解放軍完成現代化再來驅趕台海的紙老虎。因為美國模糊性的安全承諾，隨時可以因為局勢的不利而重新解釋。中共也可以利用重大的犧牲與決心來嚇阻極具彈性的美國外交，因為美國的模糊政策代表著沒有貫徹的意志。然而「中美共同防禦條約」的簽訂顯示出美國明確地畫出底限，而這個底限宣告紙老虎不僅不走，而且打算長期留駐，使得中共的打虎劇碼破滅，也必須利用軍事行動來展示反對的決心。中共反對的是美國外交政策的轉變。

　　中共準備砲擊金門是因為艾森豪表示條約研議已久，但仍未作成最後決定，中共希望藉由一次震撼性的攻擊，讓美國重新思索，韓戰停火的這一年，兩岸相安無事並不是中共要默認台海中立化的事實，只是力有未逮；也希望美國不要認為中共會默默接受定型化的事實，致使雙方喪失外交彈性。逐島戰爭的延續，不會讓美國驚奇，攻擊國府部署六萬名兵力的金門，則會讓美國審慎思考中共的決心。中共用示威而非請求的形式溝通對方或觸動對方，發出言語不能盡意的信號，生動有力地表達自己的原則，

---

[62] 何迪，「台海危機和中國對金門、馬祖政策的形成」，《美國研究》，1998 年，第 3 期，http://www.mgyj.com/american_studies/1988/third/third03.txt（2004/10/10）

以控制台灣局勢的偏離。[63]然而美國似乎不能完全理解中共反對的核心問題，反而為了換取國府犧牲外島同意訂定條約，更加邃了中共的反彈，遂使得金門砲擊之後，危機仍無法平息，直至一江山之役爆發，美國情報顯示中共仍積極從事福建沿海的軍事準備工作，危機並未解除，最後在周恩來出席萬隆會議，表達無意與美國開戰，危機始獲解除。

第四節　　國內情勢的逐漸穩定

一九五二年八月，中共提出的「五年計劃輪廓草案」，在經過中共中央討論後，做出了四項重要指示：（一）執行「邊打、邊穩、邊建」的方針，既要保證抗美援朝戰爭取得勝利，又要進一步穩定社會秩序和經濟秩序，使大規模的經濟建設工作有條不紊地展開；（二）突出重點，把有限的資金用於增強國家工業基礎的建設上；（三）合理利用現有工業基礎，充分發揮現有企業的潛力；（四）以科學求實的態度從事計劃工作，使計劃正確反映客觀經濟發展的規律。[64]然而這個計劃從一九五二年規劃，到一九五五年才提交第一屆全國人民代表大會第二次會議審議通過，然而在通過前，中共早已執行，邊編制邊執行，邊執行邊編制。[65]一九五三年四月四日，米高揚（A. I. Mikoyan）

---

[63] 丁斗，「三次台灣海峽危機的比較評析」，*國際經濟評論*，1996 年 9/10 月，頁 31。

[64] 薄一波，*若干重大決策與事件的回顧，上卷*，（北京：中央黨校出版社，1991年），頁 287。

[65] 蔡國裕，*中共黨史，第三冊*，（台北：國史館，民國 83 年），頁 140。

向李富春通報了蘇聯對中共「五年計劃輪廓草案」的意見。一九五三年六月，中共召開全國財經工作會議討論第一次五年計劃的方針，並對計劃編制工作做出了初步的總結。一九五四年四月，中共調整五年計劃的工作班底，成立以陳雲為首的八人小組，毛澤東審閱了「五年計劃綱要」初稿。同年八月，八人小組審議由國家計劃委員會提出的「發展國民經濟的第一個五年計劃」草案初稿，並舉行了十七次會議，對草案進行逐條修改。一九五四年十一月三日，毛澤東、劉少奇、周恩來、李富春四人在廣州花了二十一天的時間審議「一五計劃」草案。[66]同年十一月，由陳雲主持中共中央政治局會議，繼續審查「一五計劃」草案。一九五五年三月，中共召開黨的全國代表會議，討論通過「一五計畫」草案，並於一九五五年七月提交全國人民代表大會第二次會議通過。[67]

　　「一五計畫」中規定，經濟建設的主要任務是：「集中主要力量進行以蘇聯幫助我國設計的 156 個建設單位為中心的、由限額以上的 694 個建設單位組成的工業建設，建立我國的社會主義工業化的初步基礎。」[68]蘇聯援助了 156 個項目中的 135 項，顯見不管是在計畫或是實際上，蘇聯都是「一五計畫」的重要援助者。所以一九五五年七月，李富春在公佈「一五計畫」的內容同時，讚揚蘇聯兄弟般的援助，表現出最偉大與最崇高的國際主義。實際上，蘇聯對中國的援助卻是十分有限的。在第一個五年計畫期

---

[66] 中共中央文獻研究室編，*周恩來年譜：1949-1976*，上卷，（北京：中央文獻出版社，1997 年），頁 426，427。

[67] 蔡國裕，*中共黨史*，第三冊，頁 141-143。

[68] 孫健，*中國經濟通史*，（北京：中國人民大學出版社，2000 年），頁 1637。

間，蘇聯的財政援助只佔中國經濟發展總投資的百分之三，原先允諾建立 156 個工業建設單位的經費，蘇聯最多只付出三分之一的費用，中共從中獲得的最重要資產就是蘇聯的技術與經驗。[69]然而「一五計畫」也比預期中 14.7%的經濟成長率好，根據中共官方發表的數據是 18%，[70]而西方國家的保守估計也在 16%。[71]就工業及農業總產值的增長而言，五年內工業總產值將增長 98.3%，農業及其副業總產值增長 23.3%；工業總產值公營佔 87.8%，私營工業產值為 12.2%。[72]在蘇聯協助下建立以重工業為主的「一五計畫」，重視沿海與內地建設的分配，沿海投資佔 44.5%，內地佔 52.4%，[73]表面上說明工業建設的平均發展，但此種發展趨勢很難不聯想國府對東南沿海的騷擾與中共防禦戰略思維的影響。[74]

　　「一五計畫」其實是毛澤東提出向社會主義過渡的經濟計畫雛型，因為建國初期的「共同綱領」只談到新民主主義建設，並沒有提到社會主義問題，甚至認為十年內社會主義是不可能實行

---

[69] Maurice Meisner, *Mao's China and After: A History of the People Republic, Third Edition,* (New York: The Free Press, 1999), pp.112-113。

[70] 以 1957 年的統計，中共工業總產值增長 128.6%，請參閱國家統計局編，*偉大的十年*，（北京：人民出版社，1959 年），頁 23，195。

[71] Maurice Meisner, *Mao's China and After: A History of the People's Republic*, p.113.

[72] 蔡國裕，*中共黨史*，第三冊，頁 145-146.

[73] 孫健，*中國經濟通史*，頁 1606。

[74] 孫健就指出「一五計畫」是根據國內外條件，需要加強內地工業的發展，所以 694 個工業建設單位，有 472 個在內地，222 個在沿海。由此可知，內地建設高於沿海地區，就是依據國內外情勢來設計，這種設計應不脫美國的圍堵與台灣的騷擾。請參閱孫健，*中國經濟通史*，頁 1643。

的，然而「一五計畫」的初期成功，使得中共中央於一九五四年
二月同意了向社會主義過渡的總路線。毛澤東在這樣的鼓舞下，
認為應該打鐵趁熱，積極推動農業合作化運動，一九五四年秋到
一九五五年一月，農業生產合作社大幅度的發展造成冒進傾向，
中共中央遂於一九五五年三月發布「停、縮、發」的方針，四月
二十日又發布「停止發展，全力鞏固」，顯示出社會主義建設過速
產生的相當的阻力。[75]大體而言，「一五計畫」追求經濟規模的擴
大，統計數字的增長，但是人民生活卻沒有相應改善，反應出「一
五計畫」對中共的工業建設似乎是成功的，但對人民生活可能是
失敗的。儘管如此，中共藉由「一五計畫」的執行強化了其經濟
統治的基礎。[76]

　　此外，在「一五計畫」成功執行的同時，中共也展開了建國
以來第一波整肅活動。一九五三年六月全國財經會議後，毛澤東
為減輕個人事務份量，加強集體領導，提出將中央領導班子分一、
二線，自己退居二線，引起了高崗積極運作爭取權力。然而同年
十月，鄧小平與陳雲向毛澤東反應此一現象，引起毛澤東的警覺，
派遣陳雲到高崗曾經拉攏的地方高層加以警告，並於十二月十
七、十八、十九等三日，與周恩來、陳雲、鄧小平討論解決高崗
問題；二十日與彭德懷、劉伯承、陳毅、賀龍、葉劍英等軍方將
領談妥，再與劉少奇、周恩來談話；二十一日與朱德、陳毅談話；
二十二日與彭德懷談話；在一切備妥後，中共中央政治局於一九
五三年十二月二十四日召開會議揭露和批判高崗及饒漱石奪權的

---

[75] 孫健，*中國經濟通史*，頁 1651，1654。
[76] 蔡國裕，*中共黨史*，第三冊，頁 153。

野心。[77]毛澤東尖銳地指出:「我說,北京有兩個司令部,一個是
以我為首的司令部,就是刮陽風,燒陽火,一個是以別人為司令
的司令部,叫做刮陰風,燒陰火,一股地下水。究竟是政出一門,
還是政出多門?從上面這許多事看來,他們是有一個反黨聯盟
的,不是兩個互不相關的獨立國和單幹戶。」[78]中共中央政治
局根據毛澤東的指令,決定於一九五四年二月六日在北京,召
開中央第七屆四中全會,由劉少奇、周恩來發動了高崗、饒漱
石的錯誤與反黨活動,整肅了高崗與饒漱石,並通過了「關於
增強黨的團結的決議」。[79]劉少奇與周恩來並立即向蘇聯駐華大
使尤金匯報了六個小時,解釋高崗問題的實質與處理方針,顯
見處理東北王的中共是異常地小心謹慎,並密切注意蘇聯的反
應。[80]在四中全會號召批判高饒集團,全國各地紛紛開會進一

---

[77] 中共中央文獻研究室編,*毛澤東傳,1949-1976*,(北京:中央文獻出版社,
2004 年),頁 276-281。

[78] 1955 年 3 月 31 日,毛澤東在中國共產黨全國代表大會會議上的結論提出,
中共中央文獻研究室編,*毛澤東文集,第六卷*,(北京:人民出版社,1999
年),頁 398。

[79] 「關於增強黨的團結的決議」是針對高饒地方派系奪權所作的修正,其
中六項決議強調維護黨的團結作為黨員言論與行動的標準;各地黨的組
織均需服從中央,不得有派系團體;嚴格遵守民主集中制;重要政治活
動與意見必須直接上報,不得避開黨組織上報;黨的高幹必須以黨的團
結時時檢驗自己的言行;有損黨團結的言行均需進行批判。「關於增強
黨的團結的決議」(一九五四年二月十日),中央檔案館提供原件刊印,
請參閱 http://www.people.com.cn/BIG5/33831/33836/34143/34224/2558005.
html(2005/01/20)。

[80] 1954 年 1 月 3 日,毛澤東於開會前就先約見蘇聯駐華大使尤金,以秦滅六
國暗示黨內將要出亂子,會後劉少奇與周恩來又親自跟尤金解釋,顯示這
個內政問題與蘇聯脫不了關係。請參閱師哲,*在歷史巨人身邊*,頁 488-490。

步批判高饒奪權野心，在全黨一致討伐下，高崗於一九五四年八月十七日自殺身亡。[81]一九五五年三月二十一日，中共召開全國代表大會，通過了「關於高崗、饒漱石反黨聯盟的決議」開除了兩人黨籍，一九五五年四月四日，中共召開七屆五中全會批准決議，終於結束了反對高饒反黨聯盟的鬥爭。[82]對高饒的鬥爭，是中國共產黨在全國執政以後的第一次嚴重黨內鬥爭。[83]

　　一九五五年三月，中共公開對人民宣布清洗高饒事件。這一次政治清算絕不是單純的東北王國向中央爭權的派系之爭，而是中共清算蘇聯勢力的先聲。一九四九年七月二十七日，劉少奇與高崗訪問蘇聯時，高崗向史達林表達將東北納入蘇聯第十七個加盟共和國，就已經引起了中共中央的疑慮。此後高崗在東北不懸掛毛澤東只掛史達林肖像，也引發毛澤東不滿，毛澤東之所以沒有動手剷除高崗，除了蘇聯別無原因。[84]一九五〇年的韓戰，中共為了蘇聯的安全保障替蘇聯參加了韓戰，儘管在戰爭中志願軍接受了大量的蘇聯裝備，但這場戰爭在經濟上還是得不償失的。一九五二年提出的「一五計畫」大量地需要蘇聯的

---

[81] 蔡國裕，*中共黨史*，第三冊，頁 373。

[82] 蔡國裕，*中共黨史*，第三冊，頁 374。以蘇聯代理人的理由來清算高崗還算合理，但是饒漱石與蘇聯並無淵源，他與高崗同時被指責為建立獨立王國向中央爭權，密謀奪取政權，至今仍無合理解釋。高崗與饒漱石唯一相同之處就是掌握了東北與上海，中國兩個重要的工業中心。請參閱 Maurice Meisner, *Mao's China and After: A History of the People's Republic*, pp.120-122.

[83] 中共中央文獻研究室編，*毛澤東傳，1949-1976*，頁 284。

[84] 彭卓吾編譯，*毛澤東與斯大林赫魯曉夫交往錄*，（北京：東方出版社，2004年），頁 174-179。

援助，中共不但接受蘇聯計畫經濟的體制，成立了類似史達林時代的國家計畫委員會，更讓高崗出任主席，採取的蘇聯的經改制度與方法。外交上，中共更是一面地倒向蘇聯，這種在政治、軍事、外交均向史達林效忠的表態只是要確保自身安全。但是史達林死後，蘇聯領導階層的不穩定與軟弱，使得北京開始有把握清除高崗與蘇聯在東北的影響力，並維持穩定中蘇關係。[85]

毛澤東在發起了高饒反黨聯盟鬥爭的同時，也於一九五四年四月二十七日於中央政治局擴大會議決議撤銷大軍區及黨政機構，由中央直接領導省市地方，並於一九五五年三月在黨的全國代表大會上同意成立黨的中央和地方監察委員會機構，並於同年四月中共七屆五中全會批准。[86]這個監察機構類似蘇聯的秘密警察，在羅瑞卿的帶領下，從中央遍佈到地方，以檢查官僚腐化，防止地方偏離中央領導的監察機構，權力不斷地擴張，使得垂直化的集權領導益加鞏固。[87]

第五節　中共軍事現代化與沿海軍力失衡

　　一九五〇到一九五四年的逐島戰爭，兩岸均依賴美蘇所提供的援助來加以進行。美國方面提供台灣全面性的援助，使台灣方

---

[85] Maurice Meisner, *Mao's Chian and After: A History of the People's Republic*, p.122.

[86] 蔡國裕，*中共黨史，第三冊*，頁 385-389。

[87] Maurice Meisner, *Mao's China and After: A History of the People's Republic*, pp.115-116.

面享有軍事優勢，惟攻擊行動必須配合美方韓戰輔助戰場的性質，但是對於外島，美國於韓戰後並未積極介入，也不承諾防衛。中共雖然獲得蘇聯的援助，惟韓戰戰場牽制了中共軍事的主力，再加上援助越南戰場與國內鎮壓反抗勢力，使得中共在東南沿海以採取守勢，特別是蘇聯對於中共在海空軍的援助都以韓戰為主，使得中共在東南沿海不容易取得制空制海的權力，相對地限縮了中共的軍事行為能力。

中共本身的軍事能力不足，是造成逐島戰爭延至多年的原因之一。建國之初，中共約有 540 萬兵力，主要均為陸軍。一九五〇年末，中共終結國府在大陸的主要據點後，針對陸軍精簡 140 萬人，使部隊總量不超過 400 萬人。[88]然而韓戰的爆發，基於戰爭的需要，到一九五一年十月，中共又擴編至 611 萬人。一九五二年一月，毛澤東批准中央軍委的「軍事整編計劃」，將武裝力量分為國防部隊與公安部隊，希望將全軍保持在 300 萬人左右，[89]到一九五二年底，國防部隊精簡約 28.3%，公安部隊精簡約 31.6%。一九五三年八月二十八日，中共中央依據韓戰結束與國內叛亂大致抵定，繼續要求精簡，至一九五五年全軍精簡約 23.3%。[90]

---

[88] 劉漢等著，羅榮桓元帥，（北京：解放軍出版社，1987 年），頁 823。

[89] 張震回憶錄指出 1951 年 10 月毛澤東指示裁軍 300 萬，請參閱張震，張震回憶錄，（北京：解放軍出版社，2003 年），頁 411。

[90] 韓懷智、譚旌樵主編，當代中國軍隊的軍事工作（下），頁 5-7；惟依據國府國防部 1953 年 12 月 27 日的中共軍力評估，陸軍約有 2,687,300 人，公安部隊 737,500 人，合計約有 3,424,800 人，與本表評估 3,282,802 人頗為接近，但國府另計軍區警備部隊 1,000,000 人。請參閱「中國國防部為美國聯合參謀首長主席雷德福上將舉行特別會報之報告資料」，蔣中正總統檔案，特交檔案，檔號：080106，卷號 048，卷名：美國協防台灣，編號：08A-01666。

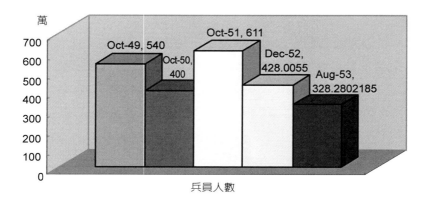

圖三　一九五○年代中共兵員人數推估

　　共軍早期的裝備大多以繳獲的為主，本身的軍事研發能力甚低，所以裝備以進口為主，特別是韓戰的爆發，蘇聯有償轉移了12 個航空兵師裝備，進口 36 艘魚雷快艇。一九五三年六月四日中蘇簽訂「六四協定」，蘇聯承諾於三年內提供新建完成之艦艇，並協助提供技術，培訓實習生。這項協定蘇聯三年內提供了 143 艘戰鬥艦艇，輔助艇 84 艘，飛機 226 架，海岸砲 108 門。[91]從一九五一年至一九五四年，中共從蘇聯進口了 60 個步兵師的武器裝備，[92]和 36 個步兵師的輕武器，到一九五五年底，中共總共裝備了 106 個步兵師，9 個騎兵、守備、內衛師，17 個地面砲兵師、

[91] 海軍總司令部編，海軍艦隊發展史（二）（台北：國防部史政編譯局，民國 90 年），頁 1024-1025。

[92] 一九五一年七月三十一日，中央軍委會決定從八月一日起，以兩年五個月的時間，整編和換裝 60 個現代化步兵師，所需裝備是以貸款方式從蘇聯購入，至一九五四年十月換裝完畢。韓懷智、譚旌樵主編，當代中國軍隊的軍事工作（下），頁 489。

17 個高射砲兵師，4 個坦克機械化師，33 個航空兵師，9 個艦艇支隊，也實現了軍隊第一波現的代化。[93]

所以中共在一九五四年六月前，儘管陸軍不斷精簡，但是海空軍等專業兵種則是成長。韓戰儘管牽制了中共的主力部隊，但是中共也藉由韓戰完成陸軍第一波的現代化武器換裝，與期待已久的海空軍建立。一九五〇年四月十四日，解放軍海軍司令部成立，以第十二兵團機關和四野後勤為領導主幹，接收國府投降的海軍艦隊約 100 艘為主；一九五一年五月，中南軍區建立海軍司令部，同年並從蘇聯購入 36 艘魚雷艇；一九五二年四月成立海軍航空部；一九五三年六月四日，中蘇簽訂海軍訂貨與技術轉移協定，蘇聯於兩年內交付 81 艘船艦，其中 32 艘成品，59 艘於中國境內組裝；到一九五五年底，中共海軍計有各型船艦 860 艘，14.1 萬噸，其中戰鬥艦艇 519 艘，具備多兵種規模並有近海 200 海浬的作戰能力。[94]

一九四九年三月，中共成立軍委航空局，同年七月二十六日，結合第十四兵團成立空軍領導機關，八月十五日成立第一個飛行中隊，十一月十一日正式成立空軍司令部，截至年底，中共向蘇

---

[93] 韓懷智、譚旌樵主編，*當代中國軍隊的軍事工作（下）*，頁 109-111。鄭文翰，*秘書日記裡的彭老總*，（北京：軍事科學出版社，1998 年），頁 14。1955 年 4 月 19 日，彭德懷與聶榮臻聯名向中央軍委會的報告書中提及韓戰期間向蘇聯購買 36 個師步兵輕武器與 60 個陸軍師裝備。

[94] 韓懷智、譚旌樵主編，*當代中國軍隊的軍事工作（下）*，頁 26、65、154、155、156；國府在 1953 年 12 月 27 日對中共海軍的評估為艦艇 357 艘，131,792 噸。請參閱「中國國防部為美國聯合參謀首長主席雷德福上將舉行特別會報之報告資料」，*蔣中正總統檔案*，特交檔案，檔號：080106，卷號 048，卷名：美國協防台灣，編號：08A-01666。

聯進口 185 架飛機。[95]一九五〇年六月十九日，在蘇聯的幫助下，中共空軍建立了第一支航空兵部隊－第四混成旅，並於十月十九日開始負擔上海地區的防空任務。[96]同年底，中共從蘇聯進口 590 架飛機。由於韓戰空權爭奪益加明顯，中共於一九五二年二月將準備建設海軍的一億多美元貸款轉撥購買飛機，截至一九五五年底，中共進口與接收蘇聯飛機約 5000 架，空軍 4400 架，海軍航空兵 500 架，建立了相當規模的空軍戰力。[97]

從一九五四到一九五五年，正好是中共軍力現代化與初步轉型成功的階段。中共對自身軍力產生相當自信，所以一九五四年六月二十六日，總參謀部根據中共中央審定閱兵方案，發出國慶閱兵指示，從全國抽調 60 個單位組成閱兵方隊，並於同年十月一日舉行。[98]這是中共自一九四九年建國典禮閱兵後，第一次舉辦閱兵，當然閱兵的兵種與武器均有大幅的改善，中共才敢大規模地進行展示，顯示其軍事現代化的成功。

---

[95] 中共第一個飛行中隊由 12 名飛行員、40 名地勤人員、10 架作戰飛機組成。韓懷智、譚旌樵主編，*當代中國軍隊的軍事工作（下）*，頁 28、72、161。

[96] 這支航空混成旅是由蘇聯空軍中將巴茨基將軍率領蘇聯空軍混成旅 3600 人、99 架飛機先行防衛上海、徐州等地空防，直至同年 10 月才返回蘇聯，繼之由蘇聯 144 驅逐機師兩個團進駐上海，協助中共於南京建立第四混成旅。張震，*張震回憶錄*，頁 416-417。

[97] 中共在 1950 年向蘇聯提出的飛機需求是 2470 架，然而蘇聯只輸出了 590 架。韓懷智、譚旌樵主編，*當代中國軍隊的軍事工作（上）*，頁 355；*當代中國軍隊的軍事工作（下）*，頁 161；1953 年 12 月 27 日國府對中共空軍評估為戰機 1870 架。請參閱「中國國防部為美國聯合參謀首長主席雷德福上將舉行特別會報之報告資料」，*蔣中正總統檔案*，特交檔案，檔號：080106，卷號 048，卷名：美國協防台灣，編號：08A-01666。

[98] 韓懷智、譚旌樵主編，*當代中國軍隊的軍事工作（下）*，頁 371-372。

就台灣方面，韓戰後美國對國府的援助重新展開。除援華法案的撥款外，國府在美國國防互助計畫的排名頗高。[99]依據國府駐美技術代表團的統計，一九五一到五四年四個財政年度，美國對台灣援助共達四億美元，其中軍用物資八千五百萬美元，佔整個遠東經援總額的 61%，[100]而且軍援佔美援的比率逐年升高。

表一　美國對外援助總額與軍經援比率

年度	美援支出總額（USD）	軍援所佔百分比	經援所佔百分比
1950	5268000000	25%	75%
1951	7621000000	68.5%	31.5%
1952	7284000000	78.8%	21.2%
1953	6001000000	70.2%	29.8%
1954	5756000000	73%	27%

資料來源：駐美技術代表團，「美國經濟援助之實施概況與演變趨勢」，周琇環編，台灣光復後美援史料，第一冊軍協計畫（一），（台北：國史館，民國 84 年），頁 7。

一九五三年美國贈予國府 29 艘軍艦，[101]並合併五一、五二、五三年的軍協計劃，美國總共交付空軍 319 架飛機，[102]陸軍火炮 1526 門，[103]顯示國府獲得頗多美援，提升其軍事現代化的裝備。

---

[99] 請參閱駐美大使顧維鈞與駐美武官皮宗敢電文，*蔣中正總統檔案*，特交檔案，檔號：080106，卷號：047，卷名：美國軍事援助，編號：08A-01657。

[100] 駐美技術代表團，「美國經濟援助之實施概況與演變趨勢」，周琇環編，*台灣光復後美援史料，第一冊軍協計畫（一）*，（台北：國史館，民國 84 年），頁 3。

[101] 參閱馬紀壯，「海軍接艦計畫草案概要」，*蔣中正總統檔案*，特交檔案，檔號：080106，卷號：047，卷名：美國軍事援助，編號：08A-01659。

[102] 彭孟緝，「一九五五年度軍援軍協報告書」，*蔣中正總統檔案*，特交檔案，檔號：080106，卷號：047，卷名：美國軍事援助，編號：08A-01662。

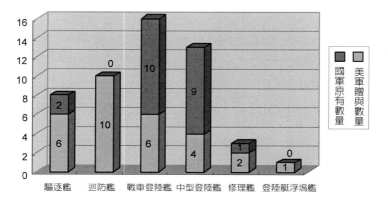

圖四　一九五三年美軍贈與軍艦數

資料來源：馬紀壯，「海軍接艦計畫草案概要」，蔣中正總統檔案，特交檔案，
　　　　　檔號：080106，卷號：047，總號：08A-01659。

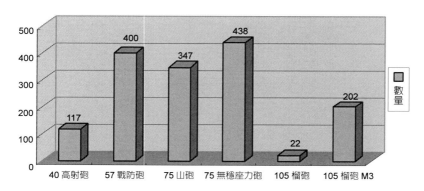

圖五　陸軍 51、52、53 合併案統計表

資料來源：彭孟緝，「一九五五年度軍援軍協報告書」，蔣中正總統檔案，特
　　　　　交檔案，檔號：080106，卷號：047，總號：08A-01662。

---

[103] 彭孟緝，「一九五五年度軍援軍協報告書」，*蔣中正總統檔案*，特交檔案，
　　　檔號：080106，卷號：047，卷名：美國軍事援助，編號：08A-01662。

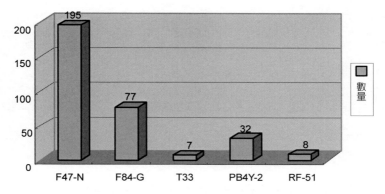

圖六　空軍 51、52、53 合併案統計表

資料來源：彭孟緝，「一九五五年度軍援軍協報告書」，蔣中正總統檔案，特
交檔案，檔號：080106，卷號：047，總號：08A-01662。

　　此外，一九五一年美軍顧問團成立以來，美國對台灣的援助
是逐步升高，但達到與中共軍力的相對水準時便停滯不前。如美
軍顧問團由一九五一年的 12 位成員到一九五五年底達到 2,400 人
左右最高峰，便逐年下降，一九五六年 2,347 人，一九五七年 1,902
人，一九五八年 1,297 人，一九五九年 1,417 人，一九六〇年 1,381
人，一九六一年 1,416 人，一九六二年 955 人。[104]而自一九五一
年五月一日美國援華顧問團成立至一九六四年，國軍所需裝備、
配件幾乎由軍援贈予獲得。一九六五年後美援逐年遞減，至一九
七四年後僅保留軍援訓練費用 50 萬美元，直至一九七八年美援停
止，總計獲得美援 263.4 千萬美元。[105]

[104] 國防部史政編譯局編，《美軍在華工作紀實（顧問團之部）》，頁 9-10。
[105] 國防部史政編譯局編，《美軍在華工作紀實（顧問團之部）》，頁 109。

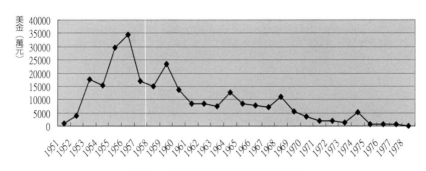

圖七　美國歷年軍援贈予統計表

資料來源：國防部史政編譯局編，美軍在華工作紀實(顧問團之部)(台北:史
　　　　政編譯局，民國 70 年)，歷年軍援贈予統計。

　　逐島戰爭在韓戰結束後逐漸轉向，直到一九五四年危機爆
發，駐華大使藍欽在同年十月五日提交國務院的報告指出，立刻
分配一九五五年增加美援給自由中國，需足以應付有意義的軍事
擴充計畫，在一片刪減美援的呼聲中，可以提振國民政府對美
國的信心，降低紐西蘭提案將外島交付聯合國處理所造成的傷
害。[106]國府軍方在與美軍顧問團溝通後，於一九五五年一月十日
由陸軍總司令部第五廳提出了「天山計畫」，預備在現存的二十一
個師外，再成立三至九個預備師，以應付逐漸升高的外島衝突。[107]
然而美軍顧問團對擴編九個師的經費與能力表示懷疑，[108]蔣介石
也對九個預備師無法儲備足夠兵額不滿。[109]在經過八個月的協調

---

[106] Karl Lott Rankin, *China Assignment*, p.211.

[107] 041740 預備師編成方案（天山計畫）(1)，陸總部檔案，國防部部長辦公
　　室藏。

[108] H. N. Moorman, GRC Reserve Program, 041740 預備師編成方案（天山計畫）
　　(1)，陸總部檔案，國防部部長辦公室藏。

[109] 蔣中正於 1955 年 4 月 2 日親批，指示國防部長俞大維強化民防總隊之訓

折衝，雙方於同年九月十九日對外公布成立預備師訓練司令部。[110]整體而言，美國同意裝備 2 個軍團、6 個軍、21 步兵師、2 個裝甲師、3 個戰車營、4 個野戰砲兵探照燈連、3 個一五五加砲連、1 個空降部兵團、1 個裝甲兵司令部、1 個重工兵保養連、2 個輕戰車連、3 個裝砲連、1 個基地師、9 個新兵訓練團等，[111]顯見危機的爆發又再度使得國府獲得大量的美援，然而美國提供大量美援只是想降低外島危機爆發時，美國涉入的可能程度。

美國對台灣的援助，本質上是防禦性的。然而台灣軍力的不斷提升，對中共而言，本身就是一種威脅。根據中共軍方的統計，國府對大陸東南沿海航道與漁場產生不小的破壞，從一九四九年底至一九五三年止，國府攔截的漁船高達 2,000 多艘，逮捕漁民 10,000 餘人，使直接從事漁業生產的 50 多萬漁民不能正常出海捕魚。[112]一九四九年秋至一九五三年七月，國軍中小規模襲擊大陸次數約 71 次，出動兵力約 47,700 餘人，被殲滅約 7,900 人，東山島戰後改以小股武裝襲擾大陸。[113]兩岸軍事互動的次數不僅頻繁，而且穿插不少次較大規模的軍事衝突。從一九五〇至一九

練，補足預備師之不足。*蔣中正總統檔案*，特交文卷，檔號：070200，卷號：026，卷名：交擬稿件，編號：07B-00145。

[110] 民國 44 年 9 月 19 日，中央日報，一版。預備師訓練司令部成立時，美台雙方針對預備師的補充兵細節仍未談妥，直至 1955 年 12 月 26 日美方才答應簽字。請參閱俞大維電總統府，*蔣中正總統檔案*，特交文電，檔號：090103，卷號：008，卷名：對美關係－革命外交，編號：09A-00331。

[111] 參閱黃鎮球 1957 年 6 月 15 日簽呈，*蔣中正總統檔案*，特交檔案，檔號：080106，卷號：047，卷名：對美國軍事援助，編號：08A-01662。

[112] 韓懷智、譚旌樵主編，*當代中國軍隊的軍事工作（上）*，頁 340。

[113] 韓懷智、譚旌樵主編，*當代中國軍隊的軍事工作（上）*，頁 334。

五五年兩岸逐島的歷史，吾人可以觀察出衝突終將處理，只是以外交或暴力的手段來執行。

表二　1950-1955 兩岸逐島戰爭一覽表

年　　代	戰　　　　　役
1950.1.15	國軍襲擊雷州半島南端的徐聞。
1950.1.25	金門龍談、龍岩游擊隊襲擊平和、南靖。
1950.3.15	大陳浙南突擊第一大隊王相義 900 餘人襲擊浙江溫嶺。
1950.5.13	山東地區人民反共救國軍第二縱隊 104 人襲擊山東膠南。
1950.6.2	浙江披山呂渭祥 600 餘人襲擊玉環島坎門鎮。
1950.7.12	共軍以二營兵力襲擊披山。
1950.7.13	國軍自浙江外海南山衡群島撤離。
1950.7.26-27	中共以八十六師二五八團 700 餘人兵力進攻大二膽島失敗。
1950.7-8	浙江共軍襲擊北麂島，福建共軍襲擊西洋、浮鷹兩島，廣東共軍攻佔南鵬島。
1950.11.20	浙江披山呂渭祥部攻佔玉環島後撤離。
1951.2.15	中共反擊麥克阿瑟建議使用國軍於韓國戰場，集結漁船進攻高登島。
1951.3.30	大陳游擊隊襲擊浙江三門。
1951.6-9	國軍四次共派遣 800 餘人從海南島、浙江象山、樂清、福建惠安登陸，試圖建立敵後游擊區。
1951.9.4	烏坵福建省反共救國軍 370 餘人從福建惠安登陸，試圖建立敵後游擊區失敗。
1952.3.28	大陳島國軍 1000 餘人襲擊白沙山島。
1952.6.10	大陳島國軍 1200 餘人襲擊黃焦島。
1952.8.24	浙海游擊隊突擊浙江平陽縣。

1952.10.5	國軍以三團兵力的游擊隊攻佔南澎島後撤離。
1952.10.8	大陳游擊隊攻佔雞冠山、羊嶼、塞頭三島後撤離。
1952.10.11	福建反共救國軍突擊部隊 9000 餘人攻佔南日島三日後撤離。
1952.10.19	共軍以兩營兵力攻佔南鵬島。
1952.12.14	國軍襲擊福建漳浦。
1952	國軍曾襲擊湄州島、南日島、浙江烏岩、霧城。
1953.2.11	浙海游擊隊突擊浙江飛雲江口。
1953.5.29	共軍攻佔浙江羊嶼、雞山、大鹿山、小鹿山等四島。
1953.6.25	大陳游擊隊突擊雞冠山、羊嶼、塞頭三島。
1953.7.16	國軍攻佔東山島後撤離。
1954.5.17	中共攻佔大陳群島的龍金島。
1954.11.14	太平艦遭擊沉。
1954.12.8	國軍突擊太伯島。
1955.1.18	中共進攻一江山，三日後攻陷。
1955.1.26	中共突襲烏坵島失敗。
1955.2.13	國軍撤離大陳島（金剛計畫，1950-1955 的逐島戰爭落幕）。
1955.2.25	國軍放棄南麂島（飛龍計畫）。
1955	下半年據傳國軍曾進攻一江山。
1957	國軍空降一個團進攻一江山

資料參閱：李元平，台海大戰，下編，（台北：風雲時代，1992 年），頁 84-94。
國防部軍務局史政處編，國民革命軍第十八軍軍史，（台北：國防部軍務局史政處，民國 87 年），頁 293-312。
韓懷智、譚旌樵主編，當代中國軍隊的軍事工作（上），（北京：中國社會科學出版社，1989 年），頁 321-334。
國防部史政編譯局編，戡亂時期東南沿海島嶼爭奪戰史（二），（台北：國防部史政編譯局，民國 86 年）。

　　一九五○年九月，國府派遣原第八軍軍長李彌整合緬甸境內國軍，組成雲南人民反共救國軍，對西南邊區展開中小規模的攻擊。一九五一年五、七月，李彌兩次進攻雲南受阻，移至緬泰邊境整編。一九五二年二月，國府派遣 700 餘人加入西南國軍，並發動 60 餘次的小型攻擊。一九五三年一月，西南國軍擴編到 18,500 餘人，然中共西南邊防工作強化，再加上緬甸政府也對西南國軍展開攻擊，並向聯合國控訴，國府在美國壓力下於一九五三年十一月至翌年五月，分別撤回了 5,400 餘人，僅存的國軍於一九五四年十一月改為雲南人民反共志願軍，對中共的威脅也逐漸降低。[114]

　　根據一九五二年四月一日，國民黨大陸工作處編訂的「大陸游擊部隊概況表」，國府在大陸的游擊兵力為 1,398,786 人，主要兵力分布在東南沿海各省（江浙 9%，廣東 21%）與西南邊區（四川 14%）一帶，但是實際有電台聯絡的游擊隊僅有 93,143 人，以西南邊區（四川 47%，雲南 18%）與沿海（江浙 25%，福建 6%）為主，內地的游擊隊幾乎無法建立直接的指揮體系，顯示國府對大陸有效性的威脅並不大。[115]

　　此外，中共在東南沿海一帶的防禦也逐漸改善。一九五二年十一月，國府空軍配合美國朝鮮戰爭，加緊對大陸的襲擊，以往共軍只能藉由防砲部隊與少量的飛機強化防空能力，但是到了一九五三年七月二十五日，國共在上海展開以飛機為主的空戰，防砲部隊由空權的制衡者退居到幕後，顯見中共空權力量顯著提升。[116]一九五四年七月後，國軍飛機逐漸減少對浙東沿海的襲擾活動，中

[114] 韓懷智、譚旌樵主編，《當代中國軍隊的軍事工作（上）》，頁 370-374。
[115] 《蔣中正總統檔案》，特交檔案，檔號：080102，卷號：103 卷，卷名：游擊隊與邊區作戰，編號 08A-00885。
[116] 韓懷智、譚旌樵主編，《當代中國軍隊的軍事工作（上）》，頁 356。

共已經基本上掌握了浙東地區的制空權。[117]一九五五年三月，中共中央軍委調海軍航空兵第四師進駐浙江東部路橋機場，與駐浙江寧波機場第二師協同作戰。五月，中共空軍在福州組建防空軍部，並增加防空高炮部隊。中央軍委指示在福建地區修建機場，以供航空兵部隊進駐。[118]顯見中共空軍逐漸由北而南的審慎擴張。

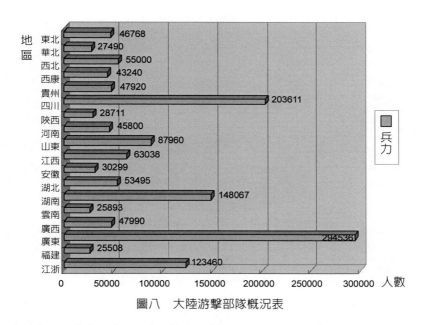

圖八　大陸游擊部隊概況表

資料來源：蔣中正總統檔案，特交檔案，檔號：080102，卷號：103卷，總號08A-00885。

---

[117] 1958年7月以前，福建和粵東地區尚未進駐航空兵部隊，防空任務主要由高炮部隊擔任。然而為了保障上海地區，華東地區的空軍在韓戰後立即被強化，顯見中共重視沿海經濟的保護。韓懷智、譚旌樵主編，*當代中國軍隊的軍事工作（上）*，頁356-358。

[118] 韓懷智、譚旌樵主編，*當代中國軍隊的軍事工作（上）*，頁359。

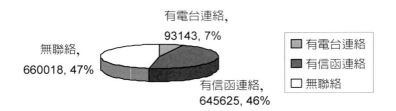

圖九　大陸游擊部隊概況

資料來源：蔣中正總統檔案，特交檔案，檔號：080102，卷號：103卷，總
　　　　　號08A-00885。

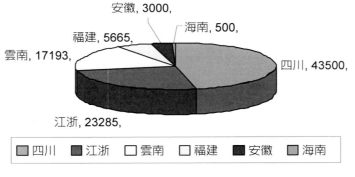

圖十　有電台聯繫之大陸游擊部隊

資料來源：蔣中正總統檔案，特交檔案，檔號：080102，卷號：103卷，總
　　　　　號08A-00885。

　　其實就戰前的局勢發展，國府在浙江沿海一帶已經喪失優
勢。一九五四年三月十八日，大陳爆發的海空戰鬥檢討報告已經
指出國府在大陳已無空優。[119]一九五五年一月十五日，總統府第

---

[119] 報告指出：「大陳及其外圍各島，以距匪海空軍基地太近，隨時均有發生

二次軍事會談中，副參謀總長余伯泉指出中共已經享有大陳群島的局部空優，國府海軍大受威脅，陸軍漸次孤立。[120]根據國軍的檢討報告也指出，中共已經在浙江沿海一帶進駐 600 架飛機，並擁有 MIG-15 的超音速飛機，而國軍只擁有次音速的 F-47 飛機；台灣桃園機場距大陳島 220 英浬，而中共的路橋機場距大陳島只有 55 英浬；F-47 只能滯留大陳上空 15-20 分鐘，而 MIG-15 一起飛 10 分鐘就到，可以滯留 100 分鐘，所以台灣的空軍根本無法有效地支援大陳島的作戰。[121]時任國府空軍作戰司令羅英德指出一九五三年底，中共已能有效地控制浙江沿海上空；一九五四年秋，章橋機場完成，從浙江到廣東沿海的雷達網建構完成，中共空軍在大陳上空可以獲得雷達的有效支援，反觀國府空軍若在大陳作戰，則超過台灣本島的雷達管制，缺乏對中共空軍的情資，結果是大陸對國府空軍瞭若指掌，國府空軍卻毫無情資。[122]儘管軍方曾強化防衛能力，但成效有限。[123]在喪失了空權之後，海權也難以固守，時駐大陳海軍永定艦艦長即感慨海軍在大陳註定要打一

戰事可能，且亦難保不因為一小戰鬥而引起匪我空海軍之決戰。大陳以離我空軍基地太遠，且大陳服行任務之我飛機性能，並不如匪軍，空權岌岌可危。」參閱「大陳防守區四十三年三月十八日大陳方面匪我海空軍戰鬥要報」，*蔣中正總統檔案*，特交檔案，檔號：080102，卷號：101，卷名：大陳及邊區作戰，編號：08A-00879。

[120] 總統府四十四年第二次軍事會談紀錄，003.91/2693，卷一，頁 7-8。轉引自*俞大維先生年譜資料初編（一）*，（台北：國防部史政編譯局，民國 85 年），頁 410。

[121] *戡亂時期東南沿海島嶼爭奪戰史（二）*，（台北：國防部史政編譯局，民國 86 年），頁 199，附錄三「大陳轉進與炮轟黃歧」。

[122] *戡亂時期東南沿海島嶼爭奪戰史（二）*，附記：羅英德，「我空軍大陳撤退之追憶」。

[123] 國防部史政編譯局藏國軍檔案，「大陳作戰綜合報告案—防衛大陳作戰經驗報告」，總檔案號：26524，分類號：543.65，頁 15-17。

場沒有空援的戰爭。[124]最後終致陸軍孤立而被擊破。外島軍力的失衡，使得中共希望藉由沿海側翼的試探，增強對亞洲大陸的影響力，並認為自身有能力佔領國府控制下的沿海島嶼而不致引起美國的干涉。[125]

第六節　戰略或戰術
——砲擊金門的原因

　　中共在一九五四年七月開始，不斷地動員政治機器宣傳解放台灣的議題，是決定與美國攤牌一戰嗎？根據一九五四年九月四日，美國中央情報局呈報國家安全會議資料指出，中共的砲擊只是試探性美國意圖的行動，倘使美國不積極介入，中共就會擴大軍事行動佔領某些島嶼。如果美國介入，中共就有攻擊美國的宣傳資料，藉此破壞西方盟國的關係。[126]這是許多學者認定中共發動九三砲戰是一種試探或分裂美台關係的主要論述。然而中共在一九五三年五月二十九日便已攻佔浙江沿海四個島嶼，一九五四年五月十七日又攻佔大陳群島的龍金島，艾森豪也於他的回憶錄表示一九五四年五月就已經預知外島衝突即將來臨，[127]顯示美國

---

[124] 鍾漢波，*海峽動盪的年代*，（台北：麥田出版社，2000 年），頁 71。

[125] J. H. Kalichi, *The Pattern of Sino-American Crises: Political-Military Interaction in the 1950s*, p.122.

[126] The Situation with Respect to Certain Islands off the Coast of Mainland China, Washington, 4 September, 1954, *FRUS*, 1952-1954, Vol.14, pp.563-571.

[127] Dwight D. Eisenhower, *The White House Years, Vol. I, Mandate for Change, 1953-1956,* (Garden City, N.Y.: Doubleday, 1963), p.462. Thomas E. Stolper 即以此點認為 1954 年台海危機不具備危機的震撼性、極大的危險性、極短

理解這應該是逐島戰爭的延續，而非新一波的危機，只不過中共在選擇的地點出乎美台的意料之外。自中共參加韓戰之後至九三砲戰前，台灣攻擊大陸島嶼九次（若含陸地襲擊則為十五次），大陸攻擊國府所佔島嶼四次，較為特別的是，一九五三年七月二十七日韓戰停火協定簽訂後，國府便停止明顯的島嶼攻擊行動，但這並不代表中共能夠接受現況。一九五二年四月，時任華東軍區參謀長張震就已規劃先攻打大陳群島由北而南的軍事建議，並獲得中央軍委會的同意，預定於九到十月攻佔大陳群島；然而七月二十四日，彭德懷擔心美國海空軍介入，建議以韓戰停戰成功後再議，獲得毛澤東同意而擱置下來。[128]韓戰停火越來越可能時，華東軍區司令員陳毅告知張愛萍再次籌備，張愛萍召集福建軍區司令員葉飛與華東軍區海軍司令員陶勇，擬定了先取金門後攻大陳的計畫，隨後於一九五三年七月，隨同陳毅、葉飛一併面報毛澤東獲得首肯。[129]隨後中共中央批准了華東軍區由張愛萍規劃攻擊金門的大規模行動，並指示張愛萍與葉飛前往朝鮮戰場學習。張愛萍建議首取國府最重要的島嶼金門，以收到不戰或小戰而一舉解放閩浙沿海諸島，即「由南而北，先閩後浙」的軍事方案。

的反應時間，故不符合危機的要件。然而危機的觀點應視直接參與國的觀感與認知，中共在對台軍事行動上的宣傳，均是以解放台灣為其目標的無限戰爭，這對國府而言當然感受到極大的危險性，故本文以危機認知。Thomas E. Stolper, *China, Taiwan, and the Offshore Islands,* (Armonk, N. Y.: M. E. Sharpe, 1985), p.4.

[128] 張震，*張震回憶錄*，頁 490-491；東方鶴，*張愛萍傳*，下卷，二刷，（北京：人民出版社，2001 年），頁 656-657。

[129] 東方鶴，*張愛萍傳*，下卷，頁 658-660。何迪提出張愛萍考慮到美國陷於金城江戰役，無法分兵，建議利用時機攻佔金門。何迪，「台海危機和中國對金門、馬祖政策的形成」，*美國研究*，1998 年，第 3 期，http://www.mgyj.com/american_studies/1988/third/third03.txt（2004/10/10）

然而時任中央軍委總參謀部作戰部長的張震，連續在十二月五、十六日上書建議先攻大陳後金門的建議，十二月十九日毛澤東批示「此意見可注意」，總參謀部根據此批示變更了張愛萍的計畫，確定了攻打大陳的方案。[130]當然十二月十九日王尚榮呈報兩個攻擊方案的經費評估，也促成了張震案的勝出。[131]毛澤東在中央軍委會說：「形勢變了，準備打大陳，先解決浙江沿海敵佔島嶼，估計美帝不會有大的干涉。」才改以攻擊浙東沿海島嶼為主的「從小而大，由北而南」的方案。[132]這顯示不管是否爆發九三砲戰，中共對於浙江沿海島嶼的攻擊是勢在必行，而且中共認為這種行為不會影響中共宣示的和平共處五原則的國際形象，它只是逐島戰爭的一種延續。

然而有趣的是，中共為何不以延續逐島戰爭的名義進行，而改以解放台灣砲擊金門作為先聲，藉以拉高國際的目光？這當然與所謂的國際局勢有關。[133]一九五四年七月二十一日日內瓦會議的最後宣言發布，中共雖然達成南北越的劃分而聲譽大噪，然而私下進行中美人質四次會談結果，中共並不滿意。特別是針對美國於韓戰期間規定凡高級物理學家，其中包括受過火箭、原子能

---

[130] 張震，*張震回憶錄*，頁 491-493。

[131] 王尚榮對金門攻擊預算的評估指出：「預算甚大，無十分把握，宜暫緩準備。」毛澤東才表達同意。請參閱王焰主編，*彭德懷年譜*，（北京：人民出版社，1998 年），頁 565。

[132] 聶鳳智，*三軍揮戈戰東海*，（北京：解放軍出版社，1986 年），頁 2，38-39；徐學增，*蔚藍色的戰場－大陳列島之戰紀實*，（北京：軍事科學出版社，1995 年），頁 26-30；東方鶴，*張愛萍傳*，下卷，頁 662。

[133] 何迪認為日內瓦會議後的國際局勢與對美國緩和敵視中共的不信任，促使中共砲擊金門。何迪，「台海危機和中國對金門、馬祖政策的形成」，*美國研究*，1998 年，第 3 期，http://www.mgyj.com/american_studies/1988/third/third03.txt（2004/10/10）

以及武器設計這一類教育的中國人，不准離開美國，中共代表王
炳南對此表達嚴重的抗議。[134]這使得號稱中國導彈之父的錢學森
無法回國，中共對核武的關切也表示在一九五四年十月三日來慶
祝中共建國五週年的中蘇會談中，毛澤東親自向赫魯雪夫提出對
核武技術的需求，卻遭赫魯雪夫的拒絕。[135]所以中共中央軍委會
在七月中旬就已決定發動砲戰，應該是顯示對美國的不滿，然而
怕美國不能理解中共的不滿，遂選定金門作為政治攻擊的目標，
實際的軍事主力仍然擺在浙東沿海。這個目標在一九五五年四月
二十六日底達成了，美國宣布願意與中共談判，降低台灣地區的
緊張關係，並於同年七月透過英國斡旋轉達了重開中美會談的意
願。[136]

　　其次，選擇金門作為砲擊地點也可能有戰術佯攻與人事安撫
的意味。任何作戰均需隱避戰術目標以達奇襲效果，就像二次世
界大戰諾曼第（Normandy）登陸時，聯軍一直在加萊（Calais）
半島進行佯攻，以確保第二戰場開闢的成功。中共既然決定攻打
大陳，為避免台灣了解其攻擊目標，集中兵力防守，刻意選擇其
他外島，造成國府備多力分。這原本是一種理性抉擇，然而中共
忽略了意圖與能力的差距。國府在金門駐紮了三個精銳師與一萬
多名的游擊隊，倘使中共真的意圖真要攻打金門，在能力與意圖
上會被強烈質疑。一九五四年九月四日，美國國情特別評估報告

---

[134] 王炳南，中美會談九年回顧，（北京：世界知識出版社，1985 年），頁 28。
很多人認為中共簽訂韓戰停火協定是受制於艾森豪的大規模報復政策，甚
至一九五四年台海危機也是一樣，然而中共是否認知美國的核武報復政
策其實還存有爭議，不過中共對核武需求卻是明確而清晰的。
[135] 師哲，在歷史巨人身邊，頁 572-573。
[136] 王炳南，中美會談九年回顧，頁 31。

就提出這樣的質疑：「在對國民黨佔領的任何島嶼（金門除外）開始攻擊後幾天的時間內，就可以擊敗國民黨孤立無援的反抗，雖然有些作戰行動可能要遭受重大的損失。就拿金門來說，……如果共產黨要對他發動進攻，極難取得成功，而且非常耗時，特別是要遭受嚴重的損失。」[137]所以中共在戰術上的佯攻行動，在軍事上的解釋力是薄弱的，最多是一種自我安慰的戰術行為。

砲擊金門的戰術佯攻既然效果不大，中共中央又為何要執行？一九五三年底華東軍區參謀長張愛萍改變了原參謀長張震攻打大陳的計畫，聯合陳毅、葉飛改提攻打金門的計畫並經中央軍委會同意，卻在參訪朝鮮時硬生生地被總參謀部作戰部部長張震擋了下來，改變成攻打大陳的計畫，若說將領間意見不和不會形成疙瘩，著實難以令人相信。[138]張愛萍面對決定攻打大陳本島、一江山與披山島原方案，在其多次戰場勘查，反覆研究，最後決定先攻佔一江山再佔領大陳。[139]一九五四年七月二十二日中央軍委會傳達中共中央與毛澤東的指示，確定由張震擬定解放台灣的

---

[137] The Situation with Respect to Certain Islands off the Coast of Mainland China, Washington, 4 September, 1954, *FRUS*, 1952-1954, Vol.14, p.565.

[138] 張震，*張震回憶錄*，頁491-493；東方鶴，*張愛萍傳*，下卷，頁655-663。其實張震回憶錄有關華東軍區的攻台方案，絲毫沒有提到張愛萍的角色，而張愛萍傳也絲毫不談張震的角色，但兩人對於選擇大陳或金門立場截然不同，毛澤東砲擊金門的決定除了國際鬥爭的考量外，也不能排除安撫高階將領的用心。

[139] 張愛萍，「智哉鳳智－深切懷念聶鳳智同志」，南京軍區傑出將領聶鳳智編委會編，*傑出將領聶鳳智*，（南京：江蘇人民出版社，1994年），頁1-2。1954年8月31日，浙東前線指揮部在寧波召開的陸海空指揮員會議，大多數人主張先打大陳，但張愛萍堅持下改成先打一江山。徐焰，*台海大戰上篇：中共觀點*，（台北：風雲時代出版社，1992年），頁167。

軍事鬥爭計畫。[140]同年八月二十七日，張愛萍被任命為浙東前線指揮部司令員，專司攻打大陳。時間與人選的巧合，很難不令人聯想毛澤東為安撫軍方人事所費心安排的兩個戰場：文的金門，武的大陳。

當然就軍事的角度來看，九三砲戰具有較高的政治意含，它不具備軍事進攻的決定性作用，因為當時中共在福建沿海根本沒有機場，更談不上制空權。相對地，一九五四年中共在浙東沿海已經享有的制空權，以魚雷艇為主的近海作戰能力也有包圍大船的突襲能力，對於大陳島的大規模作戰應該在美國的預測範圍，就不容易產生奇襲的作用，美國可能只會當成是逐島戰爭的延續，並適度地支持國府以免國府損失過重。

中共從一九五三年開始軍隊正規化訓練以來，[141]軍事演習的重點均是以反登陸為主。特別是一九五五年十一月遼東半島演習，是中共建國以來最大規模的軍事演習，其假想敵設想為瀕臨西太平洋的敵人集結兵力，試圖於遼東半島登陸，共軍以反登陸作戰為主，以積極防禦的戰略方針為指導。[142]只有在華東軍區為

---

[140] 王焰主編，*彭德懷年譜*，（北京：人民出版社，1998 年），頁 573。

[141] 一九五二年十二月，中共中央軍委召開參謀長與政治部主任的聯席會議，決議自一九五三年六月起，全軍實施正規劃訓練，進行軍事訓練的現代化。韓懷智、譚旌樵主編，*當代中國軍隊的軍事工作（下）*，頁 222。

[142] 韓懷智、譚旌樵主編，*當代中國軍隊的軍事工作（下）*，頁 352-355。張震回憶錄也提及了 1955 年的遼東半島反登陸演習是 1950 年代最大規模的演習，參演軍隊高達五萬餘人；1959 年舉行高達二萬餘人的登陸作戰演習；1973 年舉行大規模反坦克演習，充分說明了不同年代，中共防禦的重心不盡相同。張震，*張震回憶錄*，頁 203-204。1955 年 5 月，彭德懷訪問蘇聯時，仍向蘇聯解釋中共採取積極防禦的戰略方針，強調後發制人絕不先動手的戰略思想，但是彭德懷也發現蘇聯的戰略防禦思想已從積極防禦，阻擋敵人入侵改為第一擊的核戰略思想。鄭文翰，*秘書日*

克服登島作戰，才有登陸作戰的操演。顯見中共國防安全的主軸是防禦型的反登陸作戰，而非攻擊型的大規模登陸作戰。所以一九五四年台海危機，中共並無能力破壞現狀，嚴格講也沒有積極的意圖，在軍事上他只想改變浙東沿海的安全狀態，並無意圖對台海現狀作大規模的修正。九三砲戰只是要將美國打回談判桌上。

第七節　小結

　　從中共國家利益的轉變，我們可以觀察出中共早期對超強的態度是親蘇但不反美，後來決定「一邊倒」的追隨政策後，開始與美國對立。然而美國的嚴密圍堵與蘇聯放縱北韓的南侵，使得中共原本期望的安全利益打了很大的折扣。儘管韓戰確保了中共的生存安全，但在美國一系列政經軍的圍堵，一些次要的利益逐漸成為國家利益的主要內涵，包括領土主權，經濟發展與國際威望等。中共試圖突破外交困境，也發覺蘇聯並沒有辦法協助中共突破政治封鎖，而改採和平外交手段尋求脫困。在領土主權方面，蘇聯並不積極援助中共的海空軍，也不願意在台海地區與美國衝突，這使得此一時期的中共國家利益無法靠蘇聯完成，遂逐漸發展有利於自身的外交方針，儘管表面配合蘇聯的國際政策，但在砲擊金門也只是向蘇聯告知，並未如同在日內瓦會議上，協調一致的行動，顯示中共對國家利益的認知確有改變。從蘇聯與北韓合作，犧牲了中共的統一利益；中共也與蘇聯合作犧牲了北越的

記裡的彭老總，頁 22，25-26。有關遼東軍演，可參閱鄭文翰，*秘書日記裡的彭老總*，頁 55-64。

統一利益，中共對依賴蘇聯安全的保障也轉變成獨立自主的外交
政策。

　　台海中立化政策是美國亞洲圍堵政策的一環，但是定型化則
是一場意外。台海中立化政策遲早會受到中共的挑戰，但是模糊
的台海中立化，中共會考慮量力而為，給予較為寬鬆的時間來處
理，然而傳聞的「中美共同防禦條約」，則破壞了台海的模糊性，
加速危機的升高。中共可以接受美國在韓國與越南明確的圍堵政
策，但是在台海問題上，中共無法接受一個明確的劃界。其中最
大的區別在於韓國與越南是國境之外，然而台海是中共認知的國
境之內。為了破壞或抗議條約，中共必須有所表示，以維持其政
權的正當性，籌備中的逐島戰爭，成為抗爭與施壓的良好對象。

　　中共藉由「一五計畫」穩固其經濟統治基礎，並成功地剷除
親蘇派的高崗，這個主張將東北加入蘇聯加盟共和國之一中共高
層，曾經獲得蘇聯高層熱烈的掌聲。毛澤東成功地剷除內部最大
的親蘇派，也顯示其擺脫蘇聯控制的意圖，再從中央到地方建立
嚴密的監察機構，確保人民的忠誠度，毛澤東就免於擔心以蘇聯
為師的口號，真正落實到政權的親蘇化。在政經局勢的穩定下，
反對美帝侵略的口號，也可以落實在現實的政策上。

　　當然以軍事行動作為外交政策必須具備一定的條件，有實力
的軍事企圖才會被敵人認可威脅的可信度。中共在一九五〇到一
九五四年大致完成軍事現代化的初步階段，再加上浙江沿海國共
軍力的失衡，這麼強的軍事誘因與合理的政治目標，毛澤東就算
沒有意圖，也難抵軍方合理的要求。

　　最後砲擊金門是個有趣的戰術選擇。戰術佯攻並不具備良好
的解釋力，表達挑戰的決心又有實力不足與犧牲過大的問題，砲

擊的力道不足，顯示中共只想傳達某種政治意圖，也可能如本文所觀察的，砲擊金門只是彌補軍方對沿海島嶼意見不一的安撫行為。

　　綜觀一九五四年台海危機爆發的原因，中共的行為動機考量到國家利益、美國台海中立政策的定型化、國內局勢的穩定、軍事現代化的成功與沿海軍力的失衡，所採取的軍事試探行為。砲擊金門來反對美國台海中立政策的定型化，希望能制止「中美共同防禦條約」的簽訂，攻打大陳則是合理的軍事行為。當然在選定的時間與地點，中共的政治考量仍然高於軍事考量。因為以軍事行動挑戰美國的圍堵政策並不明智，也可能帶來嚴重的後果，但是挑戰的地點不是境外而是境內，這就是高度的政治問題。

第四章　中共在台海危機歷程中的行為變化

　　從體系的觀點來界定危機屬於一種宏觀的分析，它是以全球的觀點來看國家間的互動。[1]透過體系途徑來觀察危機的衝突，國家間的言辭與行為交換是主要的特質，危機行為也變成了需求與反應的關係，即一國的行動引起另一國的反應，再迴轉過來激起原發動國的反應，使得危機成為戰爭與和平的過度階段。[2]

　　台海危機具有多重性質，它不僅是體系中心國家對抗的危機，也是區域國家對抗的危機；它是聯盟陣營內的危機，也是再統一或獨立的危機。[3]本文將中共發動九三砲戰視為危機的挑戰，「中美共同防禦條約」的簽訂促使中共決定跨越危機門檻，而一江山戰役將中美推至武力的對抗，最後在兩極體系外萬隆會議獲得下降。此一發展頗類似史奈德（Glenn H. Snyder）與狄辛（Paul

---

[1] Jonathan M. Robert, *Decision Making During International Crises,* (New York: St. Martin's Press, 1988), p.14.

[2] Kent Miller, "The Concept of Crisis: Current Status and Mental Health Implications," *Human Organization*, Vol. 22, No.3 (Fall 1963), pp.195-196.

[3] Coral Bell 曾將危機分為六個類型，分別為：一、體系中心國家的對抗危機；二、區域國家的對抗危機；三、聯盟陣營內的危機；四、再統一或獨立的危機；五、殖民或結束殖民地後關係的危機；六、國內政治問題引起的危機。依此分類 1954 年台海危機具有前四項類型的特徵。請參閱 Coral Bell, "Crisis Diplomacy," in Laurence Martin ed., *Strategic Thought in the Nuclear Age,* (Baltimore: Johns Hopkins University Press, 1979), pp.159-160.

Diesing）所提出的危機發展概念。[4]經由危機初期的挑戰，中期的對抗，末期的緩和來觀察中美雙方是否正確評估對手的意圖？雙方互動是否改變期望的目標或行為？本章將從史實的陳述中理解中美雙方的互動，並觀察中共行為的變化。

第一節　危機初期
──意圖的評估與行為互動

韓戰結束後，中共總參謀部就已經開始規劃攻打沿海島嶼的計畫。[5]直至一九五三年十二月底才拍板定案攻打大陳島的計畫，並利用一九五四年三月至七月魚汛期間執行「貓頭洋護漁戰」，攻佔東磯列島，掌握大陳島以北的制空、制海的優勢，並使一江山納入了陸軍炮火的射程範圍。[6]一九五四年七月七日，中共中央政治局召開擴大會議，毛澤東正式提出了解決台灣問題，將台灣問題放在突出的地位。同年七月十一日，彭德懷呈報華東軍區建議攻打一江山建議獲毛澤東批准；[7]七月二十三日，人民日報發表社

---

[4] Glenn H. Snyder & Paul Diesing, *Conflict Among Nations: Bargaining, Decision Making and System Structure in International Crises,* (Princeton, N.J.: Princeton University Press, 1977), p.15.

[5] 張震，*張震回憶錄，上冊，*（北京：解放軍出版社，2003 年），頁 490。

[6] 同前註，頁 493。依據大陳防區回報 1954 年 3 月 18 日的海空戰鬥，認為中共陸軍並無蠢動現象。「大陳防守區四十三年三月十八日大陳方面匪我海空軍戰鬥要報」，*蔣中正總統檔案，*特交檔案，檔號：080102，卷號：101，卷名：大陳及邊區作戰，編號：08A-00879。

[7] 同前註，頁 494。

論，重申解放台灣的任務，不達目的絕不休止。七月二十七日，中共中央致電正在波蘭的周恩來指出：[8]

> 最近一個時期美國與蔣介石正在商議訂立美蔣共同防禦條約，不斷增加對蔣介石的軍事援助，並且有把封鎖我國的範圍擴大到廣東沿海及東京灣地區的可能。鑒於此，現在我們面前仍然存在一個戰爭，即對台灣蔣介石匪幫之間的戰爭，現在我們面前仍然存在一個任務，即解放台灣的任務，提出這個任務的作用，不僅在於擊破美蔣軍事條約，而更重要的是他可以提高全國人民的政治覺悟和政治警惕心，從而激發人民的熱情，以推動國家建設任務的完成，並可以利用這個鬥爭來加強我們的國防力量，學會海上鬥爭的本領。

周恩來於七月二十九日訪問蘇聯時，把中共打算解決台灣問題的任務告知了赫魯雪夫（Nikita Khrushchev）與馬林科夫（Georgi Malenkov）。八月一日，解放軍總司令朱德在建軍二十七週年紀念會上發表中國人民一定要解放台灣，絕不容許別國干涉。八月二日，周恩來發表聲明，指出台灣是中國的領土，中國人民一定要解放台灣。

八月六日，針對美國在籌組的東南亞公約組織，毛澤東指示周恩來針對美國行為進行批判。[9]八月十一日，周恩來根據指示於中央人民政府委員會第三十三次會議上發表外交報告：[10]

[8] 中共中央文獻研究室編，《周恩來年譜：1949-1976》，上卷，（北京：中央文獻出版社，1997年），頁405。

[9] 毛澤東於周恩來的報告批示：「周總理閱。你的報告和各黨派聯合聲明，均應

美國正在加緊指使和援助蔣介石賣國集團，對中國大陸和
沿海更加猖獗地進行騷擾性和破壞性的戰爭，積極復活日
本軍國主義，加緊策劃組織「太平洋反共軍事同盟」及東
南亞和中東的侵略集團，以圖在亞洲地區造成新的緊張局
勢。……中華人民共和國政府再一次宣布：台灣是中國神
聖不可侵犯的領土，決不容許美國侵占，也決不容許交給
聯合國託管。解放台灣是中國的主權和內政，決不容許他
國干涉。美國政府和盤據台灣的蔣介石賣國集團無論訂立
什麼條約都是非法的，無效的。如果外國侵略者敢於阻止
中國人民解放台灣，敢於侵犯我國主權和破壞我國領土完
整，敢於干涉我國內政，那麼，他們就必須承擔這一侵略
行為的一切嚴重後果。

此外，八月十五日周恩來會見英國工黨代表團時，向艾德禮
（Clement Richard Attlee）強調：[11]

台灣是一個容易激動中國人民感情的問題，關於這件事的
現狀是中國人民所不能容忍的。……如果沒有美國對台灣
的支持，台灣早就解放了。……我們解放台灣不僅不會引
起世界大戰，相反的，我們堅決解放台灣，就能阻止世界
大戰在東方發生，因為在東方引起世界大戰的一個軍事基
地就會被去除。

就此問題加以批評。」中共中央文獻研究室編，*建國以來毛澤東文稿，第四卷*，
　（北京：中央文獻出版社，1990 年），頁 529。
[10] *人民日報*，1954 年 8 月 14 日。
[11] 中共中央文獻研究室編，*周恩來年譜：1949-1976，上卷*，頁 408。

八月二十二日，各民主黨派與人民團體聯合發表聲明，強調台灣是中國的領土，中國人民一定要解放台灣。這樣龐大的政治動員，的確達到了毛澤東所期待的提高民眾警惕心與激發民眾的熱情。在一系列的動員之後，毛澤東也利用八月二十四日的英國工黨訪問團來華，傳遞了不希望美國干涉的訊息。毛澤東說：[12]

> 我們希望工黨的朋友勸勸美國人：一把第七艦隊拿走，不要管台灣的事，因為台灣是中國的地方；二不要搞東南亞條約，這也是違反歷史的，要搞就搞集體和平公約；三不要武裝日本，武裝日本的目的是反對中國和蘇聯，最後會害自己和西南太平洋各國，這是搬石頭打自己的腳，這種可能性是有的；四不要武裝西德，武裝的結果不是好事，也會是搬石頭打自己的腳。

一九五四年九月一日，中共中央修定了「中共中央關於解放台灣宣傳方針的指示」，內容指出：[13]

> 解放台灣是我國的既定方針，但又是一個戰略任務，是長期的複雜的鬥爭。說鬥爭是長期性的，因為我們沒有強大的海空軍，就要有時間去把他建設起來；說鬥爭是複雜的，因為這個鬥爭有國內和國際兩個方面。對內，解放台灣是我國的內政，要採取軍事鬥爭的方法；對外，在美國尚未參加戰爭的時候，要採取外交鬥爭的方法。

---

[12] 外交部編，毛澤東外交文選，(北京：世界知識出版社，1994年)，頁162。

[13] 1954年9月1日中共中央「關於解放台灣宣傳方針的指示」，參見中共中央文獻研究室編，周恩來年譜，上卷，頁412。

　　在軍事方面，一九五四年七月，中共中央發動一系列解放台灣的政治宣傳，軍事上也進行配合。八月，中共中央向華東軍區發出了準備攻打大陳島及砲擊金門的命令。據此，中央軍委決定將在遼寧的砲兵第九師，以及在朝鮮戰場打過仗的高砲第六十三、六十四、六十五師調至福建金門前線。[14]終於在九月三日，中共砲擊金門引發了第一次台海危機。

　　面對中共日益升高的威脅，美國方面並非未與注意。一九五四年五月二十七日國家安全會議第一九九次會議，美國官員便已討論中共可能準備對大陳島發動攻擊。[15]並同意派遣艦隊訪問大陳島，惟要求艦隊指揮官在中共開火的情況下均不得還擊。[16]六月三日國家安全會議決議顯示：「總統授權第七艦隊部分艦隻只在對福爾摩沙海域進行例行巡邏時，可以對中國沿海的大陳島進行友好訪問，目的是為了向中國共產黨顯示力量，阻止他們對這些島嶼發動攻擊。這些島嶼現由中國國民黨政府佔領，並與防衛福爾摩沙有著密切的關係。」[17]杜勒斯於八月三日宣稱美國要用海空軍保護台澎。八月五日，美國中央情報局局長艾倫‧杜勒斯（Allen W. Dulles）指出，共產黨會使福爾摩沙成為一個重要的外

---

[14] 宮力，「兩次台灣海峽危機的成因與中美之間的較量」，姜長斌、Robert Ross 主編，從對峙走向緩和－冷戰時期中美關係再探討，（北京：世界知識出版社，2000 年），頁 45。

[15] Memorandum of Discussion at the 199th Meeting of the National Security Council, Washington, May 27, 1954, *FRUS*, 1952-1954, Vol.14, p.433.

[16] 故六月初，第七艦隊司令蒲賴德（Vice Admiral Alfred M. Pride）受命將艦隊儘量駛近大陳島，讓中共可以觀察美軍實力。Memorandum by the Assistant Secretary of State for Far Eastern Affairs (Robertson) to the Secretary of State, Washington, August 19, 1954, *FRUS*, 1952-1954, Vol.14, pp.542-544.

[17] Memorandum of Discussion at the 199th Meeting of the National Security Council, Washington, May 27, 1954, *FRUS*, 1952-1954, Vol.14, p.434.

交問題，也可能對福爾摩沙附近的沿海島嶼發動牽制性的攻擊。
國務卿杜勒斯也說，海軍對福爾摩沙地區進行更多的訪問可能會
起作用。艾森豪總統說，海軍正依據他的命令對該地區進行週期
性的訪問，其中包括不時地往來於沿海地區，如果共產黨想透過
帆船艦隊進攻福爾摩沙，這可能成為原子彈很好的目標。[18]八月
十七日，艾森豪對外宣布第七艦隊巡視由國民黨控制的沿海島
嶼。八月十九日，美國太平洋艦隊總司令史敦普（Felix B. Stump）
率領六艘軍艦進入大陳島海面，並獲總統允許一旦被中共艦艇或
飛機攻擊時得以反擊，但不得反擊從大陸基地打來的炮火。[19]此
外，美國並出動一百六十多架次飛機在大陳海面上空活動。八月
二十四日，杜勒斯在回答記者有關外島問題時表示：「從軍事的觀
點來看，保衛這些島嶼也許同保衛台灣有著如此密切的關係，以
至於軍方相信保衛台灣就必須保衛那些島嶼，這主要是軍方的決
定。他相信在這些島嶼及澎湖，裝備有雷達和預警設施的島嶼和
保衛台灣有關。」[20]杜勒斯的公開發言，表明了美國在軍事觀點
上有防守外島的意願，但在政治觀點上只表露部分支持的立場。[21]

---

[18] Editorial Note, *FRUS*, 1952-1954, Vol.14, pp.518-519.

[19] Memorandum by the Assistant Secretary of State for Far Eastern Affairs (Robertson) to the Secretary of State, Washington, August 19, 1954, *FRUS*, 1952-1954, Vol.14, pp.542-544.

[20] *New York Time*, August 25, 1954; Memorandum by the Assistant Secretary of State for Far Eastern Affairs (Robertson) to the Acting Secretary of State, Washington, September 4, 1954, *FRUS*, 1952-1954, Vol.14, p.562.

[21] 張淑雅就認為美國在韓戰後並未對外島政策多加思索，只是一連串應付中共的試探，不由自主地傾向協防外島的立場，直至中共極可能發動危機的前提下，才進行全盤評估，惟評估與決策尚未作成，砲戰已經發生。張淑雅，「台海危機前美國對外島的政策（1953-1954）」，*中央研究院近代史研究所集刊*，第 23 期，民國 83 年 6 月，頁 311。

　　儘管美國進行了炮艇外交，但是似乎沒有成功地嚇阻中共。
九月三日金門砲戰爆發，美國馬上陷入是否防禦沿海島嶼的困
境。九月三日下午，代理國防部長安德森（Robert Anderson）發
電向總統報告危機爆發，也陳述了參謀長聯席會議大多數成員認
為外島對台澎防禦在軍事上沒有絕對的必然性，但是倘使外島被
佔領或軍隊被消滅，會造成很大的不良影響，因而建議總統必須
考量改變政策。[22]隨後代理國務卿史密斯（Walter Smith）也發電
給在馬尼拉的杜勒斯，說明參謀長聯席會議成員間存在意見的歧
異。參謀長聯席會議主席雷德福（Arthur W. Radford）、海軍作戰
部部長卡尼（Robert B. Carney）上將、空軍參謀長特文寧（Nathan
Twining）主張對外島進行干預，但難免要對大陸陣地進行轟炸；
而陸軍參謀長李奇威（Matthew Ridgeway）與代理國務卿反對干
預。[23]杜勒斯於九月四日回電申明倘使在美軍的援助下可以守住
金門，則美國必須干預。[24]國務院遠東助理國務卿羅伯森（Walter
S. Roberson）建議由美軍確保外島補給線安全，外島防禦由國民
黨軍隊來承擔，不明確告知台灣美國是否要防禦外島。[25]九月六
日，艾森豪與史密斯交談時表示，除非美國能防禦沿海島嶼，不
然就不要捲入，並探討萬一中共對金門進行大規模進攻，將國民

[22] The Acting Secretary of Defense (Anderson) to the President, Washington, September 3, 1954, *FRUS*, 1952-1954, Vol.14, pp.556-557.
[23] The Acting Secretary of State to the Embassy in the Philippines, Washington, September 3, 1954, *FRUS*, 1952-1954, Vol.14, pp.557-558.
[24] The Secretary of State to the Department of State, Manila, September 4, 1954, *FRUS*, 1952-1954, Vol.14, p.560.
[25] Memorandum by the Assistant Secretary of State for Far Eastern Affairs (Robertson) to the Acting Secretary of State, Washington, September 4, 1954, *FRUS*, 1952-1954, Vol.14, pp.561-563.

黨軍隊撤出的可能。[26]雷德福為了強調外島的政治心理作用，於九月十一日聯合數位參謀長具名強調外島與福爾摩沙的防禦息息相關，在美國的軍事配合下，協防外島是在美國軍事力量能力所及的範圍內（within U.S. current capabilities），但必須授權軍方得以在目前戰區以外實施軍事行動自由，特別是大陸東南沿海的重要基地進行攻擊，核武的使用對勝利的保證至關重要（essential to victory）。[27]遠東部隊總司令赫爾（John Hull）也表示，如果美國派遣部隊參與金門的防禦，局勢非常可能發展成與中共的全面性戰爭，倘使美國介入未能成功地防禦外島，這對美國在亞洲的威信會造成災難性的影響，所以美國如果決定要保衛外島，他就必須考慮使用原子彈。[28]九月十二日國家安全會議第二一四次會議討論，雷德福表示他並不認為美國對外島的防禦會擴張成全面性的戰爭，現有的遠東部隊足以牽制中共的軍隊。但會議最後決議為二：研究聯合國介入外島的可行性，並保留對防衛外島的彈性權力。[29]這說明了自九月三日危機爆發到九月十二日，美國並沒有決定是否要防禦外島，因為他無法確認中共是否會不惜代價進

---

[26] Memorandum of Telephone Conversation Between the President and the Acting Secretary of State, Denver, September 6, 1954; The President to the Acting Secretary of State, Denver, September 8, 1954, *FRUS*, 1952-1954, Vol.14, pp.573-574, 577-579.

[27] Memorandum by the Chairman of the Joint Chiefs of Staff (Radford) to the Secretary of Defense (Wilson), Washington, 11 September 1954, *FRUS*, 1952-1954, Vol. 14, pp.602-604.

[28] Memorandum by the Chairman of the Joint Chiefs of Staff (Radford) to the Secretary of Defense (Wilson), Washington, 11 September 1954, *FRUS*, 1952-1954, Vol. 14, pp.609-610.

[29] Memorandum of Discussion at the 214th Meeting of the National Security Council, Denver, September 12, 1964, *FRUS*, 1952-1954, Vol.14, pp.623-624.

行兩棲作戰攻佔外島,美國防禦外島的決心與行動視中共的行為來作彈性反應。九月十二日的記者會上,杜勒斯回答記者有關中共揚言要解放台灣的企圖,他表示無法確認這是宣傳還是來真的。[30]美國的彈性反應與模糊的策略持續到危機結束都沒有明確化。[31]

　　針對美國在危機爆發初期的反應,中共方面其實有相當接近的預測。一九五四年八月二十七日,周恩來接見北韓南日外相時表示:「我們的總口號是:解放台灣。但是,這要有步驟地進行,因為中國海軍還未鍛鍊好,各方面的準備還需要時間。我們展開這個鬥爭,擺在美國面前有一個問題:全面干涉亦或有限的干涉。我們估計,美國要干涉,但又不敢全面干涉。」[32]這樣的評估相當符合危機爆發初期美國的決策困境。中共在危機初期的重點在突出台灣問題,觀察美國的反應,但不積極對危機進行處理。[33]所

---

[30] *New York Time*, September 13, 1954, 轉引自 *中美關係資料匯編,第二輯*,(北京:世界知識出版社,1960 年),頁 1966-1967。

[31] 張淑雅對於美國的模糊策略有細部的分析,依據張淑雅的看法,美國在 1955 年 1 月中旬一直採取含糊策略,直到一江山被攻陷,美國曾經短暫的考慮明確保衛金馬,但隨後放棄,後因全球輿論反對以核武保障外島,美國想勸蔣介石放棄外島,明確其外島政策,因蔣介石不肯同意而作罷,直到危機結束。依據張淑雅的分析,模糊策略的確存在些微的轉變,但對中共所認知的訊息而言,美國的模糊策略是始終一致的。請參閱張淑雅,「金馬撤軍?美國應付第一次台海危機策略之二」, *中央研究院近代史研究所集刊*,第 23 期,上冊,民國 84 年 6 月,頁 414。

[32] 中共中央文獻研究室編, *周恩來年譜:1949-1976,上卷*,頁 410-411。

[33] 依據楊尚昆 1954 年 10 月 31 日參加頤年堂會議,其中討論四大主題均未涉及到台海危機,雖然同年 5 月 10 日至 10 月 30 日,楊尚昆均未寫日記,但自 10 月 31 日至翌年元月 17 日,楊尚昆日記均未記載與高層官員討論到台海危機事宜。請參閱楊尚昆, *楊尚昆日記(上)*,(北京:中央文獻出版社,2001 年),頁 125-144。

以中共在軍事行動上極為自制，七月二十三日，彭德懷呈報「關於保衛領海主權及護航注意事項的指示」，毛澤東明確批示：「只有在經查明確認是國民黨匪幫的飛機軍艦，向我護航目標有敵對行為時，則堅決攻擊；此外，對一切公海上的外國飛機軍艦均不得攻擊。」[34]七月三十一日，彭德懷主持大軍區領導參加的軍事會議中指出：「對敵佔島嶼近期實施轟炸、砲擊和準備攻佔的部署。要在無美機、美艦時實施。」[35]八月二十一日，毛澤東向總參謀部批示：「劉、周、陳、鄧閱後，送彭德懷、黃克誠同志：請注意，需確實查清沒有美艦、美機的時機，方可對上下大陳進行攻擊，否則不要攻擊。」[36]八月二十四日，彭德懷、粟裕、張震聽取華東軍區作戰處長石一宸報告大陳作戰方案，再度指示避免同美國海軍、空軍作戰。[37]八月二十七日，中央軍委指示華東軍區，首次轟炸大陳島，除軍事打擊蔣軍外，還有對美國的政治偵查作用，出動轟炸機規模要減少到不超過一個大隊（九架）。[38]由此顯示，在九月三日危機爆發前，中共根本沒有打算與美國作戰，並試圖尋求避戰的方法，萬一美國攻擊時只能進行自衛，甚至在打算轟炸大陳，為恐引起美國過度反應，自行降低轟炸機隊數量，這樣有限的軍事行動，充分顯示對美國軍事試探的意味。

選擇九月三日來製造危機，華府認為是為了干擾九月六日至九日舉行的馬尼拉會議。杜勒斯於九月二日抵達馬尼拉，九月六日簽訂東南亞公約組織（Southeast Asian Treaty Organization,

---

[34] 王焰主編，*彭德懷年譜*，（北京：人民出版社，1998 年），頁 573。
[35] 同前註，頁 574。
[36] 同前註，頁 575-576。
[37] 同前註，頁 576。
[38] 同前註，頁 576。

SEATO），中共選擇三日發動危機不無道理。然而簽署東南亞公約組織的意向早在開會之前即已確定，[39]杜勒斯的出席只是一種形式上的意義，中共此時發動危機只能算是表達抗議，且東南亞公約組織屬於集體防衛，中共於此時對號入座，似乎顯得不夠明智。再者，若說恐懼台灣加入東南亞公約組織而發動危機則不盡合理，一個英國參與的協約不可能容忍它所不承認的國府參加，這樣會嚴重傷害英國在中國的利益。張少書與何迪認為選擇九月三日發動危機是一種純戰術性的考量，因為當日正好有補給船到金門運補。[40]然而九三砲戰的政治性遠大於軍事性，選擇台灣時區的下午三時十五分，正好是華盛頓時區的凌晨一點四十五分，減緩美國決策中心的反應速度可能遠比戰術性的考量為高。[41]此外，砲戰前夕正逢日本投降九週年紀念，中共不僅於九月二日電函蘇聯祝賀戰勝日本帝國主義，並於九月三日於人民日報頭版刊登電函全文指出：「美國侵略集團不甘心於它的失敗，正在積極復活日本軍國主義，策動組織西太平洋和亞洲的戰爭集團，並加緊指使和幫助蔣介石賣國集團對中國大陸和沿海島嶼不斷進行騷擾

---

[39] 美英兩國在 1954 年 7 月 7 日到 17 日召開的聯合研究小組會議，便已決定了公約的草稿與參與成員國。請參見張淑雅，「中美共同防禦條約的簽訂」，*歐美研究*，第 24 卷，第 2 期，民國 83 年 6 月，頁 62。

[40] Gordon H. Chang & He Di, "The Absence of War in the U.S.-China Confrontation over Quemoy and Matsu in 1954-1955: Contingency, Luck, Deterrence?" *American Historical Review*, Vol.98, No.5 (December 1993), p.1507.葉飛在其回憶錄也表示，九三砲戰的時間點係以金門運輸艦的時間為主，惟砲擊時間為下午一點五十分，略有不同。請參閱葉飛，*征戰紀事*，（上海：上海文藝出版社，1988 年），頁 342。

[41] 1958 年八二三炮戰，中共也是選擇傍晚時段，美國的凌晨時段，降低美國的反應速度。

性和破壞性的戰爭，以擴大對遠東及世界的戰爭威脅。⋯⋯中蘇兩國的友好同盟是鞏固遠東及世界和平和安全的堅強保證。」[42]此舉不僅提醒在「中蘇友好同盟互助條約」的合作下，美帝的喪鐘即將敲響，也藉由一整個白天調動民眾反美帝的積極性。這樣的政治宣傳，不僅符合文鬥武鬥的策略，也十足地像極了一篇戰爭檄文。

　　九三砲戰開始後，中共向金門發射了約六千枚砲彈。[43]九月六日，台灣海軍進行反砲擊，但中共未還擊；七日台灣海軍繼續砲擊，中共仍未還擊；八日台灣海軍重創中共沿海陣地，共軍只還擊七發砲彈；九日台灣海軍繼續攻擊沿海陣地，共軍只還擊十餘發砲彈；十一日台灣海軍砲擊青嶼，中共還擊十餘發；[44]總總跡象顯示，中共無意在此時升高危機，九月六日，中央軍委甚至致電福建軍區與廈門前線指揮部，要求七日不准還擊，此後如無顯著有利目標，暫停一二天再行還擊。[45]顯示中共不僅在大陳也在金門，對美國進行政治偵查，被動地等待美國的回應來應對危機。[46]

[42] 人民日報，1954 年 9 月 3 日，第一版。

[43] 張淑雅，「台海危機前美國對外島的政策（1953-1954）」，中央研究院近代史研究所集刊，第 23 期，民國 83 年 6 月，頁 311。

[44] 海軍總司令部編，海軍艦隊發展史（二），（台北：國防部史政編譯局出版，民國 90 年），頁 1067-1069。The Acting Secretary of State to the Embassy in the Philippines, Washington, September 4, 1954, FRUS, 1952-1954, Vol.14, pp.560-561.惟根據美方的資料顯示，國府在徵得美方同意後始於 9 月 7 日凌晨，對廈門附近中共砲兵基地與海軍艦艇集結處進行報復性攻擊，雙方資料有一日落差，應為國際換日線之緣故。

[45] 王焰主編，彭德懷年譜，頁 577。

[46] 1954 年 9 月 24 日美國國家安全會議第 215 次會議，杜勒斯分析從 9 月 3 日到 9 月 22 日中共在金門的軍事行動，並分析炮火的週期與台灣的反應，

　　值此同時，中共進行了建國以來重要的制度變革。九月十五至二十八日，中共召開了第一屆全國人大第一次會議，二十日通過了中華人民共和國憲法，二十七日選舉毛澤東為中華人民共和國主席，朱德為副主席，劉少奇為人民代表大會常務委員會委員長，並提名周恩來為國務院總理。[47]隨後緊接著是迎接中華人民共和國國慶，接待各國祝賀團，特別是赫魯雪夫所率領的蘇聯訪問團，這是蘇聯領導人第一次訪問中國，並舉行建國以來第一次現代化閱兵典禮。十月十二日發表「關於中蘇舉行會談的公報」、「中國政府與蘇聯政府的聯合宣言」、「中國政府與蘇聯政府關於對日本關係的聯合宣言」、「中蘇科學技術合作協定」、「中蘇關於蘇聯政府給予中華人民共和國政府五億二千萬盧布長期貸款的協定」、「中蘇關於蘇聯幫助中華人民共和國政府新建十五項工業企業和擴大原有協定規定的一百四十一項企業設備的供應範圍的議定書」等。[48]十月十九至二十七日，中共接待印度尼赫魯總理來訪，中共中央審定的「關於尼赫魯來華訪問的宣傳通知」，將尼赫魯來華定調為資本主義國家政府領袖第一次對中國的訪問，也是日內瓦會議取得協議後，國際局勢朝有利於和平方向轉變的重要發展。[49]為了上述諸多國家大事，攻打大陳的計畫一延再延。由於考慮九月召開第一屆全國人民代表大會，且十月一日國慶閱兵

認定中共對金門的攻擊是一種假象，真正的目標可能是大陳。至於 9 月 22 日，中共再度大規模砲擊金門只是對國府攻擊廈門的一種直接反應。Memorandum of Discussion at the 215th Meeting of the National Security Council, Washington, September 24, 1954, *FRUS*, 1952-1954, Vol.14, p.659.

[47] 中共中央文獻研究室編，*周恩來年譜：1949-1976*，上卷，頁 413-414。
[48] 同前註，頁 416。
[49] 同前註，頁 419。

需調一部分空軍，為避免上海防空能力不足，故轟炸大陳島推遲到十月五日後，但砲擊金門照舊實施。[50]十月二十二日，總參謀部通電華東軍區，因尼赫魯於十月二十七至二十九日訪問寧、滬、杭，原定二十五日轟炸大陳計畫延後。[51]由此可知，儘管突出台灣問題推上了中共中央的議事日程，但是中共並沒有準備立即解決。十月二十日，周恩來與尼赫魯的會談中提及了台灣問題：[52]

> 國民黨在台灣海峽進行騷擾性、破壞性戰爭。在這種情況下，我們應該提出我們的正當主張，這就是不能容許破壞我們的海上交通，切斷我們的對外貿易，不能容許中立化和國際共管等等。……我們對台灣採取行動是內政問題，而美國採取行動是干涉我國內政。如果美軍從台灣撤走，問題的癥結就解決了；如果把反對美國侵略的鬥爭停下來，就等於承認現狀，使美國侵占台灣合法化。……我們無意挑起世界大戰，我們一方面要解放台灣，收復沿海島嶼，另一方面，我們採取任何行動都會特別注意。……我們對台灣採取行動是內政問題，而美國採取行動是干涉我國內政。……如果美國願意和平共處，我們不拒絕。否則，我們就孤立美國。所謂孤立，並不是侵犯和傷害美國，而是使美國戰爭政策孤立，而不是孤立美國人民。

---

[50] 王焰主編，*彭德懷年譜*，頁 576。
[51] 同前註，頁 579。
[52] 中共中央文獻研究室編，*周恩來年譜：1949-1976*，上卷，頁 421。

周恩來面面俱到的談話，不僅顯示中共無意與美國一戰，其任何行動均非常謹慎。有限的軍事行動只是表達無意承認現狀，反對美國的干涉政策，但表達對美國人民的友好與期待。周恩來在會議中答應尼赫魯參加亞非會議，表達中共爭取和平的努力。

中共極其節制的軍事行動與面面俱到的外交辭令，理應不會加速危機的升高與惡化。然而美國為何會誤解而加速「中美共同防禦條約」簽訂呢？其原因可能在於中共一九五四年七月開始的政治宣傳活動。將台灣問題突出，使得中共的政治宣傳對美國充滿著敵意，特別是危機爆發後，人民日報在九月份就發表了 34篇醜化美台雙方的報導。[53]如此每日一罵，就算國務院總理兼外交部長周恩來優雅的外交辭令，都難以令美國對中共可能的善意予以重視。

其次，美國對中共的恐懼隨著韓戰的陰影而無限上綱。由於忽視中共的警告與輕視中共的軍力，美國越過了三十八度線，造成韓戰的挫敗。所以中共以危機進行試探之際，美國的軍方很難不擴大解釋中共可能的軍事行動，而決策者也再同樣的心理層面承受巨大的壓力，只有成功與失敗的選項，而缺乏彈性的思維。赫爾曼（Charles F. Hermann）就提出了個人壓力模式（individual stress model），說明危機下由於壓力的增加，決策者傾向於認為整個情況是零和遊戲（zero-sum game）。[54]

---

[53] 人民日報圖文數據全文檢索系統網路版，http://202.108.59.115:957/web/index.htm（2004/8/13）

[54] Charles F. Hermann, "Some Issues in the Study of International Crisis," in Charles F. Hermann ed., *International Crises: Insight from Behavior Research,* (New York: The Free Press, 1972), p.18.

第二節　危機的升高
──中美共同防禦條約簽訂的影響

　　韓戰結束後，美國與台灣於一九五三年九月簽訂了軍事協調諒解協定，規定台灣軍隊的整編、訓練、監督和裝備完全由美國負責，如發生戰爭，國府軍隊的調動必須得到美國的同意，這其實已經建構了非正式軍事同盟的雛型。一九五三年十一月副總統尼克森（Richard Milhous Nixon）訪問台灣，[55]一九五四年三月國務卿杜勒斯訪問台灣，一九五四年五月國防部長威爾遜訪問台灣，[56]而艾森豪也於同年四月到七月間派遣特使符立德（James A. Van Fleet）三次訪台，很難不讓中共聯想美台軍事合作的升高，[57]特別是七月二十日藍欽返國謁見艾森豪，事後雙方均向新聞界透露美台雙邊針對共同防禦條約確有進行探討與研究，只是尚未做最後決定。同時，國府外長葉公超在答覆立法院質詢時，也說雙方正繼續商談有關締結防約的問題。[58]更加深中共的疑懼。

---

[55] 蔣介石向尼克森表達美國對華政策的失望，並希望雙方能簽訂防約強化台灣的安全。The Ambassador in the Republic of China (Rankin) to the Department of State, Taipei, November 30, 1954, *FRUS,* 1952-1954, Vol.14, pp.336-337.

[56] 威爾遜訪台同行尚有海軍部副部長蓋茲（Thomas S. Gates），與蔣介石進行了三次長談，並提及有關中美共同防禦條約的簽訂。Karl Lott Rankin, *China Assignemnt,* (Seattle: University of Washington Press, 1964), p.194.

[57] 依據 1953 年 5 月 13 日，蔣介石與符立德談話紀錄來看，符立德確實是來視察台灣軍事，但未談及防約事宜。請參閱 1953 年 5 月 13 日，「總統與符立德特使第一次談話紀錄」，*蔣中正總統檔案*，特交檔案，檔號：080106，卷號：034，卷名：對美國外交，編號：08A-01579。

[58] *New York Times*, July 22, 1954, p.12; *中央日報*，民國 43 年 7 月 21 日，第一版；*中央日報*，民國 43 年 7 月 23 日，第一版。

　　一九五四年七月十六日人民日報社論就批評符立德訪台，認
為是商討共同防禦條約，企圖將台灣從中國永久地分裂出去，淪
為美國的殖民地。[59]這種政治警覺促使中共試圖發動危機來進行
試探，並提醒美國決策者注意與台灣合作的成本。[60]七月初，毛
澤東指示周恩來要破壞美國與台灣訂定條約的可能，還要想一些
辦法，並且要做宣傳。比如可以表示願意在僑民問題上與美國政
府進行接觸，以迫使美國跟台灣不要訂條約。[61]七月二十九日，
周恩來向赫魯雪夫、馬林科夫通報中共要解放台灣時就指出：「提
出這個任務的作用，不僅在於擊破美蔣軍事條約，而更主要的是
它可以提高全國人民的政治覺悟和政治警惕心。」[62]七月三十、
三十一日，彭德懷主持大軍區領導參加的軍事會議，討論對台灣
進行鬥爭及軍事行動計畫。[63]八月，周恩來在「關於外交問題的
報告」中指出：「遠東有三個戰爭：朝鮮戰爭、印度支那戰爭，還
有台灣戰爭。……蔣介石在沿海進行騷擾性的戰爭，……不叫戰
爭叫什麼？因此，戰爭實際上是存在的。」[64]顯示中共試圖將危
機合法化，藉以阻止美國與台灣共同防禦條約的簽訂。八月二十

[59] 1954 年 7 月 16 日，人民日報，第一版。周恩來在同英國駐華代辦杜威廉談話時也指出：「從去年六月范佛里特（James A. Van Fleet）到東方來的時候，美國就同蔣介石籌畫簽訂美蔣條約。」中華人民共和國外交部、中共中央文獻研究室編，周恩來外交文選，（北京：中央文獻出版社，1990 年），頁 99。
[60] 針對美國策劃與日本、南韓和台灣拼湊的東北亞防禦聯盟，中央軍委會於 7 月 24 日召集專門會議，研究如何對此聯盟進行軍事鬥爭。王焰主編，彭德懷年譜，頁 573-574。
[61] 中共中央文獻研究室編，毛澤東文集，第六卷，頁 333-334。
[62] 中共中央文獻研究室編，周恩來年譜：1949-1976，上卷，頁 405。
[63] 王焰主編，彭德懷年譜，頁 574。
[64] 中華人民共和國外交部、中共中央文獻研究室編，周恩來外交文選，頁 84。

五日，福建軍區司令員葉飛接到中央軍委命令指示：「為打擊美國帝國主義政府的侵略政策和制止國民黨軍隊東南沿海的侵襲，在美蔣預謀簽訂共同安全雙邊條約期間，對金門國民黨軍實施懲罰性打擊。」[65]然而不幸的是，危機的發動反而促成了共同防禦條約的簽訂。

國府在一九五三年艾森豪繼任後，就請杜勒斯考慮與台灣簽訂防禦條約；藍欽也建議艾森豪考慮與台灣簽訂雙邊或多邊條約，以消除國府對華府的不信任，增進美援效率。[66]杜勒斯最初對雙邊條約反應冷淡，傾向以某種形式的太平洋區集體安全組織，讓國府加入，[67]促使國府熱衷推動太平洋區域聯防組織。然而華府對此事並不認真，直到印度支那情勢惡化，美國才考慮籌組一個太平洋集體防衛組織。為了遷就英法同盟的反應，一個沒有軍事後盾的東南亞公約組織於焉成立。被排除在外的台灣，仍然繼續爭取可能的東北亞組織來維繫自身的安全。

一九五三年十月一日，美韓共同防禦條約通過，鼓勵了國府破解美國不與分裂國家簽約的魔咒。一九五三年十二月十八日，國府提交了第一份協約草約給美國，然而美國直到一九五四年四月才通知國府，日內瓦會議前，美國不考慮防約問題。國府仍不死心，積極遊說美國，然而美國正忙於東南亞公約組織無暇它顧，並要求國府在杜勒斯參與東南亞公約成立大會後，過境台灣不提

---

[65] 葉飛，*征戰紀事*，頁 342。

[66] Memorandum of Conversation, by the Assistant Secretary of State for Far Eastern Affairs (Allison), Washington, March 19, 1953, *FRUS*, 1952-1954, Vol.14, p.158.

[67] Ibid.

簽約之事,說明了在中共發動危機前,美國是擱置協約,並沒有積極的動機想要簽約。[68]

　　危機爆發的第二天,美國國家情報評估（Special National Intelligence Estimate）懷疑中共發動危機的目的是希望嚇阻美國不要與國府簽約。[69]隨後杜勒斯縮短訪台時程,避免與國府談判防約事宜,均有安撫與降低和中共對抗的意味。而中共自九月三日後的軍事行動均相當節制,保持著低度的軍事壓力。美中兩國如此有默契的方塊舞舉動,卻因美國試圖一舉解決困擾已久的外島問題,而造成危機的升高。

　　杜勒斯認為外島問題已經將美國陷入可怕的困境（horrible dilemma）,若撒手不管外島,可能讓中共得寸進尺;若保衛外島,則可能捲入與中共的全面戰爭。[70]杜勒斯想出了將外島問題提交聯合國安理會討論,以維持台海現狀的構想,獲得艾森豪的支持。此後一個月美、英、紐三國便不斷協調如何在安理會提案,促成外島停火的達成。[71]

　　為了促成停火案的達成,並降低國府的傷害,美國重新考慮與國府簽訂防約。[72]杜勒斯認為與台灣達成有限制性的防禦條

---

[68] 有關美國與國府簽訂中美共同防禦條約前的過程,請參閱張淑雅,「中美共同防禦條約的簽訂」,歐美研究,第 24 卷,第 2 期,民國 83 年 6 月,頁 51-75。

[69] The Situation with respect to Certain Islands Off the Coast of Mainland China, September 4, 1954, *FRUS*, 1952-1954, Vol.14, p.563.

[70] Memorandum of Discussion at the 214th Meeting of the National Security Council, Denver, September 12, 1944, *FRUS*, 1952-1954, Vol.14, p.619.

[71] 有關外島停火案,請參閱張淑雅,「安理會停火案:美國應付第一次台海危機策略之一」,中央研究院近代史研究所集刊,第 22 期,下冊,民國 82 年 6 月,頁 61-106。

[72] 遠東助理國務卿羅伯遜就認為需要防約來降低對國府威望的傷害。藍欽也指出外島停火案可能造成國府另一次的雅爾達式出賣,致使外島丟失、承

約,以及向聯合國提交停火案,將使沿海島嶼問題得到解決。更重要的是,它提供一個把台灣與大陸分離的機會,得以擺脫中共的糾纏和兩個中國的出現。杜勒斯受困擾的只是要讓兩岸在聯合國都擁有席位似乎不太可能。[73]此種兩岸並行的方式,引發國府強烈的反彈。[74]

　　杜勒斯儘管派遣與國府關係良好的助理國務卿羅伯遜與蔣介石溝通,但是蔣介石表示:「紐案一經提出,其對於我國軍民心理上之打擊,必將比馬歇爾將軍在大陸調處失敗時之情況更為驚駭。……此即表示美國阻我反攻大陸,……紐案既在軍事上要求中共讓步,則在政治上必須對共匪讓步,……例如停戰視察小組之組織,台灣託管,共匪進入聯合國及台灣交予中共等,此為匪蘇對紐案策略必將遵循之路線,……此案對我們有百害而無一利甚為明顯。……寧願見外島苦戰而失陷,亦不願見停火。」[75]所以儘管羅伯遜以簽訂「中美共同防禦條約」來誘使蔣介石不反對

認中共與國府滅亡,對台灣的打擊過大,只有簽訂防約,增加軍援才可能減輕傷害。The Ambassador in the Republic of China (Rankin) to the Department of State, Taipei, October 5, 1954, *FRUS*, 1952-1954, Vol.14, pp.682-683.

[73] Robert Accinelli, *Crisis and Commitment: United States Policy toward Taiwan, 1950-1955,* (Chapel Hill: University of North Carolina Press, 1996), p.169.

[74] 國府駐聯合國代表蔣廷黻就表示,台北白沿海島嶼的得失,軍事上對台灣防務的意義並不大,而且台北也不吝惜那點領土。但是從心理和政治上則不然,台北控制那些島嶼是他反攻大陸的決心和希望的象徵。一旦失去這些島嶼,台灣的前途也就黯然了。Extracts of Memorandum of Conversation, by the Director of the office of Chinese affairs (McConaughy), Washington, Octorber 20, 1954, *FRUS*, 1952-1954, Vol.14, p.781.

[75] 「總統與羅伯遜助理國務卿第二次談話紀錄」,民國 43 年 10 月 13 日上午 11 時至下午 1 時 30 分,主題名:續編,卷名:談話錄,http://210.241.75.208/石叟叢書(2005/8/15)。

停火案，但蔣介石表示他有美國不與國府簽約的心理準備，斷然
表達反對的意見。[76]美國為安撫國府的反彈，終於在十二月二日
與國府簽訂了「中美共同防禦條約」。然而儘管簽約，國府仍對停
火案積極勸阻，並指示外交部長葉公超、駐美大使顧維鈞、聯合
國代表蔣廷黻向美國政府積極遊說反對停火案。[77]一九五五年一
月二十七日，行政院黃少谷副院長密電駐美大使葉公超，指示國
府駐聯合國代表蔣廷黻堅決反對停火案，倘使無法阻擋停火案，
應設法讓防約迅速獲美國國會批准。[78]顯示國府對停火案的反對
態度。

　　中共對停火案的反彈也不下於國府。英國駐中國代辦杜威廉
（Humphrey Trevelyan）在回報外交部就表示，中共不會接受這
個將台灣永久分離的條約，也不會接受以台灣停止沿海襲擊來換
取台灣分離，倘使英國支持此案，將使中共認為英國對美國遠東
政策的制約效力喪失。[79]中共認為此一條約若簽訂會給美國佔領
和控制台灣披上合法的外衣，並使台灣從中國分離的狀況永久
化。周恩來就表示：「美國侵略集團正在策劃同蔣介石賣國集團訂
立所謂共同安全雙邊條約，同時，又在企圖拼湊日本反動勢力、

---

[76] 「總統與羅伯遜助理國務卿第三次談話紀錄」，民國 43 年 10 月 13 日下午 7
　　時 30 分，主題名：續編，卷名：談話錄，http://210.241.75.208/石叟叢書
　　（2005/8/15）。

[77] 國府為勸阻停火案的提出分別於 1954 年 10 月 20 日、11 月 2 日、11 月 23
　　日，1955 年 1 月 21 日、1 月 27 日與杜勒斯與國務院官員反覆提出反對之
　　意。請參閱*蔣中正總統檔案*，特交檔案，檔號：080106，卷號：034，卷名：
　　對美國外交，編號：08A-01579。

[78] 黃少谷電葉公超，民國 44 年 1 月 27 日，*蔣中正總統檔案*，特交文電，檔
　　號：090103，卷號：008，卷名：對美關係－革命外交，編號：09A-00331。

[79] 戴超武，*敵對與危機的年代－1954-1958 年的中美關係*，（北京：社會科學
　　文獻出版社，2003 年），頁 153。

南朝鮮李承晚集團和蔣介石賣國集團組織所謂東北亞防務聯盟，並把他同所謂東南亞防務集團連結起來。」[80]這個條約「完全是敵視中國人民，要堅決批判。」[81]簽訂這個條約的目的就是要霸佔台灣和澎湖列島，第二步就是發動新的戰爭。這同日本侵占東北時的情形一樣，同慕尼黑協定簽訂以前德國侵占奧地利的情形一樣。」[82]時任外交部辦公廳主任王炳南也表示中國政府當時認為這個條約：一是美國企圖使其侵占台灣的行為合法化，二是以台灣為基地，擴大對中國的軍事對抗和準備新的戰爭。[83]為了阻止防約的簽訂，中共除了透過邦交國在聯合國提出中國代表權問題，並於十一月二十三日針對兩起美國間諜案，共十三名美國人進行有罪判決，升高對美國的壓力。這些非軍事行動的對立，除了引發美國的抗議外，並沒有阻止防約的簽訂。[84]彭德懷於十一

---

[80] 1954 年 9 月 23 日，「周恩來在第一屆全國人民代表大會第一次會議政府工作報告」，請參閱《中美關係資料匯編，第二輯》，（北京：世界知識出版社，1960 年），頁 1995。

[81] 中華人民共和國外交部、中共中央文獻研究室編，《周恩來外交文選》，頁 85。

[82] 同前註，頁 99。

[83] 王炳南，《中美會談九年回顧》，（北京：世界知識出版，1985 年），頁 41。

[84] 「我最高人民法院軍事審判庭對乘飛機偷越中國國境的美國間諜案判決書」、「我最高人民法院軍事審判庭對美國間諜唐奈等偷入我國國境危害我國安全案判決書」，人民日報，1954 年 11 月 24 日，《中美關係資料匯編，第二輯》，頁 2019-2082。其實間諜案美國的反應十分強烈，國防部甚至建議使用海軍對中共沿海進行封鎖，然而這樣行動等於戰爭行為，最後作罷，改採外交壓力，即要求聯合國解決，以免升高台海地區的緊張局勢。Memorandum of Conversation, by the Director of the office of Chinese Affairs (McConaughy), Taipei, October 13, 1954, *FRUS*, 1952-1954, Vol.14, pp.748-749; Special National Intelligence Estimate, Washington, 28 November, 1954, *FRUS*, 1952-1954, Vol.14, pp.951-956.

月二十九日主持第十四次軍委會議表示,在十二月儘可能打下一
江山或南北麂山島,因美蔣有可能達成簽約協議。[85]十一月三十
日,中共總參謀部下達命令,為迫使防約簽訂的範圍不致包括沿
海島嶼,華東軍區應於十二月二十日左右攻佔一江山,[86]顯示中
共在軍事行動上異常謹慎。

　　一九五四年十二月二日「中美共同防禦條約」簽訂。美國希
望以一個有限制的防禦條約,嚇阻中共有限度的軍事試探。然而
不幸的是,美國的嚇阻迫使中共必須加碼行動以支持其政治目
標。中共當然非常清楚他沒有能力橫渡台灣海峽,沿海的軍事行
動是試探性,除了希望嚇阻美國與台灣的進一步結盟,也希望解
決其東南沿海航運的安全。然而防約的簽訂代表著美國試圖維持
一個中長程的穩定架構,[87]破壞了中共所欲獲得的短期利益,倘
使退卻,將使中共發動危機的目的全然失效,反而是東亞帝國主
義鬥爭的失敗。十二月八日,周恩來針對共同防禦條約發表了強
烈的譴責:[88]

---

[85] 王焰主編,*彭德懷年譜*,頁581。

[86] 江英,「50年代毛澤東外交思想論述」,姜長斌、Robert Ross編,*從對峙走向緩和─冷戰時期中美關係的再探討*,(北京:知識出版社,2000年),頁587-588。

[87] 中美共同防禦條約與紐西蘭停火案是美國穩定現狀的兩手策略,儘管美國對紐案只是想踩熄火焰(stamp out the flames),只求在金門停火,但是英國與紐西蘭均希望外島停火案是解決台海衝突的第一步,致使停火案的提出,很難不讓中共聯想這是英美製造兩個中國的長期計畫。相關分析請參閱張淑雅,「安理會停火案:美國應付第一次台海危機策略之一」,*中央研究院近代史研究所集刊*,第22期,下冊,民國82年6月,頁63-106。

[88] *中美關係資料匯編*,第二輯,頁2077-2027。中共中央文獻研究室編,*周恩來年譜:1949-1976*,上卷,頁430。

它是一個出賣中國主權和領土的條約，中國人民堅決反對。如果美國政府不從台灣、澎湖和台灣海峽撤走它的一切武裝力量，仍然堅持干涉中國內政，美國政府必須承擔由此產生的一切嚴重後果。……美國政府同蔣介石賣國集團簽訂的這個共同防禦條約是一個徹頭徹尾的侵略性的戰爭條約。……美國政府不甘心於它的帝國主義政策在中國的失敗，……美蔣共同防禦條約在任何意義上都不是一個防禦性的條約，……美國要在遠離美國本土五千英里以外的中國領土台灣和澎湖設防和建立軍事基地，……美蔣共同防禦條約是一個企圖擴大侵略、準備新的戰爭的條約，……加深了美國對中國擴大侵略的危機。……在遠東造成了新的緊張局勢。……如果有人要把戰爭強加在中國人民的頭上，中國人民一定要對干預者和挑釁者給予堅決的回擊。

十二月十日，周恩來致函毛澤東、劉少奇、鄧小平等，表示透過緬甸總理吳努（U Nu）表達：「如果美國真能撤走它的一切武裝力量，停止干涉中國內政，中美兩國之間不僅可以和平共處，還可以友好往來。」[89]十二月十四日，針對聯合國秘書長哈馬紹（Dag Hammarskjold）試圖來華調解美國間諜案，決定為緩和國際局勢同意接見。[90]然而十二月二十一日，周恩來在中國人民政治協商會議重申八日的批評。十二月二十五日，中國人民政治協商會議第二屆全國委員會第一次全體會議宣言，也再度表達抵抗

美國帝國主義的決心。[91]一九五五年一月五日，周恩來接見英國
駐華代辦杜威廉表示，英國在台海衝突的立場偏頗將會影響中英
關係。[92]顯示中共決定採取強硬路線，為了配合政治目標，準備
已久的軍事方案也推上檯面。中共發動一江山戰役具有三重目
的：一是有效根除浙江沿海地區的被襲擊的活動；二是條約簽訂
後，打擊美台氣焰，提高國內士氣；[93]三是向全世界表明中共不
接受美台防約，仍將以自己的方式解放台灣。[94]

　　一九五四年十二月二十一日，中央軍委批示浙東前線指揮
部，攻擊一江山的時間問題，只要準備好了，確有把握就發動進
攻；同時還要求攻擊目標不限一江山，只要設防薄弱的島嶼，有
把握攻克，就一舉攻佔。[95]所以浙東前線指揮部佈署了陸軍四個
營、地面砲兵四個營又十二個連（火砲 119 門）、高射砲兵六個營
（高炮 60 門）、海軍艦艇 188 艘、海岸炮 144 門、空軍航空兵 22
個大隊，184 架飛機，共 7313 名戰鬥人員。[96]從十二月二十一日
到翌年一月十日，出動空軍轟炸機 28 架次，強擊機 46 架次，殲

---

[91] *中美關係資料匯編，第二輯*，頁 2136-2141。

[92] 中共中央文獻研究室編，*周恩來年譜：1949-1976*，上卷，頁 437。

[93] 1954 年 12 月 12 日，張震上給粟裕與陳賡的報告也寫到：「推遲作戰計畫是
不利的，特別在美蔣條約簽訂後，明年不打二、三個小島顯為示弱，更易
助長敵人兇焰。」張震，*張震回憶錄*，頁 495。

[94] 賈慶國，*未實現的和解：中美關係的隔閡與危機*，（北京：文化藝術出版社，
1998 年），頁 160。

[95] 聶鳳智，*三軍揮戈戰東海*，（北京：解放軍出版社，1986 年），頁 6。

[96] 鄧禮峰，*新中國軍事活動紀實，1949-1959*，（北京：中共黨史資料出版社，
1989 年），頁 386。俞大維函覆立法院軍事報告則說一江山戰役，中共動用
兩個團及海軍陸戰隊共 5500 人，艦艇三十餘艘，機帆船 100 餘隻，飛機 900
餘架次，在頭門一帶 60 餘門岸炮火力支援下，攻佔一江山。請參閱國防部
史政編譯局編，*俞大維先生年譜資料初編（一）*，（台北：國防部史政編譯
局，民國 85 年），頁 423。

擊機 70 架次，五次轟炸大陳島，擊沉坦克登陸艦中權號，並重創四艘艦隻，魚雷艇也擊沉洞庭號砲艇，爭取到渡海作戰的制空權與制海權。[97]並於一月十八日，攻擊一江山，俘虜 567 人，擊斃519 人。[98]一月二十日，一江山陷落，國府對福建地區進行報復性攻擊。一月二十一日，彭德懷主持臨時軍委會，討論浙東戰局，認為下一步可打披山，然後攻南麂島。[99]

　　中共成功佔領一江山後，美國隨即淡化一江山與大陳的重要性，並向國府外交部長葉公超與駐美大使顧維鈞試探國府撤離大陳的意願。困擾美國的是該在什麼情況下撤退，才可以不丟面子，又不致鼓勵侵略，且讓國府接受？[100]一月十八日，葉公超與雷德福的會談中，葉公超仍堅持國府必須防衛大陳；[101]一月十九日，

---

[97] 俞大維日記記載：「共匪今日計四度空襲大陳，我海軍三艘登陸艦略受損傷。」請參閱國防部史政編譯局編，俞大維先生年譜資料初編（一），頁 406。國軍一江山戰役檢討也說明中共軍機素質較優於我方，且航程短，故大陳及其以北空優喪失；海軍方面，中共在鄰近島嶼設置長程火砲，且在 11 月14 日與 1 月 10 日擊沉與擊傷我海軍艦艇，致使海權亦告喪失。國防部史政編譯局編，戡亂時期東南沿海島嶼爭奪戰史（二），（台北：國防部史政編譯局，民國 86 年），頁 111-113。

[98] 鄧禮峰，新中國軍事活動紀實，1949-1959，頁 386；國軍六十年大事年表則記載一江山戰役到 1 月 20 日，守軍 720 人全數陣亡，重傷 200 餘人，輕傷 100 餘人，國防部史政編譯局編，俞大維先生年譜資料初編（一），頁 413；國防部史政編譯局編，戡亂時期東南沿海島嶼爭奪戰史（二），頁 119。

[99] 王焰主編，彭德懷年譜，頁 587。

[100] 張淑雅，「金馬撤軍？美國應付第一次台海危機策略之二」，中央研究院近代史研究所集刊，第 24 期，上冊，民國 84 年 6 月，頁 418-419。其實 1954年 9 月 20 日，俞大維接任國防部長隨即巡視外島，並向蔣介石反應大陳無法長期固守，但蔣介石並無回應。李元平，俞大維傳，（台北：台灣日報社，1993 年），頁 131-132。

[101] 1955 年 1 月 18 日，「葉公超與雷德福談話簡要紀錄」，周谷編，胡適、葉公超使美外交文件手稿，（台北：聯經出版社，2001 年），頁 340-344。

葉公超、顧維鈞與杜勒斯等國務院官員洽談時，杜勒斯明白表示美國不願協防大陳，葉公超表明國府仍將防衛大陳，然顧維鈞提出倘使國府接受美國意見，美國可否同意發表聲明。[102]杜勒斯在判斷國府並無意圖堅守大陳後，建議規勸國府從大陳撤退，同時公開宣稱在聯合國採取行動有效阻止中共在台海地區的侵略行動前，美國將協防金門；[103]由於協防金門可能要對中共集結作預防性攻擊，須先請國會授權總統使用武力。[104]所以在一江山失守後，美國進行了三個步驟試圖緩減危機：一是規勸國府自大陳撤退，象徵性地對中共讓步，期望息事寧人，並同意給國府承諾保衛金門，增加國府撤退的誘因；二是敦促紐西蘭、英國儘速將停火案提交聯合國處理，試圖藉由國際保證來降低台海危機；三是

---

[102] 1955 年 1 月 19 日，「葉公超與杜勒斯談話簡要紀錄」，同前註，頁 345-148。

[103] 國府的認知也是同意大陳撤退則美國公開宣布協防金馬，參閱同前註，頁 345。亦可參閱 1955 年 1 月 27 日，行政院副院長黃少谷電葉公超，*蔣中正總統檔案*，特交文電，檔號：090103，卷號：008，卷名：對美關係－革命外交，編號：09A-00331。

[104] Memorandum of a Conversation, Department of State, January 19, 1955, *FRUS, 1955-1957*, Vol.2, pp.38-39; Memorandum of a Conversation, The White House, January 19, 1955, *FRUS, 1955-1957*, Vol.2, pp.41-44.蔣中正總統檔案也保存相同的會議紀錄，杜勒斯勸導國府將四散的軍力集中，美國將協力確保縮短的陣地。葉公超詢問杜勒斯此種協力行動是否由總統以行政命令執行而毋須根據條約，杜勒斯答覆是，並表示美國將聲明在條約未批准前，美國認為金門之安全為保衛台澎之必要條件（Probably the U.S. would announce that pending the ratification of the Treaty, the U.S. would take intdrim action to assure the security of Quemoy, which was considered essential to the protection of Formosa and the Pescadores.）。這也促成了蔣介石同意以大陳撤軍來換取美國公開協防金馬，然而事後美國卻在英國壓力下，不同意公開宣布協防金馬，造成蔣介石極大的忿怒，認定美國有欺騙之嫌。請參閱*蔣中正總統檔案*，特交檔案，檔號：080106，卷號：035，卷名：對美國外交，編號：08A-01590。

藉由國會授權，強化美國劃清界限的決心來遏制中共進一步的試探。在杜勒斯的認知中，這種軟硬兼施的方式應該可以有效地降低危機的誤解與升高，然而在執行上，卻產生諸多問題，迫使劃清界限的政策又退縮到模糊策略。[105]

首先在劃清界限上，杜勒斯的意圖受到白宮國家安全助理卡特勒（Robert Cutler）和政策設計室主任鮑威（Robert R. Bowie）的強烈反對，他們反對強調防守金門的重要性，致使日後若要求國府撤守金門時，造成政策上的錯誤。其次，他們不建議明確化防守外島底限，改採防禦「相關地區」的方式保留美國行動的最大彈性，並希望國會的授權能明訂失效的時間。[106]

至於停火案方面，美國也面臨英國強力的挑戰。英國駐美大使麥金斯（Roger M. Makins）傳達了英國外相艾登（Robert Anthony Eden）的看法，英國政府相信英美的共同目標就是中共接受福爾摩沙從大陸分離以及國府放棄沿海島嶼此一局勢，英國不同意對金門施行有條件的保證，這會使國府固守沿海島嶼，如此中共就不可能接受共同防禦條約，也不會最低限度地的合作以使神諭行動（Oracle Operation）[107]獲得成功。除非美國不對金門提供任何暫時性保證（provisional guarantee），英國才會考慮同意提出停火案。在英國的認知中，沒有中共的合作，停火案是不可能成功的。[108]最後杜勒斯除了不願承諾將來一定把外島交給中

---

[105] 國府與美國對大陳撤退換取公開協防金門的爭議請參閱，張淑雅，「金馬撤軍？美國應付第一次台海危機策略之二」，頁 417-443。

[106] Memorandum of a Conversation, Department of state, Washington, January 19, 1955, *FRUS*, 1955-1957, Vol.2, pp.50-52.

[107] 神諭計畫是英美紐三國針對在聯合國推動外島停火案的代號。

[108] Memorandum of a Conversation, Department of State, Washington, January 20,

共,已經答應不公開表示願意協防某些外島,英國才同意將停火案於一月二十八日提出。[109]

在國會授權上,原本期待是一個國會背書協防外島的嚇阻政策,卻因行政單位意見不一致,再加上英國以不提停火案要脅美國不得以任何形式協防外島,致使一月二十四日艾森豪所提出的國會咨文成為較無爭議性的政治宣傳。咨文表示要求國會授權,讓總統得以運用武力確保台澎安全,並包括協助國府重新部署軍力,以及對中共集結的部隊採取適當的軍事行動。授權並不代表取代或擴張正在參院審查的「中美共同防禦條約」,但面對威脅的新情勢,對於防衛台澎安全的相關地區必須予以考慮。透過國會的授權,表達全國一致的決心,可以緩和當地緊張的局勢。[110]然而這個咨文正好與周恩來一月二十四日發表「關於美國政府干涉中國人民解放台灣的聲明」同一天,導致在宣傳的對立上益加明顯。[111]

表面上,福爾摩沙決議案[112]顯示出美國行政與立法部門一致的決心,再加上美國於一月二十二日、二十五日、二十八日增兵遠東,[113]看似美國拉高外交與軍事行動試圖嚇阻中共進一步挑

1955, *FRUS*, 1955-1957, Vol.2, p.86.

[109] 相關分析請參閱張淑雅,「安理會停火案:美國應付第一次台海危機策略之一」,頁90-96;戴超武,*敵對與危機的年代—1954-1958年的中美關係*,頁171-183;賈慶國,*未實現的和解:中美關係的隔閡與危機*,頁175。

[110] Message from the President to the Congress, January 24, 1955, *FRUS*, 1955-1957, Vol.2, pp.115-119.

[111] *人民日報*,1955年1月25日,*中美關係資料匯編*,第二輯,頁2149-2150。

[112] 福爾摩沙決議案即艾森豪所提咨文,送交國會通過之決議案全名,史界又泛稱台海決議案。

[113] 1955年1月22日,艾森豪下令自珍珠港抽調三艘航空母艦加入第七艦隊;

舉。同時美英紐三國又策劃紐西蘭於一月二十八日於安理會提出
停火案，試圖凍結台海現狀。然而私下美國力勸國府自大陳島撤
軍，致使國府制定「金剛計畫」與「飛龍計畫」，於二月八日分別
從大陳、披山、漁山、南麂等島進行撤退。[114]美國對中共展現的
策略是威脅利誘兼而有之，所期望的目的不見得是中共接受停火
案，而是一種沉默現狀的接受。但從中共的立場來看，美國拉高
軍事威脅，中共固然有所戒懼；但是福爾摩沙決議案進一步坐實
了美國不僅要割裂中國領土，以台灣為軍事基地，還要佔有外島
威脅中共；當然，安理會的停火案更是將台海中立長期凍結的詭
計，只會引發中共的不滿。[115]

　　二月十五日，國家情報特別評估提出了「共產黨目前對全面
戰爭之態度的評估」（Review of Current Communist Attitudes

1月25日，參謀主席聯合會議電告遠東司令部與太平洋艦隊司令，美軍將
於十日內增派一個 F-86 轟炸機聯隊進駐台灣；1 月 28 日，海軍司令部部
長致電太平洋艦隊司令部，要求第七艦隊採取一切必要的手段確保美軍安
全。Telegram from the Joint Chiefs of Staff to the Commander in Chief, Far
East (Hull) and the Commander in Chief, Pacific (Stump); Telegram From the
Chief of Naval Operations (Carney) to the Commander in Chief, Pacific
(Stump), Washington, January 28, 1955, *FRUS*, 1955-1957, Vol.2, pp.123,152。
[114] 國防部史政編譯局編，戡亂時期東南沿海島嶼爭奪戰史（二），頁 171-189。
有關大陳群島撤退細節可參閱國防部史政局藏，國軍檔案，金剛作戰計畫
案，總檔案號：25076，分類號 541.1，民國 44 年；大陳島撤退案一～
七，總檔案號：26420-6，分類號 543.64，民國 43-44 年；金剛計劃案
一～五，總檔案號：42222-6，分類號 501.5，民國 44 年。
[115] 張少書和何迪就認為美國的策略收不到嚇阻的功效，卻還得承擔嚇阻的風
險與責任。Gordon Chang & He Di, "The Absence of War in the U.S.-China
Confrontation over Quemoy and Matsu in 1954-1955: Contingency, Luck,
Deterrence," *American Historical Review*," Vol.98, No.5 (December 1993),
p.1511.

Toward General War）指出，中共可能對沿海島嶼採取相當規模的軍事行動，以考驗美國阻止其推進程度的決心，他們可能會奪取金門、馬祖或南麂島，而不顧美國可能會參與對這些島嶼的防衛；其次，根據美國在韓國與越南的政策，中共相信在進攻沿海島嶼時不會招致美國對中國大陸的進攻；或者中共相信美國即使對中共發動攻擊，也會在關鍵時刻透過外交行動控制美國的反應；最後，中共可能相信美國不願對其行動作出反應，以免引發全面戰爭使蘇聯捲入。[116]為了嚇阻中共可能的誤解，杜勒斯於二月十六日在紐約外交協會發表「我們在亞洲的外交政策」指出，美國沒有義務為沿海島嶼本身保衛它們，美國的基本目標在保障台澎安全；但是中共指出他們要解放台灣，沿海島嶼只是解放的第一步，迫使美國必須把與台澎安全相關的地區考慮進去而加以防衛。[117]美國的沿海島嶼政策越來越明確，然而中共卻在二月二十六日至三月初對南麂島、馬祖北面的高登島及金門附近進行猛烈的砲擊，這使得美國對沿海島嶼的安全更加悲觀。事實上，中共總參謀部於三月五日提出福建作戰計畫，彭德懷批示先打馬祖，並預計以一年的準備解放金馬。[118]顯示中共試探性的軍事行為仍然繼續進行，不斷地測試美國的決心與底限，並藉由有限的軍事行動持續製造美國與盟國之間的衝突。杜勒斯於三月三日訪問台灣時，明確告知蔣介石總統美國準備防衛金馬，並於離台時發表對於國府控制的沿海島嶼，對台灣的防禦而言，具有一種「總統（艾

---

[116] Special National Intelligence Estimate. Washington, February 1955. *FURS*, 1955-1957, Vol.2, pp.273-276.

[117] Editorial Note. *FURS*, 1955-1957, Vol.2, pp.278-279.

[118] 王焰主編，*彭德懷年譜*，頁 591。

森豪）可能判定防禦此等島嶼對於確保台灣乃屬適宜的關係，我們的諮商亦曾包括中華民國的此等沿岸據點。」[119]三月六日返國後，杜勒斯與艾森豪達成了必要時使用核武器的共識，並於三月八日對全國發表，倘使中國把美國當作紙老虎，美國於必要時將使用更強大的力量來對付敵對力量。[120]三月十二日，杜勒斯在對外演講中宣稱，美國已經研製威力強大的新式武器，這些武器完全能夠摧毀軍事目標，而不危及平民。政府已經決定如果在台海地區發生戰爭，將使用這些武器。[121]三月十六日，艾森豪在回答記者訪問中強調美國將在未來衝突中使用核子武器。他看不出來有什麼理由不能完全像使用子彈或其他東西那樣使用這些武器。[122]這使得核子戰爭的陰影壟罩全球。

第三節　危機的緩和
——萬隆會議的召開

　　福爾摩沙決議案與「中美共同防禦條約」的批准，雖然強化了艾森豪獲得國會支持的威望，但同時也把他個人的聲望、美國的信譽與沿海小島綁在一起。倘若中共攻擊這些島嶼，而美國無

---

[119] Telegram Form the Secretary of State to the Department of State. Honolulu, March 14, 1955, *FRUS*, 1955-1957, Vol.2, pp.320-328; 顧維鈞，*顧維鈞回憶錄，第十二冊*，（北京：中華書局，1986 年），頁 226-228。

[120] *杜勒斯言論選輯*，（北京：世界知識出版社，1960 年），頁 165-175。

[121] *中美關係資料匯編，第二輯*，頁 2243。

[122] *Public Papers of the Presidents of the United States: Dwight D. Eisenhower, 1955,* (Washington, D.C.: Government Printing Office, 1959), p.332.

所事事，勢必使美國的威望受到羞辱；然而美國若是與中共開戰，也得不到盟國的支持。這種進退維谷的窘境，使得美國對遠東的局勢相當悲觀。

當美國不斷藉由公開場合透露美國很可能會協防金馬，中共也面臨著是否要與美國一戰的困境。[123] 二月三日，周恩來在向全國計劃工作會議等專業會議代表作「動員和團結全國人民完成國家過渡時期總任務和反對國內外敵人的鬥爭」報告中明確提出中共此時期的對台方針：[124]

> 我們的方針是只要美軍撤退，台灣可以和平解放。我們要提出這樣的響亮口號。這個口號什麼時候公開提出，要看形式的發展。就是談判和平解放，也要有力量才能實現。我們的策略是決不能答應沿海島嶼停火，防止將台灣與沿海島嶼分開；決不能無條件到聯合國去，防止在聯合國造成兩個中國合法化的形勢；決不能同意允許什麼台灣中立化或託管的辦法。策略是根據一定原則確定的。一定要原則性很強，然後策略性才能靈活，……

---

[123] 1955 年 1 月國務院指示駐蘇大使要求蘇聯能在說服中共約束自己的行動上發揮影響力，蘇聯駐美武官也曾在一次非正式的場合詢問美國官員，如果中共進攻台灣地區並佔領沿海島嶼，美國將採取什麼政策。該官員的回答：那將意味著同美國開戰。Telegram Form the Secretary of State to the Embassy in the Soviet Union. Washington, January 22, 1955, *FRUS*, 1955-1957, Vol.2, pp.111-112; 顧維鈞，*顧維鈞回憶錄*，第十二分冊，頁 269。英國駐蘇聯大使也曾向蘇聯外長莫洛托夫表示，如果中共假設美國不會援助國民黨防守外島來制定他們的計畫，將是極其危險的。*中美關係資料匯編，第二輯*，頁 2169。

[124] 中共中央文獻研究室編，*周恩來年譜：1949-1976，上卷*，頁 446-447。

依據此一原則與策略，中共試圖透過蘇聯向英國、印度建議由三國發起國際會議，討論台灣地區的局勢問題。二月四日，蘇聯外長莫洛托夫就主張召開十國會議來解決台海問題。[125]二月五日，周恩來接見瑞典大使魏斯特朗表示：[126]

> 國際上一直為和緩並消除遠東緊張局勢，包括台灣地區的緊張局勢的真正努力，中國總是給予支持的。但是新西蘭的提案卻是要達到一個相反的目的，……那就是把屬於中國內政的事情，把任何外國或聯合國都無權干涉的中國內政的事情，放在國際舞台上。這要造成兩個中國，要割裂中國領土。由於這個原因，我們不能參加關於新西蘭提案的討論，而且聯合國也無權過問。……緊張局勢是美國在台灣地區造成的，如果世界各國要緩和這個緊張局勢，就應該去勸美國。中國不拒絕談判，也就是說，不拒絕同美國透過外交談判來解決這個緊張局勢問題。[127]

瑞典大使將相關訊息轉達給聯合國秘書長哈瑪紹，哈瑪紹告知美國駐聯合國大使洛奇（Henry Cabot, Jr. Lodge）指出，他認為周恩來表達了幾個重要的訊息：一是中共不拒絕與美國直接談

---

[125] 中美關係資料匯編，第二輯，頁2202-2203；韓念龍主編，當代中國外交，（北京：中國社會科學院，1987年），頁77。戴超武，敵對與危機的年代：1954-1958年的中美關係，頁231。中共是贊成蘇聯的十國會議。

[126] 中共中央文獻研究室編，周恩來年譜：1949-1976，上卷，頁447-448。

[127] 宋恩繁、黎家松主編，中華人民共和國外交大事記，第一卷，（北京：世界知識出版社，1997年），頁182。周恩來年譜並未記載後半段的談話，但本書依據外交部檔案整理而成，且哈瑪紹轉達給洛奇也包含相關訊息，顯見後半段願意與美國談判應屬周恩來所言。

判，令他吃驚的是，中共不想透過新德里與莫斯科或日內瓦的
管道，而選擇了聯合國秘書長的管道表達對話的意願，他建議
美國可以透過此一管道嘗試奠定未來談判的基礎。二是美國如
果希望談判，中共會接受直接談判；如果美國進行戰爭威脅，
中共會進行反抗。三是二月八日到十一日進行的大陳島撤軍不
會出現問題。[128]二月六日，印度駐華大使賴嘉文向周恩來轉達
印度總理尼赫魯（Pandit Jawaharlal Nehru）關心台海局勢，並詢
問怎樣一個跳出目前僵局的出路是中共可以接受的。周恩來表
示：[129]

> （一）美國對在聯合國範圍以外舉行國際會議討論和緩和
> 遠東緊張局勢的建議不感興趣，這是我們預想得到的。現
> 在問題的關鍵在美國，要打，我們不怕；要和緩，那就得
> 坐下來談。我們主張在國際會議上談。（二）無論如何，
> 中國政府不會同意蔣介石參加擬議中的國際會議。

二月九日，周恩來透過瑞典大使答覆哈瑪紹有關紐西蘭停火案表
示：[130]

---

[128] Telegram Form the Representative at the United Nations (Lodge) to the Department of State. New York, February 6, 1955, *FRUS*, 1955-1957, Vol.2, pp.231-233.哈瑪紹似乎高估了自己的渠道，美國也並不樂見哈瑪紹進行超越美國授權的協調。洛奇在 2 月 6 日將訊息傳回國務院，周恩來也向印度傳遞了相同的訊息。

[129] 中共中央文獻研究室編，*周恩來年譜：1949-1976*，上卷，頁 448-449；中共中央文獻研究室編，*周恩來外交文選*，頁 106，108。

[130] 韓念龍主編，*當代中國外交*，頁 75-76；裴堅章主編，*中華人民共和國外交史·第一卷*（1949-1956），頁 340-341。宋恩繁、黎家松主編，*中華人民共和國外交大事記*，第一卷，頁 184。

如果要緩和遠東的緊張局勢，首先是台灣地區的緊張局
勢。那麼美國必須同中國面對面地坐下來談判，這才能真
正解決問題。……我們要和，美國要打，那是談不起來的。

由此看出，二月初中共開始提出所謂和平解決的響亮口號，在外
交宣傳上異常的賣力，促成中共開始進行和平宣傳的原因可能來
自於兩點：一是杜勒斯於一月二十四日主動通知蘇聯，美國將於
二月初協助國府自大陳島撤軍。[131]對此，毛澤東於二月二日指示
彭德懷：「在蔣軍撤退時，無論有無美（艦），均不向港口及靠
近港口一帶射擊，即是說，讓敵人安全撤走，不要貪這點小便
宜。」[132]顯示美國與中共成功地進行了一場沉默交易。在這場交
易的鼓舞下，中共持續堅持解放台灣的原則，但卻招搖地進行和
平的策略，期望外島的沉默交易可以再現。[133]二是一月二十二
日，印尼正式向中共提出邀請參與亞非會議；二月十日中共國務
院決定參加亞非會議。[134]接受亞非會議的四項宗旨：第一，促進
亞非各國的親善和合作，探討和促進相互與共同的利益，建立和
促進友好與睦鄰關係。第二，討論參加會議各國的社會、經濟與

---

[131] 趙學功，*巨大的轉變：戰後美國對東亞的政策*，（天津：天津人民出版社，
　　2002 年），頁 127；宮力，「50 年代的台灣海峽緊張局勢及中國採取的對策」，
　　姜長斌、Robert Ross 編，*1955-1957 年的中美關係－緩和之前：冷戰衝突
　　與克制的再探討*，（北京：世界知識出版社，1999 年），頁 35。
[132] 中共中央文獻研究室編，*建國以來毛澤東文稿*，第五卷，（北京：中央文
　　獻出版社，1991 年），頁 23；王焰主編，*彭德懷年譜*，頁 588。
[133] 中共的這種期望其實不是沒有道理的，當時美台對協防外島並無一公開正
　　式的明確宣告，所以毛澤東在 3 月 14 日甚至指示彭德懷：「馬祖及其他任
　　何島嶼敵人撤走時，我均應讓其撤走，不要加以任何攻擊或阻礙。」王焰
　　主編，*彭德懷年譜*，頁 592。
[134] 中共中央文獻研究室編，*周恩來年譜：1949-1976*，上卷，頁 442、449。

文化問題和關係。第三,討論對亞非國家人民具有特別利害關係
的問題,例如有關民族主義的問題和種族主義及殖民主義的問
題。第四,討論亞非國家和他們的人民今天在世界上的地位,以
及他們對於促進世界和平與合作所能做出的貢獻。[135]亞非會議的
召開,給予了中共一個反對英美設計的聯合國框架,即避開了兩
個中國的議題,又能排除美蘇兩強影響的國際會議,對於解決中
共困境提供了一個絕佳的舞台。

　　由於中共堅持美國武力必須撤出台灣,而美國又以大陳交換
協防金馬的暗示承諾,不敢繼續對台灣施壓,使得期待中的沉默
交易並未出現。二月二十八日,杜威廉向周恩來轉達英國的意向,
如果中共保證不對台灣、澎湖與沿海島嶼使用武力,英國願意促
成中美的接觸。[136]英國的提議明顯地由勸說美國放棄外島轉向勸
說中共放棄武力,這使得外島的沉默交易正式宣告幻滅。三月七
日,人民日報發表了一篇軟性訴求的社論:[137]

> 任何國家都不會容忍外國佔據其領土,支持本國的叛亂集
> 團在這個國家挑動戰爭的。如果說哪個國家佔領了美國的
> 長島,並支持那裡的反美團體針對美國從事敵對活動的
> 話,美國也是不會容忍的。換句話說,美國應設身處地的

---

[135] 宋恩繁、黎家松主編,中華人民共和國外交大事記,第一卷,頁 184-185;
周高塔、宋康源譯,阿里·沙斯特羅阿米佐約,我的歷程,(北京:世界
知識出版社,1983 年),頁 256。

[136] 中共中央文獻研究室編,周恩來年譜:1949-1976,上卷,頁 454。

[137] 人民日報,1955 年 3 月 7 日。賈慶國認為這篇社論是中共表達和解態度的
開始,請參閱賈慶國,未實現的和解:中美關係的隔閡與危機,頁 179-180。
趙學功則認為大陳島佔領後,中共便認為局勢緩和下來,請參閱趙學功,
巨大的轉變:戰後美國對東亞的政策,頁 128。

為中國想一想，尊重中國政府解決台灣問題的權利。……
為了緩和緊張局勢、保衛和平，中國贊成舉行一個由中
國、美國、英國、蘇聯、印度、緬甸、印尼、巴基斯坦、
錫蘭參加的國際會議，討論緩和台灣地區的緊張局勢問題。

這篇社論不僅以同理心的訴求，重新喚起和平攻勢，同樣地也為
即將召開的亞非會議送上一份見面禮。首先美國不會接受沒有國
民政府參加的國際會議，所以在反對外國勢力干涉中國內政的原
則下，中共的策略可以彈性到召開國際會議，並將會議的失敗歸
諸於美國。其次，邀請可倫坡五國[138]參與解決台灣問題的國際會
議，不僅讓亞非會議的發起國顏面有光，中共也借花獻佛，強化
了和平的形象，一舉數得。

　　亞非會議的召開有其歷史背景。韓戰的爆發使冷戰進入東
亞，儘管一九五三年停火協定簽字，越南的戰爭仍在進行。日內
瓦會議暫時結束了八年來南北越的對抗，但是美國將日內瓦會議
視為共產主義的勝利，反而大舉援助越南，並推動成立東南亞公
約組織，使得東南亞國家擔心美蘇兩強的對抗進入東南亞，而亟
思脫困之道。一個排除美蘇兩強，反對殖民主義，試圖開拓第三
勢力的亞非國家，藉由萬隆（Bandung）的亞非會議來提升自身
的國際影響力。[139]美國對亞非會議的關切始於一九五四年十二月
二十八到九日茂物（Bogor）會議決議召開亞非會議與確定邀請中
共等二十九個亞非國家與會。美國希望避免出現亞非會議成為中
共宣傳的場所，並可能製造出一種共產黨和非共產黨的亞洲和非

---

[138] 可倫坡五國即南亞五國：印度、巴基斯坦、錫蘭、印尼、緬甸。
[139] 阿里‧沙斯特羅阿米佐約，*我的歷程*，頁246、253。

洲國家團結的表象，以及亞洲和非洲非共產黨國家與西方不在同
一個陣營的表象。美國也意識到中共會作極為充分之準備，周恩
來具有掌控會議和利用其他人達到自己目的的可怕能力
（Department also aware Chinese Communists will be carefully
prepared and that Chou En Lai has formidable capacity for dominating
conference and utilizing others for won ends.）。[140]美國對於是否支
持或反對盟國參加會議面臨兩難的局面。反對盟國參加會使盟國
被人視為美國的傀儡，也與發起國的關係陷入困境；支持參加又
擔心會議成為中共宣傳的場所，與降低美國對中立國家的影響
力。[141]

　　為了降低亞非會議對美國可能的傷害，美國首先在二月二十
三日於曼谷召開東南亞公約組織第一次部長級理事會，使得亞非
會議的召開似乎是針對東南亞公約組織的一種對比。有兩個事實
加深了這種對比：一是東南亞公約組織是由非亞洲國家籌畫的，
他所依靠的也是非亞洲國家的武裝力量；萬隆會議則明確界定由
亞非國家參加。二是東南亞公約組織明顯針對中共，萬隆會議則

---

[140] The Secretary of State to Certain Diplomatic and Consular Offices, Washington,
December 31, 1954, *FRUS*, 1952-1954, Vol.12, pp.1084-1085.

[141] 美國對亞非會議的恐懼充分反應在 1955 年 1 月 18 日的國務院會議，國
務院的官員強調萬隆會議帶給美國的壞處有：通過任何與共產國家協調
一致的提案對美國都會產生不良的影響；中共代表中國的立場被大會確
認與美國在聯合國的立場截然對立；大會可能通過接納中共進入聯合國
的決議；反對太平洋地區的核武試驗；中共可與非共黨國家領導人建立
交往管道；最後國務院官員們認為會議可能由於自身的弱點停辦或延
後，杜勒斯甚至表達會議不召開大家會更輕鬆。請參閱 Minutes of a
Meeting, Secretary Dulles's Office, Department of State, Washington,
January 18, 1955, *FRUS*, 1955-1957, Vol.21, pp.11-16.

以中印所提和平共處五原則為主軸。[142]美國建議曼谷會議採取三項行動：一、重申太平洋憲章，強調馬尼拉條約國家在解決共產主義擴張、殖民主義和經濟發展等問題上的決心；二、準備並提出預計將在萬隆會議討論的有關問題的決議、聲明和公報，強調文化和種族的差異並不構成國際合作的障礙；三、在曼谷會議的公報中涉及預計將在萬隆會議上提出的那些問題，但不提及萬隆會議。[143]為改變美國對萬隆會議的冷漠印象，美國利用曼谷會議發出了一項聯合聲明，祝賀即將召開的萬隆會議，所有的設計都是降低萬隆會議可能的廣泛影響，並將美國打扮成亞非國家的朋友。[144]

　　一九五五年二月，共計二十九個國家同意參加亞非會議。美國關注中立國家和盟國中態度曖昧份子的影響，並希望在會議上成功地反對共產黨的攻擊，並鼓勵會議對美國的成就與目標採取積極肯定的態度。[145]其實，美國對亞非會議的擔心，並不是中共進行所謂的國際宣傳，而是擔心一種排除美國勢力的團體或風潮出現。杜勒斯在與法國駐美大使莫維爾（Maurice Couve De Murville）就談及：[146]

---

[142] Barraclough G. & Wall R. F., *Survey of International Affairs, 1955-1956,* (London: Oxford University Press, 1960), pp.57-58.

[143] Memorandum From the Acting Chief of the Reports and Operations Staff (Gilman) to the Secretary of State, Washington, February 8, 1955, *FRUS*, 1955-1957, Vol.21, p.30.

[144] 任東來，「美國對中國參加 1955 年萬隆會議的反應」，沈宗美主編，*理解與溝通：中美文化論文集（一）*，（南京：南京大學出版社，1992 年），頁33。

[145] Memorandum From the Acting Chief of the Reports and Operations Staff to the Secretary of State, Washington, February 8, *FRUS*, 1955-1957, Vol.21, p.29.

[146] Editorial Note, *FRUS*, 1955-1957, Vol.21, p.30.

　　他把亞非會議看得極為重要，特別是在晚春時會提出參加
會議的呼籲。可以預料會議結束時會出現「亞洲人的亞洲」
（Asia for the Asians）這樣的路線。如果法國、英國和美
國被排除出亞洲事務，那麼整個地區將陷入中國和蘇聯的
控制之下。因此，萬隆會議應該向世界顯示他的成功在於
證明亞洲自由國家和西方國家是能夠共同解決利益問題
與和睦相處。

然而隨著台海的緊張局勢沒有緩減，中共同意參加亞非會議，使
得美國開始認真考慮透過亞非會議來制止中共可能的冒進。一九
五五年四月七日，杜勒斯會見英國駐美大使麥金斯時表示，如果
萬隆會議達成一些建設性的東西，就可能對於福爾摩沙形勢走向
和平產生實際的影響。譬如會議通過要求停火或要求不訴諸武力
的決議或聲明，將對台海地區的和平帶來深遠影響；反之，如果
會議為中共開起綠燈，衝突的可能性就會劇增。總之，中共可以
得到亞洲國家什麼樣的支持和贊同的估計，在極大程度上影響中
共的決定。[147]同年四月八日，杜勒斯向菲律賓總統的私人代表羅
慕洛將軍（Karlos P. Romulo）也表達類似觀點：[148]

　　中國人是否決定進攻金門、馬祖和台灣，可以取決於他們
對參加萬隆會議的各國態度的判斷。果真如此，則一項強

[147] Memorandum of a Conversation Between the British Ambassador (Makins) and the Secretary of State, Department of State, Washington, April 7, 1955, *FRUS*, 1955-1957, Vol.21, pp.79-80.

[148] Memorandum of a Conversation, Department of State, Washington, April 8, 1955, *FRUS*, 1955-1957, Vol.2, pp.463-465.

烈反對在台海地區使用武力和呼籲停火的決議或許會阻
止一次公開的進攻。

四月十一日，杜勒斯向艾森豪報告認為，萬隆會議之後，美國就
有可能更清楚地了解事態的發展，並判斷此一地區將是戰爭還是
和平。艾森豪於四月十八日發表聲明，要求參加會議的各方關注
中共在台海集結軍事力量的巨大含義，呼籲達成一項在實現國家
目標方面普遍放棄使用武力的決議。[149]

　　面對美國積極運作亞非會議，中共並非無所知悉。周恩來從
二月份就開始準備參加會議的政策文件，周密分析與會各國的情
況，除了印度、緬甸、印尼、巴基斯坦、北越、阿富汗與中共有
邦交外，錫蘭只有貿易關係，其餘二十二國均與台灣有邦交，政
治上受美國影響或控制，與社會主義國家有情緒上的對立。顯見
中共注意到亞非國家類似經歷的同時，也充分估計到美國的巨大
影響力。[150]由於這些亞非國家長期受西方大國的壓迫，對大國有
一種自然恐懼；有的國家與中國接壤，懷疑中共可能有領土野心；
有的國家在華僑問題擔心華人成為中共的第五縱隊等，這些都是
不利於中共的。[151]所以中共在四月五日中央政治局會議便已決議
「參加亞非會議的方案」：[152]

---

[149] Memorandum of a Conversation, Department of State, Washington, April 14, 1955, *FRUS*, 1955-1957, Vol.2, pp.477-478.

[150] 黃華，「回憶萬隆會議」，北京周報，1985 年 4 月 15 日，頁 14；熊華源，「周恩來與亞非會議」，黨的文獻，1996 年，第 2 期，頁 86-87；任東來，「美國對中國參加 1955 年萬隆會議的反應」，頁 37-38。

[151] 陶文釗，中美關係史，1949-1972，（上海：上海人民出版社，1999 年），頁 195。

[152] 中共中央文獻研究室編，周恩來年譜：1949-1976，上卷，頁 460-461。

> 亞非會議是沒有帝國主義國家參加、而由亞非地區絕大多
> 數國家所舉行的國際會議。大多數國家都有不同程度的要
> 求和平、要求獨立、要求發展本國經濟的共同願望。我們
> 在亞非會議的總方針應該是爭取擴大世界和平統一戰
> 線，促進民族獨立運動，並為建立和加強我國同若干亞非
> 國家的事務和對外關係創造條件。在和平共處和友好合作
> 問題上，……我們主張通過國際協商和緩並消除國際緊張
> 局勢，包括台灣地區的緊張局勢在內。我們主張禁止和銷
> 毀原子武器和一些大規模毀滅性的武器。在嚴格區分各國
> 內政和共產主義思想問題上，亞非會議不討論共產主義問
> 題是對的。

由此可以確知，中共早在亞非會議前就已經選擇了讓情勢緩和下
來，[153]選擇的動機在爭取和平的國際環境來發展國內經濟。[154]鮑
大可（Doak Barnett）就形容：[155]

---

[153] 黎巴嫩代表馬利克就採取這種看法，他在會後與杜勒斯談話中提及，他不
太相信中共是帶著使會議贊同他們進攻福爾摩沙的政策來參加會議的，他
們可能早就認識到根本沒有機會達到這個結果，甚至沒有機會在大會上宣
佈美國是台灣地區的侵略者。Memorandum of a Conversation Between the
Lebanses Ambassador (Malik) and the Secretary of State, Department of State,
Washington, may 5, 1955, *FRUS*, 1955-1957, Vol.21, pp.95-98.

[154] 許多美國學者都採取此看法。Harry Harding, " The Legacy of the Decade for
Later Years: An American Perspective," in Harry Harding & Ming Yuan, eds.,
*Sino-American Relations, 1945-1955: A Joint Reassessment of a Critical
Decade,* (Wilmington, Dela: Scholarly Resources, 1989), pp.319-320; Thomas
E. Stolper, *China, Taiwan, and the offshore islands: Together with and
Implication for Outer Mongolia and Sino-Soviet Relations,* (Armonk, N. Y.: M.
E. Sharpe, 1985), pp.98-108; Harold C. Hinton, *China's Turbulent Quest: An
Analysis of China's Foreign Relations Since 1949,* (New York: The Macmillan

自從去年的日內瓦會議以來，共產黨中國一直在增加同其
他亞洲國家的接觸。他對東南亞的巧妙接近，顯然是表示
願意同中立主義者合作和給他們以支持。……周恩來在萬
隆所表現出來的外交手腕真是巧妙絕倫。……他扮演了一
個有耐心的、好打交道的、甚至可以說是防禦性的角
色。……他不發表任何從北京發出的那種典型的中國共產
黨人的宣傳調子。……在最後三天會議上，他卻變成主要
的角色，在一系列相當戲劇化的外交活動中，成為一個通
情達理、中庸穩健而主張和平的人，一個願意為了和諧和
親善作出保證和讓步的肯和解的人。

為了增強中共睦鄰的形象，中共特別選在四月二十二日萬隆會
議期間與印尼簽定「關於雙重國籍問題的條約」，解決了印尼境
內大量華僑雙重國籍的問題，利於印尼的同化政策。[156]同樣的
政策，周恩來也向緬甸、泰國、菲律賓、老撾、柬埔寨保證，
中國不會干涉他國內政，只要這些國家願意與中共建交，中共
也願意與他們簽定華僑雙重國籍的解決協定。這無異使中共週
邊國家所擔心本國境內的華人問題與中國境內的少數民族問
題，獲得了一項口頭保證。這麼巧合的簽約儀式與外交宣傳，

Company, 1972), pp.17, 68-69; Townsend Hoopes, *The Devil and John Foster Dulles,* (Boston: Little, Brown, and Company, 1973), pp.282-283; Peter Van Ness, *Revolution and Chinese Foreign Policy: Peking's Support for Wars of National Liberation,* (Berkeley: University of California Press, 1970), p.12.

[155] Doak Barnett，弓乃文譯，*周恩來在萬隆－美記者鮑大可記亞非會議*，（北京：中國社會科學出版社，1985 年），頁 5-6。

[156] 中共中央文獻研究室編，*周恩來年譜：1949-1976，上卷*，頁 468。

絕對是中共外交的精心安排。在四月二十三日上午周恩來所發
表的和平宣言，幾乎是給每一個國家都送了禮物，隨後周恩來
又強調，中共願意以和平的方式解決一切問題，他雖然沒有點
出台灣的名字，但是他說讓中國和美國也用和平的方法解決彼
此之間的問題。其實就已經為會後的公開聲明埋下了伏筆。[157]當
天中午，印尼總理阿里‧沙斯特羅阿米佐約（Ali Sastroamidjojo）
邀請印度、錫蘭、緬甸、巴基斯坦、泰國、菲律賓及周恩來等
代表於其住所舉行午宴，席間沙斯特羅阿米佐約向周恩來詢問
台灣問題，周恩來表示美國軍隊佔領台灣的情況下，蔣介石與
毛澤東的談判是無法達成的，但這不代表中共準備使用武力將
美軍從台灣驅逐出去，由於中共體認到美國武力尚在台灣這個
現實，中共準備與美國談判，謀求和平解決台灣問題的辦法。[158]
席間有人詢問，若台灣問題和平解放後是否可以委任蔣介石為
將軍，周恩來回答完全可以。[159]隨後當晚舉行的記者會，周恩
來就發表了著名的演說：「中國人民同美國人民是友好的。中國
人民不要同美國打仗。中國政府願意同美國政府坐下來談判，
討論和緩遠東緊張局勢的問題，特別是和緩台灣地區的緊張局
勢問題。」[160]這場外交活動不僅成就了萬隆會議，也樹立了中
共的和平形象，並將問題丟還給美國。

---

[157] Doak Barnett，*周恩來在萬隆－美記者鮑大可記亞非會議*，頁 15；阿里‧
沙斯特羅阿米佐約，*我的歷程*，頁 267。

[158] 阿里‧沙斯特羅阿米佐約，*我的歷程*，頁 271-272。

[159] 中共中央文獻研究室編，*周恩來年譜：1949-1976*，上卷，頁 470。

[160] 「中華人民共和國國務院公報」，1955 年，第 6 號；中共中央文獻研究室
編，*周恩來年譜：1949-1976*，上卷，頁 470。*周恩來外交文選*，頁 134。

杜勒斯在獲悉中共的發言後，認為近期內中共應該不會對台灣發動攻擊，國務院對此似乎並沒有心理準備。[161]隨後由國務院發言人發表的聲明儘管歡迎周恩來的談話內容，但是要求中共停火並釋放美國人質，接受聯合國邀請與台灣代表在內，一起討論台海停止敵對行動的問題。[162]這篇聲明顯然拒絕了中共舉行談判的提議。[163]四月二十五日，周恩來接受美國記者訪問，仍然強調中美應該坐下來談，解決這個問題，持續釋出善意。[164]杜勒斯擔心如此強硬的態度不僅會讓其他國家對美國的態度有意見，也讓中共有理由指責美國應負起緊張局勢的責任。[165]四月二十六日，杜勒斯對媒體肯定周恩來的談話，但須確認中共的建議是否具有誠意，美國願意在沒有台灣出席和不損害台灣權益的情況下，與中共進行多邊或雙邊的討論。[166]美國的退讓使得周恩來的萬隆之

---

[161] 賈慶國，*未實現的和解：中美關係的隔閡與危機*，頁 190。

[162] Memorandum From the Acting Assistant Secretary of State for Far Eatern Affairs (Sebald) to the Secretary of State. Washington, April 25, 1955, *FRUS*, 1955-1957, Vol.2, pp.507-508.

[163] 黎巴嫩代表馬利克就曾對周恩來說，在國務卿或總統做出反應之前，不要把國務院的發言當作最後的答覆。Memorandum of a Conversation Between the Lebanese Ambassador (Malik) and the Secretary of State, Department of State, Washington, May 5, 1955, *FRUS*, 1955-1957, Vol.21, p.98.

[164] 中共中央文獻研究室編，*周恩來年譜：1949-1976*，上卷，頁 471。

[165] 會後菲律賓代表羅慕洛將軍與國務院官員會談時就提及，國務院對周恩來談判建議的第一個聲明在萬隆並未得到讚賞，特別是未能得到美國朋友的贊同。有幾個代表找他表示非常驚訝，他們感到碰一聲地把大門關上，使他們在攻擊共產主義之後再面對周恩來處於不利的地位。Memorandum of a Conversation, Department of State, Washington, May 24, 1955, *FRUS*, 1955-1957, Vol.21, p.105.

[166] Editorial Note, *FRUS*, 1955-1957, Vol.2, pp.519-520.

行異常成功。周恩來在致電毛澤東的「關於出國後在各地商談台灣問題的報告」指出：[167]

> 半個月來的外交接觸和國際形勢的發展，證明美國是需要同中國談判的。……四月二十三日的聲明已經發生了影響，對於亞非會議取得協議也起了作用。……目前可以暫時等待一下各方反應和發展，然後再決定下一步驟。

美國在萬隆會議後不得不與中共談判，其實是形勢使然。黎巴嫩大使馬利克（Charles Malik）就說：[168]

> 萬隆會議最重要的結果是共產黨中國變強大了，他贏得了很多朋友和善意，實際上，這個會議似乎就是為這個目的而召開的。現在有三點是很清楚的：一、對美國來說，目前不與共產黨中國坐下來談判是困難的；二、對美國來說，要遏制其他國家對共產黨中國的善意是困難的；三、對美國來說，把共產黨中國排出在聯合國之外是困難的。

然而杜勒斯還是將談判向後拖延三個月之久，他希望達成台海地區一個事實上的停火，目前的緩和可能會改變局勢，拖延時間是符合美國的利益。[169]當馬利克建議談判時，杜勒斯卻表示不會很

---

[167] 中共中央文獻研究室編，《周恩來年譜：1949-1976》，上卷，頁 474-475。

[168] Memorandum of a Conversation Between the Lebanese Ambassador (Malik) and the Secretary of State, Department of state, Washington, May 5, 1955, *FRUS*, 1955-1957, Vol.21, pp.95-96.

[169] Memorandum of a Conversation, Department of State, Washington, May 3, 1955, *FRUS*, 1955-1957, Vol.2, pp.538-539.

快舉行這種會談，但可以先透過調人交換口信，進一步試探中共的意圖，還要考慮誰充當調人最適合。[170]同時，杜勒斯於五月二十五日向艾森豪的報告中表示，美國目前的政策就是使事情處於沸點狀態，力圖避免達成一種形式上的安排。[171]甚至杜勒斯也向馬利克表示，他是有意識地將中美談判拖延。[172]

五月九日，杜威廉向周恩來表示英國外相麥克米倫（Harold Macmillan）詢問如何使一個有結果的中美會談得以實現，是否需要英國將有關口信轉告美國。周恩來回答：「對此問題，我們研究後再作答覆。我們注意到杜勒斯最近關於中美談判的聲明中所說『可以沒有蔣介石參加』這一點，……」[173]同日，周恩來回覆印尼代表時，同意印尼斡旋中美有關台灣問題的爭議，而且歡迎任何國家斡旋。[174]五月十二到二十日，周恩來與印度駐聯合國代表梅農（Krishna Menon）商談緩和台海局勢時表示：[175]

> 中國從來沒有說不同蔣介石談判。……這種談判同中美之間的國際談判，在性質上是不同的。……我們對這兩種談判都不拒絕，而且採取主動行動來爭取。梅農先生剛才說

---

[170] Memorandum of a Conversation, Department of State, Washington, May 6, 1955, *FRUS*, 1955-1957, Vol.2, pp.554-557.

[171] Letter From the Indian Ambassador (Mehta) to President Eisenhower, Washington, May 27, 1955, *FRUS*, 1955-1957, Vol.2, p.574.

[172] Telegram From the Secretary of State to the Department of State, Paris, July 16, 1955, *FRUS*, 1955-1957, Vol.2, pp.658-659.

[173] 中共中央文獻研究室編，*周恩來年譜：1949-1976*，上卷，頁477。

[174] 同前註，頁478。

[175] 同前註，頁478-479。

> 要創造條件，我們主動爭取談判也就是創造條件。……當
> 前，美國應該要做兩件事：一是取消對中國的禁運，……
> 二是對要求回國的中國留學生和其他中國僑民，美國應不
> 加限制，讓他們有自由回來。

中印的晤談顯示出，中共並不期望在兩岸談判或中美對台談判有
重大突破，反而相當務實地提出禁運與中國留學生返國等問題。
這與印度期望尋求長遠解決台海問題有著微妙的差別。[176]

　　五月二十六日，印尼總理沙斯特羅阿米佐約訪問中國大陸，
與周恩來談及台灣問題。周恩來重申中共願與美國直接談判，為
提供談判良好氣氛，中共願意採取對等緩和緊張的措施，如重新
審查被拘留在中國的美國公民。[177]返國後，印尼總理要求印尼駐
美大使莫卡多（Moekarto Notowidigdo）於六月十三日向美國介紹
兩國的談話內容，並詢問美國對於周恩來關於解除禁運與中美會
談的態度，然而助理國務卿莫菲（Robert Murphy）卻回答：「只
要周恩來還利用美國戰俘向美國施加政治壓力，美方就不會同意
與中華人民共和國進行談判。」[178]

---

[176] 梅農向周恩來提出三個階段解決台灣問題的措施：一是雙方採取一些緩和
緊張局勢的措施，中國釋放美國飛行員，美國讓中國留學生回國；二是台
海造成事實上的停火，國民黨軍隊撤出金馬，中美與國共雙方進行談判；
三是實現台灣問題的長遠解決。請參閱戴超武，*敵對與危機的年代：
1954-1958 年的中美關係*，頁 242。

[177] 阿里・沙斯特羅阿米佐約，*我的歷程*，頁 278。

[178] Memorandum From the Acting Assistant Secretary of State for Far Eastern
Affairs (Sebald) to the Secretary of State, Washington, June 10, 1955, *FRUS*,
1955-1957, Vol.2, p.590. 阿里・沙斯特羅阿米佐約，*我的歷程*，頁 282。

在亞洲國家進行了一連串的協調，美國的拒絕也使得其外交陷入困境。六月十日，助理國務卿希伯爾德（William Sebald）提交杜勒斯的一份報告指出，中共在台灣等問題上採取了十分靈活的政策，並積極爭取世界輿論的支持，在這種情況下，美國如不在與中共在談判問題上有所作為的話，時間將站在北京那一邊，對美國越來越不利。所以美國政府要積極準備探討各種合理的和平解決問題的辦法，並採取更為靈活的方式來表達美國的看法，以使時間對美國有利。中共不太可能無限期接受台海的事實上停火，倘使台海地區再度爆發戰爭，美國將陷入兩個不利的處境：一、美國政府將不得不在十分不利的情況下與中共談判；二、中共針對沿海島嶼的軍事行動將迫使美國政府要嘛放棄，要嘛在沒有盟國支持下開戰。[179]

在亞洲國家不斷地協調下，杜勒斯認為不僅沒有清楚美國的立場，也搞亂了交流渠道，甚至麥克米倫就指責梅農把事情搞的一團亂，印度的方案可能讓中共認為可能達成一些明確的解決方案，一旦無法解決，惟有訴諸武力。儘管英國強調透過該國的渠道有利於中美會談，但杜勒斯表達美國打算派特派員（commissioner）來澄清並了解中美雙方的想法。[180]然而此一作法受到羅伯森的反對，並建議以提高中美在日內瓦會談的等級來

---

[179] Memorandum From the Acting Assistant Secretary of State for Far Eastern Affairs (Sebald) to the Secretary of State, Washington, June 10, 1955, *FRUS*, 1955-1957, Vol.2, pp.590-591.

[180] Memorandum of a Conversation Between the Secretary of State and British Foreign Secretary Macmillan, San Francisco, June 20, 1955, *FRUS*, 1955-1957, Vol.2, pp.605-607.

解決談判的壓力。[181]此一建議獲得杜勒斯的採納，並於七月八日
透過英國政府轉達。七月十三日，英國新任駐華代辦歐念儒（Con
O'Neill）轉達了美國的口信，周恩來於十五日回覆，指出美國所
述及的建議是有用的，即中美在日內瓦的會談在更有權力的一級
進行，以便有助於雙方平民回國問題的解決，並有利於進一步討
論和解決我們雙方之間目前所爭執的某些其他的實際問題。[182]於
是雙方於八月一日開啟了日內瓦會談，中方代表為波蘭大使王炳
南，美國為捷克大使約翰遜（Alexis Johnson），雙方進行了另一
波的外交鬥爭，台海危機正式落幕。

第四節　小結

　　台海危機並不影響中共的基本生存安全，所以如同赫曼
（Charles F. Hermann）所言發動者會傾向在危機中操控風險，不
願妥協並使用武力。[183]所以在「貓頭洋護漁戰」中共使用武力佔
領浙海部份島嶼，其所採取的就是「做做看」（try-and-see），一
種漸進式施壓（a gradual turning of the screw）以迫使對手讓步的
方式。勸誘對手放棄意圖而後再決定採取下一個動作，避免不必

---

[181] Memorandum From the Assistant Secretary of State for Far Eastern Affairs (Robertson) to the Secretary of State, Washington, July 1, 1955, *FRUS*, 1955-1957, Vol.2, pp.627-631.

[182] 中共中央文獻研究室編，*周恩來年譜：1949-1976，上卷*，頁 494。

[183] Charles F. Hermann ed., *International Crises: Insight from Behavior Research*, (New York: The Free Press, 1972), p.296.

要的升高。[184]面對中共逐步升高危機，美國派遣第七艦隊巡弋大陳群島的方式來展示武力，試圖嚇阻中共近一步升高危機。美國所採取的是一種強制外交（coercive diplomacy）的策略，試圖勸誘中共放棄升高危機。[185]其實就危機管理的戰略來看，雙方都採取了一些攻擊性的危機管理戰略。[186]如中共採取了有限度試探與控制壓力，美國則採取了恐嚇。但是雙方的軍事與外交目標都存在著一定的落差，再加上缺乏直接溝通的管道，導致誤解而使危機升高。如中共不斷地藉由媒體宣傳解放台灣的決心，過度擴大外交目標，而不明確傳達解決外島的有限目標，致使美國將有限衝突與國家威望做連結，而難以降低危機。[187]美國的強制外交也

---

[184] Alexander L. George ed., *Avoiding War: problems of Crisis Management,* (Boulder, Colorado: Westview Press, 1991), pp.384-387.

[185] 強制外交（coercive diplomacy）策略尋求勸誘（persuade）對手去停止其侵略性的行為，而不是強迫（bludgeon）對手停止其行為。強制外交策略要求使用適度的武力，其目的為一方面顯示其保護某種利益的決心，另一方面不排除使用更多的武力以強調其決心的可信度來勸導對手讓步。換言之，在防禦者訴諸軍事手段以迫使對手放棄之前，應給予對手一個機會已決定停止或退出此行動。請參閱 Paul Gordon Lauren, *Diplomacy: New Approach in History, Theory, and Policy,*（New York: Free Press, 1979）, pp.192-195.

[186] Alexander L. George 將危機處理的戰略則分為攻擊性與防禦性兩種。攻擊性包括恐嚇(blackmail)有限度試探(limited probe)控制住壓力(controlled pressure)、造成既成事實（fait accompli）、慢慢消耗（slow attrition）；防禦性則有強制外交（coercive diplomacy）、有限度的升高（limited escalation）、以牙還牙報復（tit-for-tat reprisals）、接受對方的能力挑戰、劃清界線（drawing the line）、展現決心與承諾避免敵人錯估情勢、拖延時間尋求雙方滿意的解決方式。Alexander L. George, "Strategies for Crisis Management," in Alexander L. George ed., *Avoiding War: Problems of Crisis Management,* (Boulder, Colorado: Westview Press, 1991), pp.379-392.

[187] Alexander L. George 提出政治與軍事在危機管理中有七項配合原則，其中第四項談到以表示決心為意圖的軍事行動或威脅必須符合有限性的外交

缺乏清楚的意圖,致使強制外交軟硬兼施的彈性策略失效。[188]最後,中共發動九三砲戰來表達其意圖決心的軍事行動,美國的砲艇外交失敗。探究美國嚇阻失敗,不能否認美國在危機初期對外島防禦的態度相當保留,缺少劃清界線,展現決心與承諾等防禦性的危機戰略導致失敗。

　　然而中共在危機初期採取軍事行動威脅時,嚴密地控制軍事行動,對大陳的攻擊限制在沒有美軍的情況下才能發動,而且在砲擊金門後馬上停火,觀察美國與台灣反應,相當符合喬治(Alexander L. George)所強調危機管理中政治與軍事配合的原則,即決策者嚴密控制軍事行動,與軍事行動的步調和動量應故意減緩和停頓,使雙方有時間交換訊息並研判情況,提出回覆作為。[189]儘管美國也嚴密地控制第七艦隊與台灣的軍事行動,然而中美雙方缺乏直接而明確的溝通管道,使得雙方被迫在眾多分歧的利益中進行沉默議價(tacit bargain)。[190]美國也由於外島問題而

目標,一切噪音(noise)必須避免或儘量減少。請參閱 Alexander L. George, "Crisis Management: The Interaction of Political and Military Considerations," *Survival*, Vol.26, No.5 (Sep/Oct, 1984), pp.223-234.

[188] 強制外交是一種背後有武力威脅所支持的一種外交策略,政治軍事混合的軟硬兼施的彈性策略(a flexible carrot and stick strategy),透過有限、選擇、示範、控制性的武力運用,驅使對手屈服於或接受雙方同意的約定。其中最重要的是必須清楚地將己方要求透過政治外交途徑傳達給對方,因此,強制外交具備傳播訊息、交涉與談判的特質並內植於軍事行動的概念化與行為當中。請參閱 Alexander L. George, David K. Hall & William E. Simon, *The Limits of Coercive Diplomacy- Laos, Cuba, Vietnam,* (Boston: Little Brown, 1971), pp.18-19.

[189] Alexander L. George, "Crisis Management: The Interaction of Political and Military Considerations", pp.223-234

[190] Charles F. Hermann ed., *International Crises: Insight from Behavior Research,*

陷入國家威望與盟友反對的兩難困境，而呈現出舉棋不定的態度，致使中共認為仍可繼續試探美國的底限，美國也因為尋求英國與台灣支持安理會的外島停火案，以便解決美國的困境，而同意與台灣簽訂「中美共同防禦條約」，未料反促成危機的急遽升高。

中共原本藉由外島的有限軍事行動，解決沿海的封鎖困擾，達成政治動員，順便打壓「中美共同防禦條約」的可能簽訂。但是過度的政治宣傳與缺乏良好的溝通管道，使美國無法理解中共多重的企圖中，最核心的要求為何？儘管美國曾經臆測中共可能是為了反對「中美共同防禦條約」而發動砲戰，但是外島問題卻讓美國認知到陷入一個可怕的困境，為了解脫輸不起的困境，而沒有顧慮到中共所關切的的政治原則，致使中共採取垂直升高（vertical escalation）[191]的方式表達抗議。[192]在條約還沒簽訂前，中共是透過外交手段來逐步施壓，十月份透過友邦在聯合國提出中國代表權問題，十一月則是針對美國間諜案進行宣判，然而在十一月底，中共顯然認知到防約難以阻止，為恐懼防約包含外島，而要求軍方儘快攻擊外島。其實在九月到十一月底，中共的外交目標遠大於軍事行動的威脅，而且由於中美雙方缺乏溝通的管道，雙方的噪音均多，致使誤解

---

pp.217-258.

[191] 垂直升高是侷限在危機的地理範圍之內，改變交戰規則或使用另一層次的武力威脅以達成其目的。Joshua M. Epstein, "Horizontal Escalation," *International Security*, Vol.8, No.3 (Winter 1983/1984), pp.19-26.

[192] Ole R. Holsti 就曾談及危機處理的技巧，第一就是要設身處地了解對方所關心的事項。請參閱 Ole R. Holsti, *Crisis Escalation War,* (Montreal: Mcgill-Queen's University Press, 1972), pp.222-225.

不斷，這顯然違反了危機管理中政治與軍事配合的原則。[193]「中美共同防禦條約」沒有包含外島，只是美國單純的利益選擇，而非中共施壓成功。

「中美共同防禦條約」的簽訂，促成中共以升高衝突的方式，這相當接近史奈德與狄辛所提出的危機發展模式中的危機門檻（crisis threshold），採取升高對抗的方式，但是又不拒絕聯合國秘書長哈瑪紹對美國間諜案的斡旋，保留了一點談判空間；然而美國接受運用聯合國來使美國間諜案變成聯合國部隊的戰俘問題，但是卻不樂見哈瑪紹介入台海衝突，遂使得此一訊息傳遞的管道不被信任。由於未獲致美國的答覆，中共約見英國代辦威脅英國在台海危機的立場將影響中英關係，並開始對大陳群島進行軍事轟炸升高危機，甚至於一月十八日大規模攻打一江山。美國則是採取嚇阻、威脅與妥協並用，使中共減少升高危機的念頭。[194]儘管一月底美國增兵遠東，並通過「福爾摩沙決議案」，但美國仍不明確宣示是否協防金馬，模糊的嚇阻與威脅並沒有使中共停手，反而是美台對金馬的妥協反成為外島停火案的絆腳石，又使美國陷入兩難的困境。

二月八日大陳群島的安全撤退，顯示出某種沉默議價的成功。所以只要中共不再升高危機，美國就可以避免在被迫防守金馬與放棄外島停火案作二擇一的困境。由於恐懼中共的繼續試

---

[193] Alexander L. George, "Crisis Management: The Interaction of Political and Military Considerations," pp.223-234.

[194] Ole R. Holsti 危機處理技巧第三項：使用嚇阻、威脅和妥協並用，使敵人減少升高危機的念頭。請參閱 Ole R. Holsti, *Crisis Escalation War*, pp.222-225.

探，杜勒斯在二月十六日近乎明確地說明美國將協防金馬，中共
卻以砲擊福建島嶼回應，使得美國對外島前景悲觀，而祭出了核
武嚇阻的最後手段。

　　其實中共在獲悉可以和平接收大陳群島，便已釋放出談判的
訊息，且不反對召開國際會議，顯示其願意用談判的方式結束危
機。[195]只不過談判的前提是美軍撤出台灣與國府不得參加談
判，並沒有為美國留下台階，致使美國無法認知中共談判的誠
意。[196]直到英國轉向試圖說服中共不向沿海島嶼動武與美國核
武威脅，中共可能才感受到倘使要擴張自身最大利益，就可能
要付出不願意見到的代價。[197]有限戰爭已達成其部分目標，可
考慮改變方式以控制風險。[198]當然，萬隆會議提供了中共一個

---

[195] Alexander L. George 提出危機處理政治與軍事配合的原則第六條指出：任
　　何軍事與外交行動都必須表達願意用談判來結束危機。請參閱 Alexander L.
　　George, "Crisis Management: The Interaction of Political and Military
　　Considerations," pp.223-234.

[196] Ole R. Holsti 危機處理的技巧指出避免切斷後路，使對方有轉圜的餘地而
　　不致訴諸更進一步的暴力；Alexander L. George 的政治與軍事配合原則也
　　提出，外交及軍事行動都應為對方留一條路，並讓對方相信結束危機符合
　　其利益。請參閱 Ole R. Holsti, *Crisis Escalation War*, pp.222-225; Alexander L.
　　George, "Crisis Management: The Interaction of Political and Military Considerations,"
　　pp.223-234.

[197] 危機管理的困境就是一方面要盡全力保障自己最重要的利益；同時又要避免可
　　能導致不願見到的代價及冒險。Eric Stern and Bengt Sundelius, "Managing
　　Asymmetrical Crises: Sweden, the USSR and U-137," *International Studies Quarterly*,
　　Vol.36, No.2 (June 1992), p.219.

[198] Thomas C. Schelling 說戰爭的本身，特別是有限戰爭（limited war）已逐漸
　　變成談判中的一項事件，類似於危機談判中的其他選項。請參閱 Thomas C.
　　Schelling, "The Diplomacy of Violence," in John Garnett, ed., *Theories of
　　Peace and Security: A Reader in Contemporary Strategic Thought,* (Macmillan:
　　St. Martin's Press, 1970), pp.69-72.

絕佳的後路與表演場所,使中共不但結束危機並突破了美國的外交封鎖。

綜觀中共在五四年台海危機歷程中,的確遊走在謹慎施壓(coerce prudently)與廉價和解(accommodation cheaply)間尋求最大的報酬(optimum trade-off)。[199]模糊嚇阻對中共而言,並不具備良好的效果,反而讓中共有機會持續試探美國的底限,這並不代表中共不懼怕美國的武力,中共在危機中的確嚴密地控制軍事行動,極力避免與美軍衝突,這當然與中共的軍事實力有關。在中共掌握海空優勢的浙江沿海,中共較敢於使用有限戰爭來作為危機談判的手段,但是對於軍力尚弱的福建沿海,中共只有進行砲擊而沒有使用轟炸的軍事行動,在美國越來越明確對外宣稱考慮防衛金馬之際,與核武嚇阻的公佈,中共便已經降低軍事行動,改採國際鬥爭的外交手段。

此外,軍事行動試探後的等待是中共下一步行動的重要判斷來源。一九五四年五月佔領東磯列島與頻繁的軍事集結與演習,美國只以武力展示試圖嚇阻,並無相對性的宣傳。九三砲戰後,中共對於國府的報復行為少有反應,持續觀察美國反應,僅在九月二十三日有大規模砲擊報復。中共持續地控制住壓力,但是美國對於外島仍無明確的聲明,反倒是「中美共同防禦條約」促使中共升高壓力進行對抗,在無法攔阻簽約的情況下,中共以一江山戰役作為回復,又持續觀察美國的反應。在此案例中發現,中共危機操控的可能模式如下:

---

[199] Glenn H. Snyder & Paul Diesing, *Conflict Among Nations:* Bargaining, Decision Making and System Structure in International *Crises,* (Princeton, N.J.: Princeton University Press, 1977), p.20.

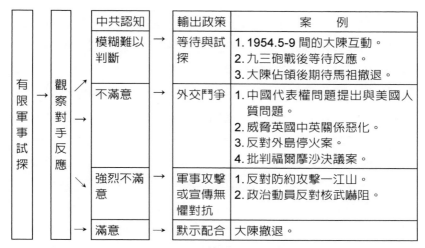

圖十一　中共危機操控的行為模式

　　中共在台海危機中是一個明顯的操控者，而且這個危機對其可能不是危機，而是對美鬥爭的一個小步驟。整個危機期間，中共高層關注在新憲法制定、制定後的權力分配、「一五計畫」的施行、國慶的外賓接待，特別是赫魯雪夫與尼赫魯的來訪，都是中共的頭等大事。危機期間的軍事行動均受制於這些活動與政策。顯而易見的是，中共並沒有將所有資源投注在台海危機此一議題。中共只想表達美國侵犯其核心利益的不滿，並未試圖一鼓作氣解決台海問題。中共非常清楚他的軍事能力無法橫渡第七艦隊巡弋的台灣海峽，他的軍事規劃也完全集中在浙江沿海島嶼的收復，只不過金門砲擊的試探，撼動了美國的決策認知。中共解放台灣的宣傳方針非常明確地指出，對美國進行的是外交鬥爭，對國府進行的是軍事鬥爭；在實際的互動上，中共也是竭力避免與美國發生直接的軍事衝突，顯示這是一個有限度的衝突。

　　中共在台海危機中追求的目標為何？在宣傳上，中共在台海危機中的目標是解放台灣，但是能力與目標的實際落差，使得這個目標一直停留在宣傳層次。在實際的軍事目標上，中共期望由北而南尋求沿海島嶼的突破，一舉解決困擾已久的東南沿海封鎖問題。然而由於雙方缺乏直接溝通管道，與互信的第三者協調，致使雙方都無法確認對方的宣傳與實際目標是否一致。由於中共又把台海危機視為對美的外交鬥爭與對台的軍事鬥爭，這種雙層博奕的性質，在缺乏良好的訊息傳遞下，中共也難於從外交鬥爭的目標上退卻，以顯示膽怯。結果一個不合實際的政治目標，反而阻撓了沿海島嶼突破的重大成果。在危機過程中，中共是有試圖將目標限縮，儘管聯合國、英國、印度等都試圖協調，但是缺乏雙方互信的第三者，使得雙方的默示議價異常謹慎，而不敢隨便公開底限而退讓。就像杜勒斯提及由於中共是要解放台灣，而外島是解放台灣的第一步，致使美國不得不將外島的防禦納入考慮。倘使中共表態出有限的軍事目標，並正確地傳遞給美國，或許金馬有機會進行沉默交易。然而由於雙方的雙層博奕因缺乏溝通而頗類似僵持遊戲，致使中共寧可採取對抗以避免可能的損失。

　　大陳群島的沉默交易，鼓舞了中共原先的行為模式，它期望持續施壓金馬，但又避免與美國軍事衝突，希望沉默交易能進行擴大。然而美國卻面臨了無可交易的窘境而進退不得，致使雙方對危機所可能帶來的利益或損失逐漸絕望，而被迫採取退讓或不惜一戰的最後底限。

　　當中共對期待中的沉默交易逐漸絕望，危機所能創造的利益高於付出成本，中共就開始思索改變行為。美國的核武威脅升高了中共的軍事成本，萬隆會議卻創造了更大的外交空間。萬隆會

議不僅可以跳脫美英所設計的聯合國框架，又可以不直接面對美國威脅，尋求不結盟國家的支持來對抗美國。所以中共改採和平外交符合亞非國家訴求，憑空增添了龐大的新興勢力來與美國抗衡，比起聯蘇反美更具有道德性與正當性。最終在這場外交戰，中共一直握有主動權，美國只能被動反應，終於開啟了中美大使級會談，展開中美高層的直接對話。

第五章　中共決定結束危機的原因

　　一九五五年台海危機結束的探討，其實充滿著許多以美國資料為主的研究，當然美國資料的開放性促成了這種研究取向。這種研究取向有幾個特色：強調美國的危機管理、核武嚇阻、外交決策與中共的互動等。這些以美國為主體的觀察，對於美國而言當然是有意義的主題，然而對於中共與台灣卻不見得是主要與有意義的主題。本章擬以近來中共開放的檔案資料與研究，分析以中共為主體的觀察。先就危機結束的相關論述作一介紹，並以學者爭議最大的核武嚇阻與萬隆會議是否是危機結束的主因作一探討，希望釐清核武嚇阻與中共停止危機是否具有因果關係，以及萬隆會議與台海危機是具有主從關係還是相互的副產品。藉由這樣的探討，理解中共結束危機的想法。

第一節　危機結束的相關論述

　　有關一九五四年台海危機結束的論述，其實學界目前仍眾說紛紜。一般認為美國的核武威脅與中共主動釋出談判的意願是主要原因。然而核武威脅與主動談判是否具有絕對的因果關係，常是學界爭論不休的焦點。早期以美國學者為主的研究強調美國良

好的危機管理或戰爭邊緣（brinkmanship）[1]政策成功地結束危機；九〇年代兩岸學者就各自重視的主題進行研究，大陸的學者強調中共的行為是防禦性的，美國的圍堵與防約的簽訂是促成砲擊的原因，而危機的降低是中共考慮營造和平的國際環境主動選擇結束危機。至此學界爭論的焦點在於危機結束的主因究竟是美國政策的成功，還是中共主動的意願？兩者觀點各有立論。

　　美國是否打算使用核武解決台海危機，其實就有兩造不同的意見。張少書（Gordon H. Chang）認為中共在外島的行動沒有終止的跡象，杜勒斯感受到美國已經被逼入牆角，袖手讓外島陷落將對美國的威信有嚴重的打擊，所以不惜使用核武來對付中共。他與艾森豪都考慮一旦中共攻擊金馬，美國不惜使用更激烈的手段，包括戰術核武。[2]亨瑞奇斯（Waldo Heinrichs）則說杜勒斯在訪問亞洲回國後，相信中共比他預期的更充滿敵意，艾森豪也接受金門受到攻擊時必須使用原子彈的看法。[3]加迪斯（John L.

---

[1]　James Shepley 就盛讚杜勒斯執行了三次戰爭邊緣政策：核武嚇阻中共停止韓戰、警告中共美國不會坐視印度支那淪陷、1954-1955 年的台海危機。如同杜勒斯說：「假如你想臨陣脫逃，就是輸家……我們已經走到邊緣，而且採取強力的行動。」（If you try to run away from it, you are lost…We walked to the brink and looked it in the face. We took strong action.）。Foster Rhea Dulles, *American foreign Policy toward Communist China, 1949-1969,* (New York: Thomas Y. Crowell Company, 1972), p.149.

[2]　Gordon H. Chang, "To the Nuclear Brink: Eisenhower, Dulles, and the Quemoy-Matsu Crisis," *International Security*, Vol. 12, No.4 (Spring, 1988), pp.105-106; Gordon H. Chang, *Friends and Enemies: The United States, China, and the Soviet Union, 1948-1972,* (Stanford, California: Stanford University Press, 1990), pp.125-126.

[3]　Waldo Heinrichs, "Eisenhower and Sino-American Confrontation," in Warren I. Cohen and Akira Iriye, eds., *The Great Powers in East Asia*, 1953-1960, (New York: Columbia University Press, 1990), p.100.

Gaddis）指出杜勒斯主張使用核武，艾森豪也同意，並有意將使用核武的訊息公諸於世，如果中共進攻金馬，艾森豪政府是準備使用核武；在有限戰爭的情況下，透過偶然樂意使用原子彈，明確試圖嚇阻的東西及一連串的好運，艾森豪以較小的代價取得嚇阻的重要目標。[4]布蘭茲（H. W. Brands, Jr.）就指出危機爆發前十個月，艾森豪政府就已經制定了 NSC162/2 號大規模報復的國家安全政策，由於政府已經開始削減常規兵力，越來越依賴核武嚇阻，一旦衝突發生又不使用核武，大規模報復政策就會受到懷疑，台海危機所面臨的就是核武嚇阻信譽的侵蝕。[5]格瑞布勒（Norman A. Graebner）指出美國雖不願與共產集團發生戰爭，但是為了遏制共產主義在亞洲的擴張，所以採取大規模報復政策。[6]安布羅斯（Stephen E. Ambrose）認為艾森豪在是否使用原子彈上含糊其辭，使中共停止了攻擊，但他從未非使用原子彈不可。[7]哈爾派林（Morton H. Halperin）認為美國有意使用核武來解決台海危機。[8]美國大規模報復政策的核心就是以核武為主軸的戰略，彈性報復

---

[4] John Lewis Gaddis, *Strategies of Containment: A Critical A Appraisal of Postwar American National Security Policy,* (New York: Oxford University Press, 1982), pp.169-197.

[5] Henry W. Brands, Jr. "Testing Massive Retaliation: Credibility and Crisis Management in the Taiwan Strait," *International security*, Vol.12, No.4 (Spring, 1988), pp.142&148-150.

[6] Norman A. Graebner, "Conclusion: The Limits of Nuclear Strategy," in Norman A. Graebner ed., *The National Security: Its Theory and Practice, 1945-1960,* (New York: Oxford University Press, 1986), pp.280-282.

[7] Stephen E. Ambrose, *Eisenhower: Vol.2: The President,* (New York: Simon and Schuster, 1984), pp.239, 244-245.

[8] Morton H. Halperin, "The Eisenhower Years," in Ernest R. May and James C. Thompson, Jr. eds., *American-East Asian Relations: A Survey,* (Cambridge, Massachusetts: Harvard University Press, 1972), p.119.

政策也需要核武實現，所以美國在台海危機使用核武嚇阻政策是維持艾森豪政府一貫的立場。貝茲（Richard K. Betts）則認為杜勒斯與艾森豪都打算使用核武，只是考慮到盟邦與世界輿論的反應，最終以模糊的方式應對。他們都以核武做最後選擇，不過最好不要用到，所以很難說他們的姿態都是假的。[9]大陸學者戴超武則認為美國的核武威脅在危機後期引起了中共高度的關切，並竭盡所能製造反對核武的輿論。[10]

高登（Leonard H. D. Gordon）不認為美國會使用核武，五〇年代美國的台海政策就是避免使用武力，所以也無所謂使用核武問題，美國同情國民黨重返大陸的目標，但只提供有限度的軍援使之自衛。[11]唐耐心（Nancy Bernfopf Tucker）則說：「艾森豪政府雖然威脅要使用核武，但實際想用的意圖並不存在。」崔克斯恩伯（Marc Trachtenberg）則宣稱美國五〇年代實際施行的是維持亞洲現狀，並決定與蘇聯和平共存，所以核武只是一種嚇阻敵人的工具，美國從來沒想要使用它，更不會成為第一個使用核武的國家。[12]張曙光、翟強則認為艾森豪與杜勒斯曾嚴肅考慮使用核武，但最終還是希望避免使用。[13]威爾斯（Samuel F. Wells, Jr.）

---

[9] Richard K. Betts, *Nuclear Blackmail and Nuclear Balance,* (Washington D.C.: Brookings Institution, 1987), pp.55-60.

[10] 戴超武，*危機與敵對的年代：1954-1958 年的中美關係*，（北京：社會科學文獻出版社，2003 年），頁 233-234。

[11] Leonard H. D. Gordon, "United States Opposition to Use of Force in the Taiwan Strait, 1954-1962," *The Journal of American History*, Vol.72, No.3, (December, 1985), pp.658-659.

[12] Marc Trachtenberg, "A Wasting Asset: American Strategy and the Shifting Nuclear Balance, 1949-1954," *International Security*, Vol.13, No.3 (Winter, 1988/89), pp.46-47.

[13] Shu Guang Zhang, *Deterrence and Strategic Culture: Chinese-American*

則強調艾森豪對使用核武的態度非常謹慎小心，大規模報復的重
點在事前的嚇阻。[14]伊莫曼（Richard H. Immerman）指出艾森豪
對核武時代的戰爭、和平與國家安全有自己一套的想法，他雖然
考慮用戰術性核武，但意圖、行動與說辭之間的關係如同計畫、
討論使用核武、同意使用核武之間是不相同的。對艾森豪來說，
核武的價值是象徵性的。[15]大陸學者霍世亮則認為艾森豪政府不
是真的想用核武，只是停留在口頭陳述，大規模報復象徵意義大
於實質意義。[16]霍普斯（Townsend Hoopes）強調杜勒斯是一個堅
決反共與不妥協的道德主義者，在台海危機時其表示中共如果攻
擊金門，美國會使用核武反擊。但是美國希望用核武威脅對中共
施加更大的壓力，但是核武威脅只是口頭上嚇唬中共，使其接受
停火。[17]張淑雅認為美國的「冷戰言論與實際政策間有相當差
距，……一般認定艾森豪政府有守外島的決心，甚至不惜將世界
推向核戰邊緣的看法，也有修正的必要。」[18]普魯耶森（Ronald W.

Confrontations, 1949-1958, (Ithaca, N.Y.: Cornell University Press, 1992), pp.213-214; Qiang Zhai, The Dragon, the Lion, and the Eagle: Chinese-British-American Relations, 1949-1958, (Kent, Ohio: Kent State University Press, 1994), p.171.

[14] Samuel F. Wells, Jr., "The Origins of Massive Retaliation," Political Science Quarterly, Vol.96, No.1 (Spring, 1981), pp.37-38.

[15] Richard H. Immerman, "Confessions of an Eisenhower Revisionist: An Agonizing Reappraisal," Diplomatic History, Vol.14, No.3 (Summer, 1990), pp.325-327&340-341.

[16] 霍世亮，「論杜勒斯的和平哲學及其和平改革說」，美國研究，第4卷，第1期，1990年3月，頁4-17。

[17] Townsend Hoopes, The Devil and John Foster Dulles, (Boston: Little, Brown, 1973), pp.263-264, 277, 283.

[18] 張淑雅，「台海危機前美國對外島的政策（1953-1954）」，中央研究院近代史研究所集刊，第23期，民國83年6月，頁330。

Pruessen）雖然認為艾森豪與杜勒斯都沒打算使用核武，但在處理危機的過程中，幾乎面臨失控的局面。[19]史托普則強調華府雖然大肆張揚使用核武的態度，但艾森豪還是以模糊策略為主，讓中共猜不透，並考慮高風險小報酬是否值得，換言之，艾森豪不希望中共逼他表態。[20]喬治（Alexander L. George）與史莫克（Richard Smoke）認為美國的核武威懾使北京沒有對金馬進行全面性的攻擊或削弱美國的承諾；但是也沒有阻止中共依據自己的意願採取小規模行動，來考驗美國的承諾。[21]

儘管美國的核武政策被學者認為從會使用、虛張聲勢、嚴肅考慮或陷入失控的局面等，這些決策的狀態並沒有充分顯現在美國的對外宣傳，美國表現出來的是模糊政策與核武嚇阻。中共所認知到是在核武威脅下是否要進行其解放台灣的政治或軍事手段，美國是否決定使用核武，成為中共政策考量的必需與主要選項。這意味著只要中共決定使用軍事手段，就必須有準備承受美國核武報復的決心。至於美國屆時使用的決心，已不是中共所能顧慮的。張曙光就直言，如果北京領導人不考慮核武威脅，中國軍隊將力圖奪取金馬和其他沿海島嶼；顯然中國領導人第一次認真地考慮美國的核武威脅。[22]

[19] Ronald W. Pruessen, "John Foster Dulles and the Predicaments of Power," in Richard H. Immerman, ed., *John Foster Dulles and the Diplomacy of the Cold War,* (Princeton, N.J.: Princeton University Press, 1990), pp.36-37.

[20] Thomas E. Stolper, *China, Taiwan, and the Offshore Islands: together with an Implication for Outer Mongolia and Sino-Soviet Relations,* (New York: M. E. Sharpe. Inc., 1985), p.90.

[21] Alexander L. George & Richard Smoke, *Deterrence in American Foreign Policy: Theory and Practice,* (New York: Columbia University Press, 1974), pp.266-292.

[22] Shu Guang Zhang, *Deterrence and Strategic Culture: Chinese-American Confrontation, 1949-1958*, pp.220-222.

　　至於中共在萬隆會議釋出善意，也是許多學者認為是結束危機的重要原因。但是中共為何在此時釋出善意，學者的意見又趨於分歧。唐耐心認為由於美國公開表示不惜使用核武，讓中共考慮以談判的方式解決彼此的爭端，因此周恩來才在萬隆會議上表示願意與美國協商的意願。[23]迪凡（Robert A. Divine）認為艾森豪慎重的核武威脅，既警告了中國人，又沒有侮辱他們或刺激他們發動進攻，讓中共決定採取和平的態度。[24]沙特（Robert G. Sutter）認為中共並不想與美國直接發生衝突，所以才會以大使級會議來解除危機，他也認為美國的危機處理方式成功地結束危機。[25]高立夫（Ralph N. Clough）、卡立奇（Jan H. Kalicki）認為中共一連串軍事行動並沒有削弱美國防衛台灣的決心，所以決定改採溫和的方式來面對美國。[26]唐納凡（Robert J. Donovan）、芮斯（David Rees）、鄒讜則提出美國的模糊政策讓中共決定中止軍事行動，而在萬隆會議表明和平的意圖。[27]

---

[23] Nancy Bernkopf Tucker, "Cold War Contacts: America and China, 1952-1956," in Harry Harding and Yuan Ming, eds., *Sino-American Relations, 1945-1955: A Joint Reassessment of a Critical Decade,* (Wilmington, Dela: Scholarly Resources, 1989), pp.255-256.

[24] Robert A. Divine, *Eisenhower and the Cold War,* (New York: Oxford University Press, 1981), pp.62-64.

[25] Robert G. Sutter, *China-Watch: Toward Sino-American Reconciliation,* (Baltimore: John Hopkins University Press, 1978), pp.44-47.

[26] Ralph N. Clough, *Island China,* (Cambridge, Massachusetts: Harvard University Press, 1978), p.13; Jan H. Kalicki, *The Pattern of Sino-American Crises: Political-Military Interactions in the 1950s,* (New York: Cambridge University Press, 1975), pp.150-151.

[27] Robert J. Donovan, *Eisenhower: the Inside Story,* (New York: Harper, 1956), pp.304-305; David Rees, *The Age of Containment: the Cold War, 1945-1965,* (New York: St. Martin's Press, 1968), p.59; Tang Tsou, *Embroilment Over*

　　然而張少書與何迪卻不認為中共是在美國核武威脅下退卻，他們指出：「周恩來的談話是對各國關切亞洲緊張情勢下一種即席的反應，絕不是北京領導人在會議之前就已經特別計畫好或對美國核武威脅的回應。」[28]賈慶國則認為：「中共就是要利用此一盛大會議展現其和平共存的主張，並撇清侵略的形象。在這種情況下，周恩來才在各國的詢問下，表達與美協商的意圖，所展現的是北京有彈性、自制、和平的誠意。」[29]史托普認為蘇聯對美國的低盪政策，中共加速農工改革意願，期望美國鬆綁中共與歐洲的貿易，蔣介石從外島撤軍的壓力與亞洲中立國家在萬隆會議期間對中共的壓力，拉近了中共與美國談判的距離，也促使了中共在萬隆會議釋出善意。[30]哈定（Harry Harding）則是認為中共為了國內經濟的發展，需要和平的國際環境，所以才結束危機。[31]辛頓（Harold C. Hinton）指出中共認為美國似乎會協防外島，若在萬隆會議提高危機會影響與中立國家的關係，加上蘇聯不支持，

Quemoy: Mao, Chiang and Dulles, (Utah: University of Utah Press, 1959), p.8.

[28] Gordon H. Chang & Di He, The Absence of War in the U. S.-China Confrontation over Quemoy and Matsu in 1954-1955: Contingency, Luck, Deterrence?", *American Historical Review*, Vol.98, No.4 (Dec. 1993), pp.1520-1521.

[29] Qing-Guo Jia, "Searching for Peaceful Coexistence and Territorial Integrity," in Harry Harding & Yuan Ming eds., *Sino-American Relations, 1945-1955: A Joint Reassessment of a Critical Decade*, (Wilmington, Dela: Scholarly Resources, 1989), p.277.

[30] Thomas E. Stolper, *China, Taiwan, and the Offshore Islands: together with an Implication for Outer Mongolia and Sino-Soviet Relations*, pp.101-102.

[31] Harry Harding, " The Legacy of the Decade for Later Years: An American Perspective," in Harry Harding & Ming Yuan, eds., *Sino-American Relations, 1945-1955: A Joint Reassessment of a Critical Decade,* (Wilmington, Dela: Scholarly Resources, 1989), pp.319-320.

最後在希望爭取國際認同下，中共結束危機。[32]霍普斯（Townsend Hoopes）則認為中共為了追求國際認同，所以在各國施加壓力的情況下，周恩來公開表明和平的企圖。[33]尼斯（Peter Van Ness）強調中共為發展共產與非共產國家間的和平共處，即所謂的萬隆精神來爭取國際認同，所以結束危機。[34]帕特森（Thomas Paterson）、克利佛（Garry Clifford）與哈根（Kenneth J. Hagan）認為中共因為缺乏核子武器與得不到蘇聯的支持，所以決定結束危機。[35]張淑雅則認為「華府實際上是在中共以雙方僑民為人質的文攻，加上砲擊外島的武嚇雙管齊下的壓力下，一步步退讓，終至不得不與中共舉行含有高度承認意味的大使級談判。」[36]戴超武認為美國的核武威脅，蘇聯的不支持，使中共利用萬隆會議釋放善意結束危機。[37]艾西奈利（Robert Accinelli）認為美國最終得以從外島危機脫困，並非核武威懾的作用，可能在於美國對參加萬隆會議亞非國家所做的政治工作。[38]

[32] Harold C. Hinton, *China's Turbulent Quest: An Analysis of China's Foreign Relations Since 1949,* (New York: The Macmillan Company, 1972), pp.17, 68-69.

[33] Townsend Hoopes, *The Devil and John Foster Dulles,* (Boston: Little Brown, 1973), p.282.

[34] Peter Van Ness, *Revolution and Chinese Foreign Policy: Peking's Support for Wars of National Liberation,* (Berkeley: University of California Press, 1970), p.12.

[35] Thomas G. Paterson, Garry Clifford, Kenneth J. Hagan et. al., *American Foreign Policy: A History since 1900*, 2nd, (Lexington, Massachusetts: D.C. Heath and Company, 1983), p.501.

[36] 張淑雅，「安理會停火案：美國應付第一次台海危機策略之一」，*中央研究院近代史研究所集刊*，第 22 期，下冊，民國 82 年 6 月，頁 105-106。

[37] 戴超武，*危機與敵對的年代：1954-1958 年的中美關係*，頁 233-240。

[38] Robert Accinelli, *Crisis and Commitment: United States Policy toward Taiwan, 1950-1955,* (Chapel Hill: University of North Carolina Press, 1996), p.232.

　　張少書與何迪總結 1954 年台海危機經驗：一、危機表示了相互隔絕的危險，由於缺乏正常的交流途徑，對手意識型態上的假設在決策的關鍵時刻起了較為重要的作用，並可歪曲或混淆對局勢的客觀判斷；二、危機表示了雙方決策的複雜性，並強調毛澤東也面臨著同樣的問題，這些複雜的因素來自國內的情緒、急躁的戰地指揮官、失誤的情報以及同其他高級官員的紛歧，但總結來看，毛澤東在整個危機中的行為是深思熟慮的。三、危機還有助於學者正確地評價事件的偶發性及國際危機的不可預測性。雙方以各自的文化、民族經驗及偏見為假設基礎的濾色鏡進行的情報評估，將導致不可避免的錯誤，並使緊張的局勢得以升級。台海之所以沒有爆發戰爭，更多地是由於真正的僥倖，而非有效的威懾，既非美國的核子威懾也非中共的人民戰爭。[39]

第二節　美國核武威脅的影響

　　一九五四年的台海危機，中共是否有在美國的核武威脅下退縮頗值得研究。本節將以美蘇核武戰略的演變來觀察中共在這波核武戰略爭論中有何影響。其次，觀察中共對核武的認知與美國核武威脅迫使中共降低危機並加速核武發展。最後，比較五〇年代初期，美國兩次核武威脅中共，中共為何到五四年台海危機才真正感受威脅。

---

[39] Gordon Chang and He Di, "The Absence of War in the U.S.-China Confrotation over Quemoy and Matsu in 1954-1955: Contingency, Luck, Deterrence？", pp.1523-1524.

壹、美蘇核武戰略的演變

一九四五年開始，美國享受了一段核子天真（nuclear innocence）時期，這時期美國享有核子壟斷權。由於對蘇聯核武發展過度低估，以及原子彈的稀有性，美國遲至一九四七年才開始進行核子囤積。所以，在肯南提出的圍堵戰略裡面，根本沒有注意到核武的重要性。[40]一九四八年核武技術的克服，大量製造已不成問題，使得美軍提倡在戰爭初期使用核武可以產生決定性效果，因而擬定「半月」（Half-Moon）計畫，主張戰爭初期使用核武以減緩俄軍向西歐進攻的速度，並毀滅足夠數量的社經目標迫使蘇聯投降，這就是原子閃擊戰（atomic blitz）的概念。

一九四九年八月蘇聯成功試爆原子彈，美國核子壟斷結束。由於蘇聯有能力嚴重損害美國，所以美國除了要維持核子優勢外，也要建立龐大的傳統兵力。杜魯門時期國務院政策計畫室主任尼茲所提出的 NSC/68 號文件，強調一九五〇到一九五三年間，美國除了依靠核子武器，仍然要發展大規模傳統武器與蘇聯進行軍備競賽，並且不反對首先使用核武，但是核子武器是用來預防第三次世界大戰，只要傳統武力足夠，杜魯門時期是不打算打核子戰爭的。[41]

儘管美國學界已經有人提出有限戰爭的概念，但是美國當局對核子武器應用在有限戰爭的思想還沒有準備。一九五三年艾森豪入主白宮，為了平衡國內預算與全球安全戰略，艾森豪政府於

---

[40] 鈕先鍾，《現代戰略思潮》，（台北：黎明文化事業公司，民國 74 年），頁 151。
[41] Lawrence Freedman, *The Evolution of Nuclear Strategy,* (New York: St. Martin, 1983), pp.70-71.

十月三十日做成了「國家安全基本政策」（Basic of National Security Policy）的 NSC162/2 號文件。美國意識到自身能力有限，但又不願縮小戰略利益，期望以最低的代價保障戰略利益，遂提出了大規模報復政策（massive retaliation）。[42]艾森豪認為韓戰之所以爆發，是杜魯門對遠東的圍堵政策未做不惜使用核武的聲明，艾森豪的大規模報復政策比以前更重視核武，也更依賴戰略兵力的嚇阻作用。所以 NSC162/2 號文件表達了：「在敵對狀態下，美國將把核武器看作是像其他軍火一樣能夠使用的武器。」（In the event of hostilities, the United States will consider nuclear weapons to be as available for use as other munitions.）[43]表明了核子武器這種非常規武器已經常規化了。

大規模報復政策試圖藉由核武來維持外部安全與內部繁榮的一種平衡政策，它也企圖解決核子時代的兩個基本問題：一、核武究竟能達成何種政治目的；二、核武應如何使用以達到這些目的，它包含核武在軍事的地位與何時、何地及如何使用的具體政策。[44]艾森豪對核武的政治目的是透過威懾來防止戰爭；對於核武在軍事的地位是以常規化來提高使用的可信度，但是何時、何地及如何使用確沒有具體的說明。批評者認為大規模報復只能提供決策者兩種選擇，不是發動核子戰爭就是妥協和退卻；倘使遇

[42] Report to the National Security Council by the Executive Secretary (Lay), Washington, October 30, 1953, *FRUS*, 1952-1954, Vol.2, pp.577-597.

[43] Ibid., p.593.

[44] Michael Mandelbaum, *The Nuclear Question: The United States and Nuclear Weapons*, 1946-1976, (Cambridge: Cambridge University Press, 1979), pp.46-50.

到傳統有限戰爭的小規模侵略，大規模報復似乎就不具備威懾的效果，這充分顯示出大規模報復的困境。

　　一九五四年一月十二日，杜勒斯在美國外交關係協會發表「外交政策的演變」（The Evolution of Foreign Policy）演說指出：「局部防禦經常是重要的。但專憑任何局部防禦都不足以圍堵共產世界的強大地面力量。對局部防禦必須用大規模報復力量的進一步嚇阻來予以增強。一個假想侵略者必須知道，他不能永遠有權選擇適合於自己的戰鬥條件。……遏止侵略的方法是自由世界願意而且能夠在他自己所選擇的地方利用他自己所選擇的方法進行猛烈的反擊。」[45]杜勒斯的談話顯示美國應付有限戰爭最好的方式就是對主要敵人採取直接和具有決定性的行動，而不是與代理者交戰。[46]這促成了媒體產生的一種普遍的認知，即今後無論共產集團的侵略行動發生在哪裡，無論是重大侵略行動或任何形式的侵略，美國巨大報復力量的目標只有一個，即蘇聯或中國的心臟地區。[47]這引起了歐洲盟國的恐慌，歐洲盟國並不希望核武在歐洲本土使用，但是如果蘇聯入侵西歐，核武的先制打擊來緩減蘇

---

[45] *杜勒斯言論選輯*，（北京：世界知識出版社，1960 年），頁 79。John Foster Dulles, "The Evolution of Foreign Policy," address before the Council on Foreign Relations (Jan. 12, 1954), *Department of State Bulletin*, 30 (Jan. 25, 1954), pp.107-110. http://www.nuclearfiles.org/redocuments/1954/54-dulles-mr.html (2004/12/08), *American Foreign Policy: Basic Documents*, 1952-1955, pp.80-85.

[46] John M. Collins, 鈕先鍾譯，*大戰略*，（台北：黎明文化事業公司，民國 76 年），頁 204。

[47] Lawrence Freedman, *The Evolution of Nuclear Strategy*, p.86. 季辛吉對此提出了嚴厲的批判，他認為美國的大規模報復變成一種要麼全有要麼全無（all or nothing）的孤注一擲政策，這種軍事政策使得外交完全癱瘓。Henry Kissinger, " Military Policy and Defense of the 'Grey Area'," *Foreign Affairs*, Vol.33 (April 1955), p.425.

聯的攻勢是被接受；然而在灰色地帶（gray area）使用核武而導致第三次世界大戰，則不是歐洲盟國所樂意接受的。

　　對於被誤解的全面性核武反擊，杜勒斯於一九五四年四月份的外交季刊（Foreign Affairs）發表「謀求安全與和平的政策」（Policy for Security and Peace）的文章，試圖釐清與製造一種有限度的模糊嚇阻。他公開發表戰略核武不一定具有永久的重要性，大規模報復也不適用所有環境，[48]從而引申出彈性報復（flexible retaliation）政策。他寫道：「大規模的原子和熱核武器的報復，並不是在任何情況下都可以最有效地加以使用；……自由世界必須具有各種有效的反應手段，決不能使自己陷入只有全面戰爭的方法，……這並不意味要把每個局部戰爭都變成世界大戰，也不意味共產黨在亞洲發動進攻，就一定要向中國或蘇聯的工業中心投擲原子彈或氫彈。自由世界必須保持集體力量，並願意使用讓侵略敵人感到代價太高而不敢嘗試的方式。」[49]艾森豪認為美國沒有指出核子報復的對象是蘇聯或是中共，他將彈性保留在美國可以選擇任何地方進行立即報復的能力。[50]同時它也要求盟國必須以集體安全為基礎，願意使用一種敵人不可接受代價的方法讓敵人怯步。這種模糊的核武威懾最後被解釋為：在面對全面戰爭或重大侵略行動，明確的核武威懾是必要的；在面對有限戰爭或地區衝突，明確的嚇阻不見得有加乘的作用，模糊的嚇阻可能更有威懾的效果。[51]可是一旦這種模糊的嚇阻受到直接的

---

[48] John Foster Dulles, "Policy for Peace and Security," *Foreign Affairs*, Vol.32 (Apr. 1954), p.356.

[49] John Foster Dulles, "Policy for Peace and Security," pp.353-364.

[50] 鈕先鍾，*現代戰略思潮*，頁 153-156。

[51] 石斌，*杜勒斯與美國對蘇戰略，1952-1959*，（北京：中國社會科學出版社，

挑戰，沒有立即而明顯回應，將使得彈性報復失敗而陷入大規模報復的困境。[52]

　　一九五四到五五年美國核武戰略在學界公開辯論，倘使中心地帶（即歐洲）遭受攻擊，美國毫不懷疑會使用核武；但是假如是在不重要的區域發生傳統攻擊，巨型核武報復是否有效成為一個問題。這就是一九五四到五七年，許多美國學者所討論的灰色地區的防禦。韓戰的經驗使美國認為杜魯門由於拒絕使用大量軍事力量（包括核武），使美國沒有獲致有利的政治局勢，以致於美國在灰色地區的嚇阻受到懷疑，假如美國願意明確的嚇阻，韓戰就不可能爆發。所以提倡有限戰爭的學者認為，在局部戰爭中可以使用核子武器，假使中心地帶是平穩的，核子武器的使用應該不會擴及到兩強的核心區域。[53]他們強調一個認知前提，美蘇兩國都還沒有一種不得不先動手的打擊能力，除非生存感受威脅而又無其他選擇時，全面戰爭是不可能成為一種決策。特別是一九五五年初，杜勒斯對國會議員宣稱美國已經成功發展一種沒有落塵，傷害力有限的核武，使得戰術性核武的觀念越來越具體，這種觀點廣泛地在台海危機中流行。[54]

2004 年），頁 144-145。

[52] 1955 年 1 月，杜勒斯在參議院答覆時表示：「我絕對相信，如國美國不對中共的侵略做出明確、強硬與堅定的反應，……中共一定會得寸進尺，把世界搞的天翻地覆。屆時我們只有兩種選擇：發動一場對中共的全面戰爭，……或完全放棄我們在西太平洋的利益。」這段話充分顯示一旦模糊嚇阻失敗，馬上會陷入大規模報復的困境。Senate Foreign Relations Committee, Executive Sessions of the Foreign Relations Committee, *Historical Series*, Vol.7, (Washington D.C.: Government Printing Office, 1978).

[53] 鈕先鍾，*現代戰略思潮*，頁 169-170。

[54] 美國比較完整接受「彈性報復」的政策始於一九五五年十月一日，陸軍參

　　蘇聯的核武戰略影響中共更甚。中共自建國以來，舉凡軍事、經濟事事師法蘇聯。軍隊建制、準則、軍事教條均仿效蘇聯，所以蘇聯的核武思想絕對影響中共對核武的看法。一九四二年莫斯科會戰後，史達林欽定了一套軍事準則，其中對於戰略奇襲（strategic surprise）則被認為是一種暫時性因素，不具備決定性的效果。所以儘管原子彈出現，蘇聯仍認為核子武器有其功用和價值，不應過度偏重，更何況對於東歐的控制，蘇聯龐大的陸軍遠比原子彈更有威嚇效果，所以至史達林過世，蘇聯官方的戰略思想不曾有任何改變。最明顯的例子，從一九四七到一九五三年，蘇聯的軍事報刊中從未報導任何以原子能或原子彈為主題的文章。[55]

　　一九五三年九月，蘇聯軍事思想的主編坦倫斯基少將（Major General Talensky）以「論軍事科學定律問題」為題，首度挑戰哲學家與社會學家不應介入軍事科學領域，並暗示戰略奇襲可能不是一種暫時因素。一九五四年羅特米斯托夫（General Rotmistrov）寫了更激進的文章「論奇襲在現代戰爭中所扮演的角色」，直接挑戰史達林的軍事準則，他指出在使用原子武器和氫武器的情況

　　謀總長泰勒將軍（Maxwell D. Taylor）所擬定的一份國家軍事計畫指出：「作為基本戰略構想的大規模報復，已經達到一個走不通的終點；……韓戰……足以明白否定其普遍效力。……一九五四年以來的例證，證明了大規模報復戰略也許阻止了大戰，但卻不能維持小和（little peace），……所以我建議用彈性反應（flexible response）戰略來取代大規模報復戰略，這個新戰略認為嚇阻或迅速贏得一次有限戰爭跟嚇阻一場全面戰爭一樣必要，如果我們不能贏得有限戰爭，也許就會使我們陷於逐次消耗中，最後成為大家都想避免的全面戰爭」John M. Collins, 鈕先鍾譯，大戰略，頁 200-201。

[55] Raymond L. Garthoff, *Soviet Strategy in the Nuclear Age*, (NY: Frederick Praeger, 1958), p.67.

中，奇襲為獲致成功的決定性條件之一。[56]這些文章儘管受到批判或禁刊，但是在一九五五年三月，國防部長朱可夫元帥（Marshal Zhukov）平反了挑戰史達林的思想，使得蘇聯的官方思想進行了戲劇化的轉變，核武戰略奇襲與彈道飛彈成為蘇聯戰略思想的主軸。[57]

一九五四至五五年，美國學界公開進行核子的全面戰爭或有限戰爭的爭論，而韓戰給予有限戰爭者有力的論述依據；蘇聯也從一九五三到五五年開始進行官方思想的批判與改造。掌握核子武器的兩個超強，對於核武戰略正進行著有史以來第一次的核武戰略大辯論，中共不可能不受影響，也不可能不進行內部的理解與討論，這也促成了中共核武思想的改變。

貳、中共對核武的認知

一九四五年八月九日，美國在長崎投下第二顆原子彈，中共解放日報以「戰爭技術上的革命」來宣揚原子武器的威力。毛澤東召集宣傳幹部表達不滿，指示他們不應該誇大原子彈的作用。[58]這並不代表中共對此一新式武器毫不重視，可能只是對資本主義國家擁有大規模毀滅性武器不願意過度張揚，以免抵銷共產主義的士氣。一九四六年，中共安全部門負責人康生就開始招募在海外的華裔科學家，特別是火箭和核能專家。[59]一九四九年四月，

---

[56] Lawrence Freedman, *The Evolution of Nuclear Strategy*, pp.145-152.

[57] 鈕先鍾，*現代戰略思潮*，頁 160-161。

[58] 中共中央文獻研究室編，*毛澤東年譜，中卷*，（北京：人民出版社，1993年），頁 616-617。

[59] 林中斌，*核霸：透視跨世紀中國戰略武力*，（台北：台灣學生書局，1999

郭沫若領團出席巴黎保衛世界和平大會的成員之一錢三強就負有採購原子能設備的任務。[60]同年七月，劉少奇秘密訪問蘇聯提出了參觀蘇聯核子設施的要求，被史達林拒絕，蘇聯僅安排代表團參觀核試驗的資料片。[61]顯示出史達林也在懷疑毛澤東是否想要擁有原子彈。

　　一九四九年底到一九五〇年初，毛澤東訪問蘇聯歸國曾對身旁的警衛員說：「這次到蘇聯，開眼界哩！看來原子彈能嚇唬不少人。美國有了，蘇聯也有了，我們也可以搞一點嘛。」[62]一九五一年，中共開始組建防化兵分隊。一九五二年底，以錢三強為首的中國科學院代表團訪問蘇聯，想要參觀有關核科學儀器和實驗性反應堆時，被蘇方以需透過外交途徑為由而拒絕，[63]顯示出中共對原子武器的濃厚興趣。然而興趣與能力是兩碼子事，中共儘管有興趣研究原子武器，但是卻沒有經濟能力發展原子武器。所以在一九五三年中共提出的第一個五年計畫，並沒有列入研發核武器的準備措施。這說明了在一九五三年前，中共對核武僅表達出探索與嘗試的興趣，希望藉由蘇聯的協助來發展，並未打算不計代價自行研發，而且依照「一五計畫」，在一九五七年前中共並沒有打算研發核武。在軍事上，中共也僅僅籌組樣板性的防化部

年），頁 125。

[60] 周恩來派遣中央統戰部部長李維漢約見錢三強，對於購買設備 20 萬美元的預算完全同意，還說：「你想趁開保衛世界和平大會的機會，訂購一些研究原子核科學需要的器材，中央很支持。……中央對發展原子核科學很重視，希望你們好好籌劃。」請參閱楊明偉，「創建、發展中國原子能事業的決策」，*黨的文獻*，1994 年，第 3 期，頁 28。

[61] 師哲，*在歷史巨人身邊*，（北京：中央文獻出版社，1991 年），頁 410。

[62] 溫衛東整理，*葉子龍回憶錄*，（北京：中央文獻出版社，2000 年），頁 185-186。

[63] 楊明偉，「創建、發展中國原子能事業的決策」，頁 29。

隊，並不重視核武在實際戰爭的可能性，一九五四年七月十三日，中共才模擬原子彈爆炸和爆炸後部隊如何通過輻射地段的步兵連防禦。[64]一九五五年四月中央軍委才決定將防化部隊提高為防化營，[65]由此一措施看出，一九五〇到五三年間，中共在發展核武與防止核武攻擊的準備並不積極，開始重視核子防禦是由五四年下半年開始。

　　一九五三年十一月，彭德懷在軍事系統黨的高級幹部會議中首度提出要搞原子彈，這是中國軍事領導人第一次提出要發展原子彈。[66]雖然彭德懷的宣示頗具代表性，但是整個會議的重點在遏止軍中黨的高級幹部持續腐化的現象，會後軍事系統並無明顯的作為，顯示這仍只是觀念宣示。一九五四年下半年地質隊在廣西探勘發現鈾礦，給予了中共極大的鼓勵與重視。[67]同年八月二十日，中國科學院物理研究所所長錢三強遊說彭德懷，希望中央

---

[64] 該場演習係由彭德懷陪同武元甲參觀。鄭文翰，*秘書日記裡的彭老總*，（北京：軍事科學院，1998 年），頁 33-34。

[65] 韓懷智、譚旌樵主編，*當代中國軍隊的軍事工作（下）*，（北京：中國社會科學院，1989 年），頁 63。

[66] 依據彭德懷 1959 年 7 月 24 日《廬山筆記》的紀錄，彭德懷與高崗在 1953 年 11 月下旬審閱軍事系統黨的高級幹部會議的報告稿時對高崗說：「請對國防工業安排一下吧！現在從蘇聯進口的海軍船隻和飛機，只能作為訓練培養幹部用，不能作為海、空軍的基礎，……要趕上美國的軍事技術，可能要十五年至二十年。我們可不可以快一點呢？在十年左右趕上美國。美國有的武器我們都要有（包括原子彈）。」，請參閱王焰主編，*彭德懷年譜*，（北京：人民出版社，1998 年），頁 560、563。

[67] 錢三強，「神秘而誘人的路程」，科學時報社編，*請歷史記住他們－中國科學家與兩彈一星*，（廣州：暨南大學出版社，1999 年），頁 58；楊明偉，「創建、發展中國原子能事業的決策」，頁 29；John Wilson Lewis & Xue Litai, *China Builds the Bomb,* (Stanford, California: Stanford University Press, 1988), pp.75-76.

早建原子反應爐；九月十日，彭德懷等赴蘇聯參觀投擲原子彈的實兵演練，會後彭德懷表達要自行發展核武的意願。[68]顯示軍方要求發展核武的心情非常迫切，極力主張建立中共自己的核武戰略力量。[69]十二月，周恩來指示中國科學院向中共中央、國務院各部門負責人以及各省市負責人宣講原子能的科普知識；[70]顯示中共領導人對原子能的研發越來越展現出發展的意圖。

　　中共對核武的需求明確地反映在一九五四年十月赫魯雪夫的來訪。在毛澤東與赫魯雪夫會談之前，彭德懷對李富春說，要把建造試驗性原子堆的問題，提請蘇聯幫忙；寧可削減別的項目，這個堆一定要爭取儘早建起來。[71]所以在十月三日的會談中，當赫魯雪夫詢問毛澤東還有什麼要求時，毛澤東告訴他：「我們對原子能、核武器感興趣，……一旦發生戰爭，就可以保衛自己。如果你們不願把這種武器分給我們，那麼給我們提供製造原子彈的技術也行。」赫魯雪夫對此沒有做出任何承諾，[72]他勸告毛澤東

---

[68] 1954 年 9 月 10-26 日，彭德懷與劉伯承率領軍事代表團赴蘇聯參觀有原子彈的軍事攻防對抗演習，在演習總結會上，蘇聯部長會議主席布爾加寧贈送一把投擲原子彈的金鑰匙給彭德懷。會後團員爭相傳看，陳賡說：「光給一把鑰匙，不給原子彈有啥用？」彭德懷說：「你是軍事工程學院院長，咱們還是自己幹吧！」王焰主編，*彭德懷年譜*，頁 575，577；王焰，*彭德懷傳*，（北京：當代中國出版社，1993 年），頁 562；鄭文翰，*秘書日記裡的彭老總*，頁 14。

[69] 戴超武，「中國核武器的發展與中蘇關係的破裂（1954-1962）」，*當代中國史研究*，第 8 卷，第 3 期（2001 年 5 月），頁 79。

[70] 中共中央文獻研究室編，*周恩來年譜：1949-1976*，上卷，頁 436。

[71] 王焰，*彭德懷傳*，頁 562。

[72] 儘管 1954 年 10 月 3 日中蘇會談，赫魯雪夫委婉地拒絕提供原子彈給中共，但是蘇聯還是於 1955 年 4 月 27 日簽訂協議，提供中共一個試驗性的核子反應爐與迴旋加速器。王焰主編，*彭德懷年譜*，頁 578。

放棄這個打算，因為中國沒有製造核武器所必須的工業基礎和經濟能力，暫時依靠蘇聯的核保護就行了。[73]根據蘇聯的說法，赫魯雪夫拒絕了毛澤東的要求，毛澤東堅持中共哪怕有一、二枚原子彈也好，並以美國可能會在當時的台海危機中使用原子彈為由，要求蘇聯協助。[74]顯示毛澤東也非常擔心在台海危機中，因為美國的核武威脅而敗退。從雙方的說法可以了解，中共發展核武器的戰略方針已經確定，如何儘快地獲得這些尖端武器，是中共領導人極待解決的重大戰略問題。在當時的背景下，爭取蘇聯的支持核援助，是最佳的甚至是唯一的途徑。[75]十月十八日，毛澤東在國防委員會的講話表示：「原子武器出現以後，軍隊的戰略戰術和裝備都有很大的變化，而在這一方面我們一點都不懂。……我們現在工業、農業、文化、軍事還都不行，帝國主義估量你只有那麼一點東西，就來欺負我們。他們說『你有幾顆原子彈？』……」[76]十月二十三日，毛澤東與尼赫魯會談中也提到：「中國現在沒有原子彈，不知道印度有沒有。我們正在開始研究，原子彈是要花本錢的，我們一下子還搞不起來。」顯示毛澤東在獲得蘇聯同意協助建造核反應堆，開始意氣風發地談及中共的核武發展。[77]

---

[73] 師哲，*在歷史巨人身邊*，頁 572-573。

[74] 最後蘇聯只同意協助中共建立實驗性核反應堆。Viktor M. Gobarev, "Soviet Policy Toward China: Developing Nuclear Weapons 1949-1969," *The Journal of Slavic Military Studies*, Vol.12, No.4, December 1999, pp.20-21.

[75] 戴超武，「中國核武器的發展與中蘇關係的破裂（1954-1962）」，頁 79。

[76] 「在國防委員會第一次會議上的講話」，1954 年 10 月 18 日，*毛澤東選集，第六卷*，http://www.ccyl.org.cn/theory/mxweb/html/mx06354.htm（2004/11/26）

[77] 毛澤東，「同印度總理尼赫魯的四次談話」，*毛澤東選集，第六卷*，http://www.ccyl.org.cn/theory/mxweb/html/mx06361.htm（2004/11/26）

　　然而中共高層對核武的認識也是非常粗淺，我們可以從錢三強生動有趣的回憶中了解：[78]

> 第二天（一九五五年一月十五日），我和李四光等按時到達中南海的一間會議室，裡邊已經圍坐許多熟悉的領導人，有毛澤東、劉少奇、周恩來、朱德、陳雲、鄧小平、彭德懷、彭真、李富春、陳毅、聶榮臻、薄一波等。這是一次專門研究發展我國原子能的中共中央書記處擴大會議。毛澤東主席主持會議，開宗明義：「今天，我們這些人當小學生，就原子能有關問題，請你們來上一課。」……領導人一個一個傳看著鈾礦標本，對它那神話般的巨大能量感到新奇。……毛澤東……總結性的講話：「……過去幾年，其他事情很多，還來不及抓這件事。這件事總是要抓的。現在到時候了，該抓了。只要排上日程，認真抓一下，一定可以搞起來。」……會議對大力發展原子能表示了極大興趣和決心。

這就是後來毛澤東在中共中央書記處擴大會議上，所作成發展原子能事業的戰略決策。[79]毛澤東還強調：「現在蘇聯對我們援助，我們一定要搞好！我們自己幹，也一定能幹好！我們只要有人、又有資源，什麼奇蹟都可以創造出來！」會議通過了核武器研製計畫。[80]顯示中共中央發展核武的決心。毛澤東在危機的最高潮，

[78] 錢三強，「神秘而誘人的路程」，科學時報社編，*請歷史記住他們－中國科學家與兩彈一星*，頁 57-60。
[79] 中共中央文獻研究室編，*周恩來年譜：1949-1976*，上卷，頁 441；王焰主編，*彭德懷年譜*，頁 587。
[80] John Wilson Lewis & Xue Litai, *China Builds the Bomb*, pp.38-39.

即攻打一江山前後，決定自力研發核武，不難想像美國的核武威
脅是巨大而明確的。當然「中美共同防禦條約」簽訂，使中共清
楚了解無法與美國抗衡是解決不了台灣問題，而抗衡美國最快的
方法也莫非核武了。所以一九五五年一月三十一日，周恩來主持
國務院第四次全體會議表示：[81]

> 帝國主義叫囂原子戰爭，我們要把它戳穿，……在對待原
> 子武器問題上，世界上有兩種態度：一種是漠視，一種是
> 恐怖。我們中國人民，覺得原子彈沒有什麼了不起，是藐
> 視的。漠視不對，而世界上更多的人則是恐怖。美國想用
> 恐怖嚇倒我們，但是嚇不倒我們。我們要掌握原子彈。我
> 們應該對人民很好地進行教育。

顯示中共教育民眾在戰略上要藐視敵人，以免過度的恐懼影響對抗
的意志與決心；但是在戰術上中共是極度重視，不僅決定提早發展
原子彈，核子防衛也成為危機中最重要的兩個軍事需求之一。[82]
　　一九五五年二月十二日，彭德懷向蘇聯駐華總顧問提出軍事
上最需要考慮的兩個問題，其中之一即為：「在目前原子武器威脅
和中國防空力量薄弱的情況下，我軍的戰略、戰術，我國的城市
建設、交通建設應當如何進行對原子武器的防範問題。」[83]二月
十八日，彭德懷向中共中央進行一九五四年軍事工作報告，首度

---

[81] 中共中央文獻研究室編，*周恩來年譜：1949-1976*，上卷，頁 445。
[82] 中共向蘇聯提出的兩個最需要的軍事需求：一是原子攻擊的防衛問題；二是介
　　紹敵人最新武器性能與防衛方法。這兩者都顯示中共明顯感受到美國立即而可
　　能的威脅。王焰主編，*彭德懷年譜*，頁 589。
[83] 同前註，頁 589。

正式提出逐步研究與爭取生產核子武器。[84]三月三十一日，毛澤東在中國共產黨全國代表大會做出結論：[85]

> 我們進入了這樣一個時期，就是我們現在所從事的、所思考的、所鑽研的，是鑽社會主義工業化，鑽社會主義改造，鑽現代化的國防，並且開始要鑽原子能這樣的歷史的新時期。

中共高層既然已經理解了核武的劃時代意義，便一系列接受相關專家的意見。日內瓦會談，中共試圖藉由滯留人民問題的會談，希望換取核武人才返國；一九五五年十二月，接受任新民提出研製火箭武器和火箭技術的建議；一九五六年二月，接受錢學森提出建立中國國防航空工業的建議。[86]一九五六年三月，國務院制定了全國十二年科學技術發展計畫，積極發展戰略性武器；四月，時任解放軍副參謀總長的張愛萍向中央軍委會提出了「關於十二年內我國科學對國防需要的研究項目的初步意見」，特別強調進行飛彈與原子彈的研發；同年十月十七日決定自力更生也要發展戰略飛彈，終於在一九六六年十月成功地試爆核武。[87]

從一九五四年底到一九五五年中，中共不僅是軍方積極爭取核武器，中央領導人也決心發展，較之一九五〇至五三年的態度

---

[84] 同前註，頁 590；王焰，彭德懷傳，頁 562。

[85] 毛澤東，「在中國共產黨全國代表大會上的講話」，中共中央文獻研究室編，毛澤東文集，第六卷，（北京：人民出版社，1999 年），頁 395。http://www.ccyl.org.cn/theory/mxweb/html/mx06389.htm（2004/8/14）

[86] 中共中央文獻研究室編，毛澤東傳，第一卷，（北京：中央文獻出版社，2004 年），頁 288。廣義的核武器包括核彈頭及其載運工具，如火箭、飛彈等。

[87] 韓懷智、譚旌樵主編，當代中國軍隊的軍事工作（下），頁 151-152；東方鶴，張愛萍傳，下卷，（北京：人民出版社，2000 年），頁 726-727。

截然不同，顯示核武威脅不僅是軍事問題，也是國家安全戰略問題。由於美國核武威脅，中共從一九五四年開始提升防化部隊的層級；由於美國的核武威脅，中共變更「一五計畫」，硬生生地加入金額龐大的核武發展計畫，甚至在赫魯雪夫第一次來訪時，將爭取原子堆放在優先項目；由於美國的核武威脅，毛澤東在危機最高潮時宣布發展核武的重要決策；由於美國的核武威脅，中共在一九五五年對蘇聯最重要的軍事需求即為核武防護；由於美國的核武威脅，中共首度將核武發展列入軍事工作項目，並在一九五五年全國黨代表大會通過發展核武決議。所有的時間巧合，都在危機發生的九個月期間，充分說明了台海危機期間美國的核武威脅非常具體地影響中共決策高層。

參、美國核武威脅對中共的影響

　　美國在韓戰的失敗，不僅強化了中共對紙老虎的看法，也給共和黨攻擊民主黨外交的最好藉口。中共對美國核武威脅認知的改變應該可以從一九五二年美國的總統選舉來觀察。為何共和黨執政的美國，會加深中共的核武威脅感？

　　共和黨黨內初選候選人對民主黨對外政策的批評其實是非常激烈的，塔虎托（Robert Taft）就認為一九四四至一九五二年是美國政策史上最具災難性的時期，民主黨為了取悅蘇聯，出賣了東歐，拋棄了蔣介石，為戰後共產黨的擴張鋪平了道路。塔虎托指責杜魯門的全面擴充軍備嚴重破壞美國經濟，忽視發展戰略空軍來確保美國安全，他不贊成美國與西歐的集體安全制度，應該

撤軍減輕軍費壓力,並支持麥克阿瑟擴大韓戰的主張,甚至贊成美國支持國民黨進攻大陸。[88]

共和黨前總統胡佛(Herbert Hoover)指責杜魯門的擴軍政策會造成美國經濟破產,而軍援歐洲會加速此一趨勢,美國必須執行戰略空軍或報復政策才能確保美國與歐洲的安全。在亞洲問題上,胡佛也贊成擴大干預,反對與共產黨談判。[89]艾森豪則支持杜勒斯大規模報復與解放東歐的看法。[90]杜勒斯指出:[91]

> 美國不可能在共產國家周邊建立二千英里的防線,也不能在對手選定的時間和地點人對人、槍對槍、坦克對坦克地趕走紅軍,⋯⋯針對紅軍的公然侵略,自由世界堅定決心並組織強有力的報復手段,⋯⋯能夠且願意以我們選擇的手段,針對侵略者的薄弱環節予以回擊,⋯⋯使他們失去的大於可能的所得。⋯⋯原子彈加上戰略空軍和海軍力量給自由世界共同體提供了巨大且新的可能性,在侵略發生前就能加以阻止,使全面戰爭的風險逐漸消失。

杜勒斯的大規模報復是想奪取戰略上的主動權,在自己選擇的時間地點進行反擊,這樣的思想最後形成艾森豪的大平衡(Great

---

[88] Robert Taft, *A Foreign Policy for Americans,* (New York: Doubleday & Company, 1951), pp.66-84. J. D. Doencke, *Not to the Swift: The Old Isolationists in the Cold War,* (Lewisburg, PA: BucknellUniversity Press, 1979), p.219.

[89] Gary Dean Best, *Herbert Hoover: The Postpresidential Years, 1933-1964,* (Stanford, California: Hover Institution Press, 1983), pp.355-360.

[90] 解放東歐是對抗杜魯門消極的圍堵政策,鼓勵東歐各國和平地脫離共產集團倒向美國,這是一種政治與心理的攻勢。John Foster Dulles, "A Policy of Boldness," *Life,* No.32 (May 2, 1952), pp.146-160.

[91] John Foster Dulles, "A Policy of Boldness," pp.146-160.

Equation）政策，就是要保證安全又要少花錢，平衡國內經濟。最後共和黨艾森豪的當選，中共自然不得不在意其於競選期間的主張，即將轉化成美國的新政策。特別是共和黨在競選期間對中共的嚴厲批判，使得中共確信艾森豪政府必定比杜魯門政府更不友善。[92]

一九五二年十二月艾森豪秘密訪問韓國，得出了三點看法：一、杜魯門時期使韓戰像一次世界大戰那樣的僵持與談判必須改變；二、李承晚固執己見，其軍事力量不可信賴；三、中共與北韓只重視武力，一條無法變動的戰線，與小規模的進攻是看不到結果的，所以艾森豪打算發起一場大型的攻勢。[93]一九五三年二月，艾森豪就任的國會諮文就宣佈了終止第七艦隊阻止台灣攻擊大陸的指令，所謂解除「台海中立化」（neutralization of Formosa）引起了大陸一片譁然，也增加中共心理壓力。其次，艾森豪要求各國加強封鎖中共，並擴大對南韓的援助。最後，艾森豪也考慮使用原子彈結束韓戰。[94]七月，因為戰俘遣返的僵局遲遲無法達成停火的協議，最後在中共的讓步下順利達成韓戰的停火，艾森豪就自認為是他的核武強制政策成功地嚇阻了中共。[95]

---

[92] 毛澤東擔心艾森豪的強硬政策也表現在 1952 年 12 月 20 日告志願軍的一篇文告「準備一切必要條件，堅決粉碎敵人登陸冒險」，請參閱 http://www.mzdthought.com/mwj/6/mx06247.htm（2005/01/20）

[93] Edward C. Keefer, "President Dwight D. Eisenhower and the End of the Korean War," *Diplomatic History*, Vol. 10, No.3 (Summer 1986), pp.269-270.

[94] 其實麥克阿瑟與聯軍統帥克拉克（Edwin Clark）都同意使用原子彈，但參謀聯席會議認為北韓目前已經有良好的地下工事，原子彈的效能可能有限。Edward C. Keefer, "President Dwight D. Eisenhower and the End of the Korean War," p.270.

[95] Gordon H. Chang, *Friends and Enemies: The United States, China, and The Soviet Union,1948-1972*, p.88.

　　一九五四年一月，國務卿杜勒斯發表了一篇「主動權在我」
（We have the initiative）的文章，正式歸納了艾森豪政府一年來
的對外政策，杜勒斯強調美國強硬的外交政策，不僅可以鼓舞被
共產主義控制下的老百姓脫離蘇聯的控制，更遏制了共產主義的
擴張。譬如艾森豪結束台海中立化政策，支援法國對抗越盟，成
功結束韓戰，說明了軟弱的政策只會招致侵略，強硬的政策才能
爭取到主動權防止戰爭。[96]美國爭取主動權的戰略，使得處處防
禦的地面部隊重要性下降，大規模報復的核武重要性提升。面對
美國武力威脅性質的改變，中共不可能毫無知覺。特別是杜勒斯
於五四年一月十二日發表「外交政策的演變」（The Evolution of
Foreign Policy ），四月份在外交季刊（Foreign Affairs）發表「和
平與安全的政策」（Policy for Security and Peace），都在大力倡導
大規模報復與彈性報復政策，顯示出美國在面臨與共產主義衝突
時，是非常可能使用核武。

　　其實自九月三日危機爆發，美國軍方便對原子彈的使用有過
爭論。大部分不贊成堅守金馬的將領認為，金馬無法固守，倘使
一定要堅守勢必要動員原子彈才有可能。[97]九月十七日，杜勒斯
與英國外相艾登談及外島時表示，軍方將領大都支持堅守外島，
但是反對者認為在迫不得已的情況下必須使用原子彈，才有可能
守住外島。[98]隨後中共緩和的軍事行動、停火案的折衝與「中美

[96] John Foster Dulles, "We Have the Initiative," *Nation's Business* (Jan 1954), Vol.42, No.1, p.25.
[97] 這種觀點反映在李奇威與赫爾的備忘錄，請參閱 Memorandum by the Chairman of the Joint Chiefs of Staff (Radford) to the Secretary of Defense (Wilson), Washington, 11 September, 1954, *FRUS*, 1952-1954, Vol.14, pp.605-610.
[98] Memorandum by the Assistant Secretary of State for European Affairs

共同防禦條約」的協商，使得外島的緊張局勢趨緩。然而「中美
共同防禦條約」的簽訂與福爾摩沙決議案，促成了中共藉由軍事
行動來進行政治鬥爭。一月二十七日國家安全會議後，參謀首長
聯席會議指示戰略空軍指揮部以緊急狀況為基礎，制定大規模使
用核子武器攻擊大陸目標。二月九日，艾森豪回答記者詢問美國
使用核子武器是否受到盟國的限制，艾森豪回答在台海使用核子
武器是美國自己可以決定的事。[99]二月十三日，艾森豪批准了「茶
杯行動」的原子彈試爆計畫，也同意讓參議院原子能委員會發表
有關試爆的報告，藉此對中共施加壓力。[100]艾森豪的好友符立德
也建議由美軍駐軍金馬，如果中共繼續砲擊，美國則用原子武器
還擊。[101]三月六日，杜勒斯在向艾森豪的彙報中表示，必須守住
沿海島嶼，必要時可採取核武器此一嚴厲措施，為使公眾有所準
備，艾森豪要求杜勒斯做一次全國性的電視演講，表明政府武器
庫中，核武與傳統武器是可以替換的。[102]三月七日，杜勒斯會見
資深國會議員喬治（Walter George）表示，當中共奪取金馬，美
國為了防禦外島勢必會動用核武摧毀中共的機場與砲陣地，美國
的核武沒有放射性塵埃，實戰效果也是局部的。[103]三月八日，杜

(Merchant) to Roderic L. O'Connor, Special Assistant to the Secretary of State, Washington, September 19, 1954, *FRUS*, 1952-1954, Vol.14, pp.649-651.

[99] *New York Times*, February 10, 1955，中美關係資料匯編，第二輯，頁 2223。

[100] 戴超武，危機與敵對的年代：1954-1958 年的中美關係，頁 191。

[101] 顧維鈞，顧維鈞回憶錄，第十二分冊，（北京：中華書局，1986 年），頁 213-214。

[102] Memorandum of a conversation Between the President and the Secretary of State, Washington, March 6, 1955, *FRUS*, 1955-1957, Vol.2, pp.336-337.

[103] Memorandum of a Conversation Between the Secretary of State and Senator Walter George, Department of State, Washington, March 7, 1955, *FRUS*,

勒斯對全國演說指出，中共不要把美國當作紙老虎，如果有必要，美國將使用更強大的力量來對付敵對力量。[104]三月十日的國家安全委員會，參謀聯席會議主席雷德福強調，使用核武是美國軍事結構的基礎，如果不使用原子彈，美國就不能應付遠東的軍事局面。[105]三月十一日，杜勒斯在內閣會議表示，美國必須在台海地區進行相當嚴厲的攤牌，不必過多顧慮蘇聯的反應。[106]三月十二日，杜勒斯在演說中對外宣稱，美國的科學家已經製造出威力強大的新式精密武器，這些武器完全能摧毀軍事目標，而不危及無辜百姓。如果台海地區爆發戰爭，政府將使用這些武器。[107]三月十六日，艾森豪回答記者的訪問表示，原子武器可以跟常規武器一樣使用，美國必須有魄力，而不是歇斯底里。[108]三月二十七日的蓋洛普民調表示，有三分之二的人支持美國保衛金馬，46%反對放棄金馬達成台海停火。[109]顯示美國使用核武的決心與被接受度具有相當的可信度，中共所懼怕的核武威脅並不空洞。

　　一九五四年台海危機的確促成了中共提早發展核武的決心。[110]中共的恐懼也表現在外交辭令與媒體宣傳上。一九五五

1955-1957, Vol.2, pp.337-338.

[104] *杜勒斯言論選輯*，頁 165-175。

[105] Memorandum of Discussion at the 240th Meeting of the National Security Council, Washington, March 10, 1955, *FRUS*, 1955-1957, Vol.2, p.349.

[106] Minutes of a Cabinet Meeting, The White House, Washington, March 11, 1955, *FRUS*, 1955-1957, Vol.2, p.353.

[107] *中美關係資料匯編*，第二輯，頁 2243。

[108] *Public Papers of the Presidents of the United States: Dwight D. Eisenhower, 1955,* (Washington D.C.: Government Printing Office, 1959), p.332.

[109] Leonard Kusnitz, *Public Opinion and Foreign Policy: Amercia's China Policy, 1949-1979,* (Westport, Conn.: Greenwood Press, 1984), p.88.

[110] Gordon H. Chang, *Friends and Enemies*, pp.155-157; Gordon H. Chang, "To

年一月二十八日，毛澤東接見芬蘭首任駐華特命全權大使表示：[111]

> 今天世界戰爭的危險和對中國的威脅主要來自美國的好戰份子。他們侵占中國的台灣和台灣海峽，還想發動原子戰爭。我們有兩條：第一，我們不要戰爭；第二，如果有人來侵略我們，我們就予以堅決回擊。美國的原子訛詐嚇不倒中國人民。我們有一句老話，小米加步槍。美國是飛機加原子彈。但是，如果飛機加原子彈的美國對中國發動侵略戰爭，那麼，小米加步槍的中國一定會取得勝利。全世界人民會支持我們。美國如果發動第三次大戰，……他們在地球上被消滅也就越早。

這段談話顯示美國的核武嚇阻已明確地讓中共領導階層理解戰爭的不可行。為了戰略上藐視敵人，促使中共運用言語恫嚇來強化自身的心理安全，然而毛澤東仍然搞不清楚戰略性核武與戰術性核武的差異，所以才會將第三次世界大戰與美國所宣傳有限的戰術性核武連結在一起。儘管中共領導階層並未清晰的理解理論上的差異，但是戰術性核武的使用已使中共明確地感受到立即而明顯的威脅。

一九五六年四月二十五日毛澤東發表「論十大關係」時，就已坦白指出其在核武嚇阻下的失敗：[112]

---

the Nuclear Brink," p.121; Gordon H. Chang & Di He, "The Absence of War," p.1523; John Wilson Lewis & Litai Xue, *China Builds the Bomb*, p.34; Shu Guang Zhang, *Deterrence and Strategic Culture*, p.224.

[111] 宋恩繁、黎家松主編，*中華人民共和國外交大事記*，第一卷，頁180。

> 我們現在還沒有原子彈。但是，過去我們也沒有飛機和大
> 炮，我們是用小米加步槍打敗了日本帝國主義和蔣介石
> 的。我們現在已經比過去強，以後還要比現在強，不但要
> 有更多的飛機和大炮，而且還要有原子彈。在今天的世界
> 上，我們要不受人家欺負，就不能沒有這個東西。

從這段話可以了解，毛澤東的小米加步槍並沒有在一九五四年台海危機時打敗美國，反而被美國欺負，台海危機讓中共深切體認沒有原子彈在今後世界只有被欺負的份。為了未來中共的國際地位，毛澤東認為帝國主義看不起我們，是因為我們沒有原子彈，只有手榴彈，因此中國應該有原子彈，並儘快發展氫彈。[113]所以中共在未獲蘇聯充分支持下，仍然於一九五六年堅持將大筆經費轉移優先發展核武，顯示出第一次台海危機，戰術性核武給予中共巨大的壓力。

其次在媒體宣傳上，中共的機關報－人民日報也顯示了對核武的憂慮與恐懼。從一九五四年九月三日危機開始到一九五五年四月二十六日危機結束，人民日報對核武報導的頻率可以看出，危機的前半期，中共並不憂慮核武的可能威脅，所以前四個月只有少量的四篇報導；然而在危機的後四個月，人民日報對核武使用的反對與謾罵，一下暴增到五十六篇。若說中共無懼於美國的

---

[112] 中共中央文獻研究室編，毛澤東文集，第七卷，頁 27；中共中央文獻研究室，建國以來毛澤東文稿，第六卷，（北京：中央文獻出版社，1992 年），頁 86。

[113] Tracy D. Strong & Helene Keyssar, "Anna Louise Strong: Three Interviews With Chairman Mao Zedong," *China Quarterly* (September 1985), p.503.

核武恫嚇，這未免太過於自欺欺人了。[114]更何況從二月中旬，中共開始發動反對使用核武的簽名運動，直至三月底超過四億大陸人民簽名表達反對核武的意願，這種從上而下的政治運動，也很難解釋中共真的藐視核武。[115]

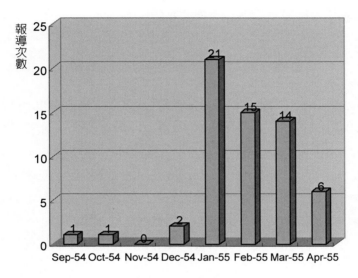

圖十二　1954.9-1955.4 人民日報報導原子彈篇數統計

資料來源：人民日報圖文數據全文檢索系統網路版，
　　　　　http://202.108.59.115:957/web/index.htm（2004/8/13）

---

[114] 人民日報圖文數據全文檢索系統網路版，
http://202.108.59.115:957/web/index.htm（2004/8/13）

[115] Thomas E. Stolper, Chian, *Taiwan, and the Offshore Islands: Together with an Implication for Outer Mongolia and Sino-Relations*, p.98.大陸學者戴超武則指出約有三億人參與了簽名活動，請參閱戴超武，*危機與敵對的年代：1954-1958 年的中美關係*，頁 235。

　　從上圖觀察，中共在危機初期可能將原子彈的使用停留在戰略核武的大規模報復觀點上，並不認為美國會甘冒風險使用核子武器，促使蘇聯捲入。然而自一九五五年一月開始，中共明顯感受到戰術性核武的威脅與可能性，特別是一江山戰役發起的前一天（一月十七日），人民日報便有三篇反對原子彈使用的報導，顯示美國的核武威脅中共感受地非常明顯。

肆、韓戰與台海危機的核武威脅

　　當然中共不是第一次與美國敵對，那為何韓戰期間中共與美國明顯衝突卻對美國的核武威脅沒有明顯感受。一九五〇年十月，中共中央軍委會在討論是否出兵韓國時，林彪就表示：「為了拯救一個朝鮮，而打爛了一個五億人口的中國有點划不來。我軍打蔣介石國民黨的軍隊是有把握的，但能否打得過美軍很難說。它有龐大的陸海空軍、原子彈，還有很厚的工業基礎，把它逼急了，打他兩顆原子彈，也夠我們受的。」他表示不願出任志願軍統帥。[116]這顯示中共對美國的核武威脅是有心理準備的，所以丁格曼（Roger Dingman）與福特（Rosemary Foot）都認為中共在韓戰中隨時有準備面對美國使用核子武器。[117]然而中共卻為何不懼怕美國的核武而敢參與韓戰呢？這不得不考慮到毛澤東的想

---

[116] 雷英夫，「抗美援朝幾個重大決策問題的回憶」（續一），《黨的文獻》，1994年，第1期。

[117] Roger Dingman, "Atomic Diplomacy During the Korean War," *International Security* (Winter 1988-1989), pp.89-91; Rosemary Foot, "Nuclear Coercion and the Ending of the Korean Conflict," *International Security* (Winter 1988-1989), pp.92-112.

法。毛澤東並不希望韓戰擴大，所以以志願軍的名義參戰，表示其非政府軍，中共與聯合國各國並未進入所謂戰爭狀態。其次，毛澤東還規定，在美軍未直接攻擊中國大陸的情況下，中共不在朝鮮以外的地方主動攻擊美軍，空軍也不轟炸朝鮮境內的美軍基地。這充分顯示中共一開始就只打算將戰爭限制在有限目標。[118]毛澤東也分析說：「戰爭是否會擴大，首先在於中國的軍隊能否在朝鮮境內殲滅美國軍隊。如能殲滅，這個戰爭也就可能規模不會很大，時間不會很長了。」[119]韓戰的發展也正如毛澤東所預期的，中共成功地阻止美國的北進，美國也並未直接攻擊中國的東北與東南沿海一帶，顯示雙方都想進行有限戰爭，中共對核武的擔心自然不會過慮。

其次，美國在使用核武的認知上，也並不認為具有決定性的效果，僅僅將核武列為最後手段。一九五〇年十一月，政策設計室主任尼茲與國防部原子能事務助理研究對中共實施核打擊的可能性，結論是此時使用核武不會在軍事上產生決定性的影響；而國務院遠東事務科提出的備忘錄指出，在常規武器無法取勝或雖能取勝而美軍傷亡過大的情況下，可以考慮對中國使用原子彈。[120]所以在美國的認知中，一旦美國在韓國戰場全面潰退，以致嚴重打擊到美國的威望，才有可能認真考慮原子彈的使用。

---

[118] 江英，「50 年代毛澤東外交思想述論」，姜長斌、Robert Ross 主編，*從對峙走向緩和－冷戰時期中美關係再探討*，（北京：世界知識出版社，2000 年），頁 581。

[119] 外交部編，*毛澤東外交文選*，（北京：中央文獻出版社、世界知識出版社，1994 年），頁 140。

[120] 劉同舜、高文凡主編，*戰後世界歷史長編，1950-1951*，（上海：上海人民出版社，1985 年），頁 94。

　　大陸學者朱明權就認為蘇聯的核武能力、大陸常規武力與防禦能力、盟國反對使用核武的影響促使了美國不敢動用核武。[121]然而在韓戰與第一次台海危機中,美國同樣未動用核武,但是中共所感受的威脅感與政策卻是截然不同的。韓戰期間美國是以聯合國部隊名義進行作戰,在戰爭方向與意圖上不得不與相關國家協商,所以在十一月三十日,杜魯門總統接受記者訪問是否使用原子彈時表示:「我們一直在積極地考慮使用它,我不希望有朝一日使用它。」[122]此一聲明引起盟國反對。英國首相艾德禮為此親赴美國進行會談,最後迫使杜魯門同意在未與英國協商前,美國不會考慮使用原子彈。[123]顯見在未獲盟國一致同意,美國很難使用核武,面對喪失核武行動權的美國自然不容易讓中共感受到真實的威脅。相對於一九五四年的台海危機,美國強調核武的自主權,儘管顧慮盟國的反對,但是對外宣傳絕無承諾核武的協商權。此外,台海危機是單純的中美衝突,不像韓戰聯合國直接介入,美國在外交折衝上,無須太過顧慮盟國反應,可以完全以自身利益為主。

　　其次,核武的決策者而言,杜魯門儘管有同意實施核武攻擊的經驗,但是核武大規模傷害的印象,勢必有加深其罪惡感之可能。一九五一年四月,杜魯門將鼓勵核武攻擊的聯軍統帥麥克阿瑟撤職,就顯示出美國在韓戰中不打算使用核武,外交解決韓戰是美國的首要選擇,中共當然理解美國所釋放出來的善意,更不

[121]　朱明權,「什麼因素遏止了美國對中國的核攻擊─關於美國對外政策制定的一種個案考察」,肖佳靈、唐賢興主編,大國外交─理論,決策,挑戰,(北京:時事出版社,2003 年),頁 279-285。

[122]　劉同舜、高文凡主編,戰後世界歷史長編,1950-1951,頁 113。

[123]　劉同舜、高文凡主編,戰後世界歷史長編,1950-1951,頁 135。

擔心核武可能的威脅。相對於台海危機中的艾森豪，他是倡導大規模報復為手段的總統，韓戰中他也揚言要以核武對付中共，他本人也認為由於他同意軍方可以計畫對中共與北韓使用核武，迫使中共在志願遣返的問題上讓步，終於達成了韓戰的停火。[124]貝茲與基佛（Edward C. Keefer）則認為艾森豪的核子強制政策成功地結束韓戰。[125]軍人出身的艾森豪，自然容易讓中共認為軍事觀點可能被重新重視。

再者，「中蘇友好同盟互助條約」的影響不同。金日成獲得史達林的同意發動韓戰，然而雙方並沒有簽訂軍事同盟的條約，然而美軍在仁川登陸成功，蘇聯總參謀部制定的四項應變方案，其中一項就是以核武攻擊美軍。[126]北韓尚且如此，更何況毛澤東是在蘇聯的壓力下進行代理人戰爭，倘使中共介入韓戰挫敗或美國核武攻擊，蘇聯沒有相當反應，勢必嚴重破壞中蘇關係與社會主義集團的穩定。擔心蘇聯核武攻擊也反應在韓戰末期，尼茲就提醒倘使美國使用核武是否會被蘇聯報復；國家安全會議的研究報告也指出，聯合國軍隊的設施可能是蘇聯核武很好的打擊點；艾森豪在國家安全會議也擔心蘇聯空軍進攻毫無防備的日本本土，使得美國的核武攻擊顯得多所掣肘。[127]至於五四年台海危機，在

---

[124] Gordon H. Chang, *Friends and Enemies: The United States, China, and The Soviet Union, 1948-1972*, p.88.

[125] Richard K. Betts, *Nuclear Blackmail and Nuclear Balance,* (Washington D.C.: Brookings Institution, 1987), pp.31-47; Edward C. Keefer, "President Dwight D. Eisenower and the End of the Korean War," *Diplomatic History*, Vol.10, No.3 (Summer 1986), pp.267-298.

[126] Viktor M. Gobarev, "Soviet Policy Toward China: Developing Nuclear Weapons 1949-1969," *The Journal of Slavic Military studies*, Vol.12, No.4, December 1999, pp.7-8.

[127] Memorandum of the Substance of Discussion at a Department of State Joint

中共眼裡屬於內政問題，赫魯雪夫忙於內部鬥爭，對外倡導和平
共存，實不願在無關緊要的地方與美國對峙；在美國威脅使用核
武時，蘇聯並無相對保證的核武報復聲明，益使中共擔心其核子
保護傘的不可靠與「中蘇友好同盟互助條約」的適用範圍。

　　綜上所述，中共在韓戰與台海危機中所感受美國威脅的程度
是有相當差別的。中共是台海危機的發動者，而非類似韓戰的反
應者；危機期間蘇聯明顯的觀望態度與口惠而不實的支持，使得
中蘇友好同盟互助條約看不太出威脅性；危機中期台灣又與美國
簽訂「中美共同防禦條約」，強化了中共的易受害感；危機末期的
核武威脅似乎是美國最後的手段，也讓中共理解她們已經走到核
武邊緣，而益加小心謹慎。這迫使得中共將核武器的發展界定為
重大國家利益，在此背景下，中共對軍事戰略做了相當大的調整，
確立積極防禦的戰略思想，而建立有限的核打擊力量成為積極防
禦戰略的重要組成部分。[128]

第三節　和平共處與萬隆會議

　　中共的外交思想與對國際環境的認知相當程度地影響其外交
行為，一九五五年中共願意結束危機勢必有其思想淵源與現實的

Chiefs of Staff Meeting, Washington, March 27, 1953; Note by the Executive
Secretary (Lay) to the National Security Council, Washington, April 2, 1953;
Memorandum of Discussion at the 145th Meeting of the National Security
Council, Wednesday, May 20, 1953, *FRUS*, 1952-1954, Vol.15, p.818, 846,
1065.

[128] 王焰，*彭德懷傳*，頁 535-538。

考慮，本節擬對中共早期的外交思想與對國際環境的認知進行分析，試圖探究中共結束危機的原因。

壹、五○年代初的外交思想

　　探討中共早期的外交思想會產生一個有趣的現象，即中共在建國以前是否有系統性的外交策略？中共在發展之初是服膺共產國際的指揮，嚴格講沒有自身系統性的外交策略，我們只能從幾個領導人的發言看到零星而片段的外交觀點。早期中共領導人比較有談及外交觀念應屬李大釗，然而他的觀點非常浮泛，他反對日本的大亞細亞主義，他認為是日本的門羅主義，他不承認秘密外交，要求改造強盜社會，實行民族自治，主張聯蘇俄以對抗資本帝國主義，嚴格講這是中國歷經列強欺凌下知識分子的一種普遍反應，不算具有系統與主體性的外交思想。[129]其次，毛澤東與周恩來這兩位創造毛周體制的中共外交，其實是構成五○年代中共外交的主體。早期毛周兩位類似殖民主義下的知識份子，反對帝國主義，毛澤東還一度倡導聯美抗日，直到後來加入共產黨，形成了反資本帝國主義的外交思想。

　　做為一個國際主義的政黨，中共是重視用國際局勢來分析國內鬥爭。抗戰時期，中共的國際觀主要是根據共產國際與蘇聯對國際關係的看法而形成。但是在國內鬥爭上，中共不見得遵照蘇聯的國際觀來行事，特別是對美國支持國民政府的態度上，中共

---

[129] 徐成芳，和平方略－中國外交策略研究，（北京：時事出版社，2001 年），頁 2-7。

是採取對抗的態度。[130]在這種國際統一戰線指導下的情況,周恩來稱之為「半獨立的外交」。[131]其實,毛澤東對蘇聯有著複雜的情感,抗戰勝利前夕,毛澤東公開宣稱「蘇聯援助一定來,如果不來,殺我腦袋」的承諾,然而長期以來他感受到少數言必稱蘇聯的留學生歧視,他確信他與中共革命不僅沒有得到莫斯科任何直接援助,而往往被懷疑阻礙。而史達林在抗戰時期,對國民政府的援助,新四軍被殲滅的默認,及國共內戰時期逼迫國共和談,都使毛澤東覺得史達林將蘇聯利益置於中共利益之上。[132]所以當毛澤東第一次見史達林時,就直言史達林是站在別人頭上發號施令。[133]儘管如此,中共在建國後,毛澤東也是決定向蘇聯「一邊倒」,並簽定「中蘇友好同盟互助條約」的主要決策者。整個中蘇外交其實就是中共對外關係的核心,特別是毛澤東高度介入,從不透過外交部門。某種程度上,中蘇外交是一種首腦外交,完全是領導人主控一切。[134]

然而毛澤東為何在不平等的條件下保證蘇聯的戰略需求?有學者認為是因為毛澤東對國內資產階級和小資產階級嚴重的擔心,使得中共決心與蘇聯結盟;[135]也有人就國際關係的角度說明

[130] 鹿錫俊譯,山极晃,*中美關係的歷史性展開,1941-1979*,(北京:社會科學文獻出版社,2001年),頁126。

[131] 徐成芳,*和平方略-中國外交策略研究*,頁28。

[132] 楊奎松,「毛澤東蘇聯觀變化原因剖析」,李丹慧編,*北京與莫斯科:從聯盟走向對抗*,(桂林:廣西師範大學出版社,2002年),頁283-286。

[133] 外交部編,*毛澤東外交文選*,頁259。

[134] 根據李丹慧採訪外交人員的口述歷史表示,50年代中蘇關係完全由最高領導人處理,與其他國家不同,完全不透過外交部和中聯部。請參閱李丹慧,「毛澤東對蘇聯認識與中蘇關係的演變」,李丹慧編,*北京與莫斯科:從聯盟走向對抗*,頁307。

[135] 楊奎松、陳兼,「毛澤東與中蘇同盟的興衰」,李丹慧編,*北京與莫斯科:*

中共為了自身的安全選擇了一種追隨政策。[136]中共官方版本的外交史指出，一九四九年春夏之間，毛澤東先後提出了「另起爐灶」、「打掃乾淨屋子再請客」、「一邊倒」三個方針，是根據中國歷史和現實以及當時的國際環境作出的重大決策，[137]這充分說明了中共所擔心的國內外因素與中蘇相處的歷史經驗。

　　一九四五年十一月二十八日，中共中央對戰後局勢的分析很貼近事實：「目前世界的中心問題是美蘇之爭，反映在中國便是蔣共之爭。」[138]一九四六年四月，毛澤東對內部領導發表了一篇「關於目前國際形勢的幾點估計」指出：「世界反動力量確在準備第三次世界大戰，戰爭危險是存在著的。但是，世界人民的民主力量超過世界反動力量，並且正在向前發展，⋯⋯」[139]顯示出毛澤東相當理解兩極體系的產生，他的外交方針是加入世界人民的民主力量集團，及共產集團來對抗反動力量。較為特別的是他也曾提過中間地帶論的國際觀，[140]然而這個中間地帶論的觀點，卻沒有

從聯盟走向對抗，頁 335-342。

[136] 周湘華，「相互威脅的安全：一九五〇年中蘇共安全合作的觀察」，*中國大陸研究*，第 47 卷，第 2 期，民國 93 年 6 月，頁 113-136。

[137] 韓念龍主編，*當代中國外交*，（北京：中國社會科學出版社，1987 年），頁 3。

[138] 中央檔案館編，*中共中央文件選集*，第 15 冊，（北京：中共中央黨校出版社，1991 年），頁 455。

[139] 毛澤東「關於目前國際形勢的幾點估計」，毛澤東選集，第四卷，http://www.mzdthought.com/4/4-11.htm（2004/12/23）

[140] 1946 年 8 月 6 日毛澤東接受美國記者 Anna Louise Strong 的訪問時，首度表達了他對國際局勢的特殊認知：「美國與蘇聯中間隔著極其遼闊的地帶，這裡有歐、亞、非三洲的許多資本主義國家和殖民地、半殖民地國家。⋯⋯美國在各種藉口之下，在許多國家進行大規模的軍事佈置，建立軍事基地。⋯⋯都是為著反對蘇聯的。⋯⋯首先受到美國侵略的不是蘇聯，而是這些被建立軍事基地的國家。」這段談話顯示毛澤東看到了美蘇兩大集團

成為中共外交思想的主流。這與一九四八年六月,南斯拉夫被共產情報局開除有絕對的關係。同年十一月,劉少奇在共產情報局的刊物上發表了「論國際主義與民族主義」就否定了南斯拉夫獨立的外交路線,自此,中共也不再提中間地帶的觀點與他對世界主要矛盾的獨特看法。[141]這清楚地指出中共是在國際環境的壓力下所做的外交決策,不僅服膺蘇聯的全球戰略,也被迫參加韓戰,成為蘇聯的戰爭代理人,並將美國視為主要敵人,東亞冷戰於焉形成,中共成為美國東亞圍堵政策的核心。

　　由於向蘇聯的「一邊倒」,美國成為中共主要的威脅,一九五〇年十一月六日,人民日報就出現了美國從朝鮮、台灣、越南三方面威脅中共的概念,而具體形成戰略性思考的則是在一九五三年,中共外交部成立了三條戰線的研究小組。[142]這種兩極式的對抗,讓中共吃盡了苦頭,與美國為敵不僅耗損軍力在韓國境內,中共也被美國主導的經濟封鎖備嘗艱辛,聯合國除了譴責中共為侵略者外,也排拒其加入聯合國,進入安理會。在與西方國家為

中間有許多資本主義國家、殖民地、半殖民地國家,這是中共所謂中間地帶論的肇始。「和美國記者安娜‧路易斯‧斯特朗的談話」,毛澤東選集,第四卷,http://www.mzdthought.com/4/4-13.htm(Dec 23 2004)。1947 年 1 月 2 日,解放日報也發表了「關於戰後國際形勢中幾個基本問題的解釋」,公開披露中間地帶論,內容指出現時世界政治中主要的矛盾是在資本主義世界內部的民主勢力與反民主勢力之間,而不是在資本主義世界與社會主義蘇聯之間。請參閱徐成芳,和平方略－中國外交策略研究,頁 39。

[141] 劉同舜、姚椿齡,戰後世界歷史長編,第九冊,頁 10。
[142] 中共外交部政策研究室浦山的回憶,轉引自江英,「50 年代毛澤東外交思想述論」,姜長斌、Robert Ross 主編,從對峙走向緩和:冷戰時期中美關係再探討,頁 579。

敵之時，中共也發現與亞洲的民族國家發展關係是有利的。一九五一年九月，周恩來在政協會議指出：「現在還被帝國主義欺壓的殖民地半殖民地國家的政府，我們應該爭取他們反對戰爭，贊成和平，即使是暫時的朋友，我們也要爭取。」[143]這顯示出韓戰的僵持狀態，使中共重新考慮使用自己的方式分析與解決國際問題。一九五二年四月，周恩來在駐外使節會議上表示當前的國際問題不是兩大陣營的簡單對立，要分清敵我，第一種基本朋友是社會主義國家；第二種是一時的朋友，後者儘管是資本主義國家，但對戰爭他們不參加，表示中立，對這些國家不能採取敵對的方式，把他們逼到敵對陣營，它們與美國帝國主義之間是有矛盾的。[144]其實這樣的觀點顯示中共在國際政治理論開始突破蘇聯的兩大陣營理論，並以自己的分析來制定對外政策，中間地帶論的觀點隱約出現，但還未具體成形。礙於韓戰仍在進行，中蘇之間如果產生分歧會帶來嚴重後果，所以中共對外政策上不敢大幅調整，仍以蘇聯外交馬首是瞻。

　　史達林死後，蘇聯外交政策出現了轉變。由於內部問題尚未解決，蘇聯的領導人們一致想減少外部的摩擦，所以改變了史達林時期的對抗策略，把保障和平作為外交的首要目標。一九五三年五月三十日，蘇聯向土耳其提交了一份備忘錄，放棄部份領土要求；七月二十日，恢復與以色列邦交；支持韓戰與越戰停火，主動改善與南斯拉夫關係，不堅持對德和約簽訂後才從奧地利撤軍，最後在一九五五年五月十五日簽訂對奧和約，種種跡象顯示

---

[143] 中共中央文獻研究室編，*周恩來統一戰線文選*，（北京：人民出版社，1984年），頁219。

[144] 中共中央文獻研究室編，*周恩來外交文選*，頁52-54。

蘇聯緩和國際局勢的態度。[145]儘管美國不盡然相信蘇聯意圖，但是雙方緩和衝突的訴求是有利於和平的環境。同時赫魯雪夫也改變史達林時期對中共的不平等待遇，雙方進入了歷史上最佳的關係狀態。[146]由於中共「一五計畫」需要蘇聯的大力援助，赫魯雪夫也需要毛澤東在社會主義陣營的支持，雙方的互利使中蘇關係相當良好。在外交事務上，蘇聯的和平共存政策有利於其與第二種朋友打交道，所以中共也在外交事務上支持蘇聯，如華沙公約的簽訂，東德的建交，對奧地利的撤軍，舉行裁軍談判，發表和平宣言，配合改善蘇南關係與南斯拉夫建交等，充分顯示中共配合蘇聯和平外交的攻勢。[147]

儘管蘇聯和平共處的策略只是強調社會主義與資本主義國家用和平談判取代實力競賽的方式，讓時間來決定哪一個制度具備優越性，但並不代表承認資本主義的穩固性，它只是階級鬥爭的特殊形式，而且和平共處並不適用社會主義國家，社會主義國家是超越和平共處的特殊國際主義。[148]中共依據蘇聯和平共處的方針也具體發展與新興民族國家的關係。一九五三年十二月三十一日，印度代表團來華商量西藏問題時，周恩來首度提出和平共處

[145] 左鳳榮，致命的錯誤－蘇聯對外戰略的演變與影響，（北京：世界知識出版社，2001年），頁125。

[146] 李丹慧就認為中共在韓戰的傑出表現，使中共在社會主義陣營的地位提高，而史達林的逝世又提供了中蘇關係調整的可能，致使蘇聯對華政策產生基礎性的改變，雙方進入到蜜月期。李丹慧，「毛澤東對蘇聯認識與中蘇關係的演變」，李丹慧編，北京與莫斯科：從聯盟走向對抗，頁308。

[147] 1955年2月劉曉就任中共駐蘇聯大使前夕，毛澤東與周恩來在約見其做行前交代時，均強調中國需要建設，需要蘇聯各方面的援助，指示劉曉要認真研究蘇聯的外交政策，並配合其外交政策，一定要搞好兩國關係。請參閱劉曉，出使蘇聯八年，（北京：中共黨史資料出版社，1986），頁3-6。

[148] 左鳳榮，致命的錯誤－蘇聯對外戰略的演變與影響，頁136-137。

五原則，周恩來說：「新中國成立後就確立了處理中印兩國關係的原則，那就是，互相尊重領土主權、互不侵犯、互不干涉內政、平等互惠及和平共處的原則。……只要根據這些原則，兩國間的任何業已成熟的懸而未決的問題都是可以解決的。」[149]一九五四年一月九日，周恩來發表聲明：「從朝鮮問題，看到亞洲方面一些迫切的國際問題，目前已經發展到了必須由有關大國進行協商來加以解決的階段。」三月三日，中共同意參加日內瓦會議，並於四月二十四日抵達日內瓦，強調和平解決朝鮮與越南問題。四月二十九日，中共副外長章漢夫與印度簽訂「關於中國西藏地方與印度之間的通商和交通協定」，正式將和平共處五原則首次公開在外交文件上發表。[150]六月十三日，周恩來接見印尼駐法大使表示中印互不侵略，互相尊重領土主權完整，互不干涉內政。六月十六日，周恩來向英國外相艾登表示願與老撾、柬埔寨和平共處。六月十七日，中英雙方同意互派代表。六月二十五日，周恩來訪問印度重申和平共處五原則，並認為適用於世界各國。[151]七月二十一日，日內瓦會議達成越南的停火協議，強化了中共促進國際和平的形象。

　　中共在五○年代中期前，歷經了兩個階段的外交政策。首先是配合史達林的對抗政策與美國正面衝突；繼之史達林死後，配合赫魯雪夫與馬林科夫的和平共存政策。儘管大陸學者嘗試從理論解釋中共發展和平共處的正當性，但都難以否認蘇聯外交政策

[149] 裴堅章主編，中華人民共和國外交史，第一卷，1949-1956，（北京：世界知識出版社，1998年），頁99。宋恩繁、黎家松主編，中華人民共和國外交大事紀，第一卷，頁131。

[150] 宋恩繁、黎家松主編，中華人民共和國外交大事紀，第一卷，頁132-135。

[151] 同前註，頁145-149。

的絕對影響。[152]最後為了合理化政策演變的內涵,推論出「一邊倒」戰略決定所推演出的三項方針,是在國際兩大陣營尖銳對立,國內新政權即將誕生的情況下確立開國創制的方針;而和平共處五原則是兩大陣營在全球處於均勢狀態,中共成為新興大國之後,所確立長期的基本外交方針。[153]

貳、萬隆會議與台海危機

日內瓦會議後,中共再度確認其獨特的國際認知:資本主義國家的矛盾擴大。毛澤東在分析戰後的冷戰宣傳時指出:「美國帝國主義卻是在準備著反蘇宣傳,……這種宣傳,是美國反動派用已掩蓋當前美國帝國主義所直接面對的許多實際矛盾,所放的煙幕。這些矛盾,就是美國反動派同美國人民之間的矛盾,以及美國帝國主義同其他資本主義國家和殖民地、半殖民地國家之間的矛盾。」[154]日內瓦會議,美英對中共態度的紛歧,英國的親善政策成功地達成與中共互設代辦,法國因為奠邊府戰役的失敗也無法顧及美國的外交政策,充分顯示出美英法三個重要的資本主義國家在重要的國際會議上,竟然無法達成一致的協議,致使美國認為日內瓦會議是美國外交重大的挫敗。

---

[152] 徐成芳嘗試從中共正確認知國際矛盾的觀點與突破中印關係來解釋和平共處五原則的原生發展,但是以時間點而言,仍是蘇聯政策改變遠早於中共自發性的改變。徐成芳,和平方略－中國外交策略研究,頁 83-87。

[153] 徐成芳,和平方略－中國外交策略研究,頁 82-83。

[154] 毛澤東選集,第四卷,頁 1193。http://www.mzdthought.com/4/4-11.htm (2004/12/23)

　　集團內部分化的傾向給予中共的國際觀有力的証明，再加上蘇聯開始倡導和平共存，使得中共對於分化集團，拉攏暫時性朋友的支持更具彈性。中共敏銳地捕捉到新的國際趨勢，集團內部分化的傾向衝擊了嚴密兩極體系，也使得權力分散的趨勢出現，儘管權力分散的現象不如想像中的聲勢浩大，但是它的確創造出不同兩極體系的新面貌。

　　另一個引人側目的國際變化是二戰後新興的民族國家。戰後到一九五五年，新興獨立的國家就有十三個，使得亞非地區的獨立國家增至三十個。[155]這些從西方殖民帝國獨立出來的民族國家，既不喜歡殖民帝國，也對共產主義懷抱恐懼。在中國週邊圍繞著許多這類的國家，這也使中共能夠跳脫美蘇兩大帝國的觀點，而能以同理心的思考理解這些國家。所以中共在一九五四年彙整出和平共處五原則作為週邊國家關係的一種突破，首先以印度這個資本主義國家作為實踐的對象，成功地輸出和平共處五原則的外交政策。[156]在印度成功之後，中共也利用日內瓦會議向緬甸輸出和平共處五原則，並與印緬發表聲明支持和平共處五原則不僅適用於亞洲國家，也可以成為一般國際關係中的基本準則，正式將和平共處五原則推到中共的全球外交層次。

　　中共由四年多來的外交實踐經驗發現，亞非新興國家對中共有懷疑甚至有敵意，但是他們希望緩和國際局勢，希望維護自己的獨立和主權，反對殖民主義與強權政治，這方面中共與他們有共同的語言，可以發展進一步的關係，團結並爭取他們的

---

[155] 方連慶、劉金質、王炳元主編，*戰後國際關係史，1945-1955，上冊*，（北京：北京大學出版社，2001 年），頁 277。

[156] 徐成芳，*和平方略－中國外交策略研究*，頁 83。

基礎。[157]韓戰停火協定簽訂後的政治會議，蘇聯建議印度參與卻引起美國的反對，導致尼赫魯批評美國藐視亞洲意志，尼赫魯說：「儘管在過去幾年中世界有了重大發展，世界上許多大國不知怎的還沒有理會到，亞洲國家不論是怎樣弱小，並不願被人忽視，也不願被人棄之不理，更不願受人欺壓。」[158]這為中共與南亞國家鋪平了合作的道路。所以當美國在日內瓦會議失敗後，積極籌組東南亞公約組織，對於東南亞國家而言，美國似乎要將冷戰引進東南亞，而引起了南亞五國的反對，由印尼總理倡導的亞非會議，排除美蘇兩大超強，反而為中共創造了測試和平共處五原則的重要的舞台。亞非會議的十原則涵蓋了和平共處五原則的實質，其所締造的萬隆精神，也使中共在宣傳團結亞非國家，爭取盟友上贏得外交成就。

　　中共對亞非會議的看法是認為亞非國家崛起，長期以來在國際政治對帝國主義的依附是被壓迫民族的一種標誌，現在終於解脫了。亞非國家利用社會主義陣營同帝國主義陣營對壘所造成的有利形式，終於獨立走向國際舞台。第三種力量的出現，削弱了帝國主義與殖民主義，有利於世界和平，亞非會議也對殖民地人民的獨立運動產生鼓舞。[159]

　　五○年代中期，中共表面服從蘇聯的外交政策，但實際上暗地裡執行自己的國際理念。萬隆會議期間，周恩來面對其他國家對共產主義或蘇聯的直接批評，他並沒有公開為蘇聯辯護，只是

---

[157] 劉同舜、姚椿齡，戰後世界歷史長編，第九冊，頁 43。

[158] 中美關係資料匯編，第二輯，頁 1370-1372。

[159] 謝益顯，「中國和平外交的內涵及其發展與深化」，劉山、薛君度主編，中國外交新論，（北京：世界知識出版社，1998 年），頁 95。

表達他是來求同存異的。這顯示出中共的外交利益已經凌駕共產國際主義與蘇聯外交利益，中共試圖跳脫共產集團的角色，而以新興民族國家的角色來爭取認同與合作。外交角色的調整可以看出中共對萬隆會議的重視，中共期望藉由萬隆會議擴大其國際的統一戰線，所以對與會各國，特別是亞洲鄰國除了宣揚和平共處五原則，也特別對泰國與緬甸強調中共絕對不會利用少數民族侵略鄰國，並在會議期間贈送印尼華僑國籍解決方案的大禮，同時暗示只要這些國家平等對待中共，中共也將一併解決東南亞各國境內的華僑問題。

　　另一個神秘禮物就是緩和台海局勢的聲明。中共相信展示諸多善意，贏得亞非國家的支持，勢必會對美國使用核武造成強大的國際輿論壓力。在萬隆會議提出台灣問題，不僅成功地凸顯台灣問題，解決了毛澤東所擔心「這時不提出台灣問題，將犯嚴重的政治錯誤」，並贏得和平的美譽，更重要的是在這一波新的國際趨勢取得領導議題的主控權，我們可以從萬隆會議結束後，中共在五年內分別與尼泊爾、錫蘭、柬埔寨、埃及、敘利亞、葉門、伊拉克、阿爾及利亞、蘇丹、幾內亞等非共產主義國家建交，並於一九五六年十一月到翌年二月，周恩來進行了亞歐的外交之旅，成功地突破外交困境，對抗了美國的封鎖，這些成功皆肇因於萬隆會議中共外交的成功。[160]

　　一個善用國際主義從事內部政治分析的政黨，充分理解如何爭取暫時性朋友的支持來共同對抗資本帝國主義。在戰略層次上，爭取新興民族國家的認同，不僅有利於其在共產集團內部的

---

[160] 陶文釗，*中美關係史，1949-1972*，（上海：上海人民出版社，1999 年），頁 203。

地位，也在兩極體系下另闢一個新的舞台，有助於其進入聯合國的戰略環境。相對而言，台灣問題的突出已經解決了嚴重的政治錯誤；就相對利益而言，萬隆會議是戰略層次的考量，台海緊張的降低只是戰術層面的考量，台海緊張的緩和有助於中共在萬隆會議推銷和平共處五原則，自然戰術必須服從戰略，以便贏取戰略利益。所以當張少書與何迪提出周恩來在萬隆會議是在各國關切下，臨時性提出緩和台海的聲明，而非事前預謀，這可能就忽視了四月五日中共中央政治局「參加亞非會議的方案」的決議：不談共產主義，同意緩和台海局勢；同時也未區分一個極度重視戰略原則，但有極大彈性戰術手段的政黨，怎麼可能忽視即將到手的戰略利益。

第四節　小結

由本章的論述中得知，一九五四年戰術性核武的觀點逐漸在美國的政府部門擴散，此一觀點也符合艾森豪想要平衡預算又要維持龐大的嚇阻力量，為了讓核武的嚇阻更具可信度，戰術性核武的觀點使得核武不再是終極武器，而是一種可能的常規武器。美國從倡導大規模報復政策轉變成彈性報復政策，都使得一九五四年台海危機的核武威脅更加具體，因為灰色地帶的核武使用逐漸被美國所認可。相對於中共而言，五四年正逢蘇聯軍事思想變革，史達林的軍事教條受到軍方專業的挑戰，核武的重要性逐漸被認可，中共當然也理解核武的可怕，但是越具威脅，中共越要表現無懼的態勢。石之瑜解釋中共外交語彙僵硬的現象有如下的

說明：「當中共相對實力不足的時候，反而會特別僵化地去重申原則，……其所表達的訊息有兩個：一個是無懼；一個是不屑。」[161]所以在危機爆發後，中共對核武的恐懼首先反映在戰略上的無懼，卻私下積極爭取蘇聯的核武技術援助，並積極學習核武防護的軍事技術，列為軍方的兩大軍事需求之一。在危機的後期，中共不僅進行媒體對核武的圍剿顯示不屑，甚至動員了四億人民連署反對美國使用核武，充分顯示美國核武威脅的確引起中共的恐慌。也由於被威脅的恐懼與不滿，促使了中共修改「一五計畫」的基礎經濟建設，優先發展核武。所以，若說美國在台海危機的核武威脅促使中共發展核武其實也不為過。然而，美國核武威脅不僅讓中共感受強烈，國府也感受到核武的重要效應，展開核武的研發。[162]

美國在台海危機的核武威脅，促使了中共改採和平外交來緩和危機。然而這種和平外交的展現，卻在萬隆會議得到支持並突破美國的政治封鎖。中共從韓戰的經驗中理解，美國短期內並不會危害其基本生存，為了獲致蘇聯的安全保障，中共被排擠在聯合國外，也被聯合國會員國譴責為侵略者，這種負面的國際形象

---

[161] 石之瑜，「對中共表意作風的分析與對應」，*理論與政策*，第 9 卷，第 1 期，民國 83 年 12 月，頁 82。

[162] 雖然尚無確切一手資料說明國府研發核武的時間，但是 1956 年 10 月 9 日駐美大使館電總統府的密電指出，已邀請美國原子能委員會協助指導台灣原子能發展，顯示台灣對核武研發的積極興趣，請參閱*蔣中正總統檔案*，特交文電，檔號 090103，卷號：008，卷名：對美外交－革命外交，編號：09A-00331。此外，1960 年國防部第五廳編，「美國三軍特種武器計劃署之編組與任務」，言及國防部第五廳第七組與國外原子能專家合作情況，請參閱*蔣中正總統檔案*，特交檔案，檔號：080102，卷號：052，卷名：中央軍事報告及建議，編號：08A-00593。

不利中共的外交拓展，特別是面對美國的政經封鎖。然而蘇聯和平共存政策的出現，給予中共脫離蘇聯外交掌控的契機。中共並沒有預期台海危機延宕九個月之久，當然在危機之前，中共也沒有預計萬隆會議能夠成功召開，所以中共有關萬隆會議的籌備是在一九五五年二月份展開的。其實台海危機的爆發與東南亞公約組織的成立是促成萬隆會議召開成功的近因。由於南亞五國排拒冷戰進入東南亞，並試圖排除美蘇在東南亞的影響力，反而幫中共營造了一個絕佳的外交舞台，來推展其和平共處五原則的新路線，以突破美國的圍堵。台海危機是想突破國境內的圍堵，而萬隆會議則是突破國境外的圍堵；所以當台海危機的突破遭遇瓶頸之際，萬隆會議卻免費為中共敞開突破的大門。兩相權衡之下，台海危機已無法等待到期望的利益，相對的僵持可能會遭逢巨大損失，而萬隆會議卻可以開創新的外交利益，甚至可能成為一個戰略的制高點，中共當然樂於利用台海危機的剩餘價值來創造新的利益，所以暫停軍事行動改採和平外交來贏得萬隆會議的勝利。

　　美國的核武威脅迫使中共緩和危機，萬隆會議則加速危機的和平落幕。中共的行為動機有主動也有被動，核武威脅是被動的要素，因為無法試探出更多利益，卻要冒更大的風險，所以被動地緩和危機。萬隆會議則是主動的要素，由於看到會議所可能帶來的重大外交利益，所以中共願意主動降低危機，改採和平外交手段來突破美國的封鎖。所以兩者均是危機結束的重要因素，對於中共的行為動機而言，只有主被動的區別。

第六章　結論

　　一九五四年的台海危機研究，中共的行為角色常常從屬於美國對華政策的反應者，儘管近年來以中共為主體的台海危機逐漸增加，但囿於官方資料有限，與維護中共立場的用心，致使研究仍有所欠缺。本文運用美中台現有的官方文獻，與相關人士回憶錄，在研究中共於台海危機中的行為角色，獲致相當發現，並分四個部分歸納如下：

壹、從歷史背景的研究發現

　　依據體系理論的觀點，嚴密兩極體系下的中美衝突是種必然的趨勢。從冷戰的政治宣傳與國際現實主義者論述都強化了中美衝突的必然認知，然而兩極體系的二分化方式過於簡化中美衝突的歷史背景。依據本文的研究，冷戰在不同的時間與區域有不同的發展，所以當一九四七年歐洲冷戰逐漸形成，美蘇在東亞仍停留在傳統權力平衡的觀念中，希望中國能成為美蘇間的巨大緩衝國。然而中共的「一邊倒」政策與「中蘇友好同盟互助條約」的簽訂，破壞了美國所期待的權力平衡，遂逐漸採取對中共不友善的政策，韓戰則在認知與政策上強化了這種認知。由於中共在蘇聯的期望壓力下被迫參與韓戰，美國也由於中共參戰被迫與中共

敵對，雙方均無主動意願與對方為敵，只是中共對國家安全的一種選擇，決定了雙方在台海衝突的歷史背景。

由於美國在韓戰的挫敗，致使美國加深對中共的敵對意識，甚至認為中共是無法無天的侵略者。政治上的國際宣傳，造成反共的民意難以反轉，美國在兩極體系下的外交政策也相對限縮。在肯南圍堵思想的推波助瀾下，反共的思想與國際政治權力形成了一體的兩面，兩極體系成為一種觀念的分配，也成為權力的分配。國家的決策者只能在兩極體系的觀念與權力分配下，執行有限的彈性外交。

當然國共內戰時期，美國對國府的支持相對地引發中共的不滿，但對於實力不足的中共而言，不滿美國是一回事，對抗美國又是另外一回事。這段不友善的歷史，並沒有阻礙兩國的國家利益的評估，所以中共對佔領區內的美國使館並沒有立即的管制，美國在國府南遷時，大使司徒雷登仍留駐南京，若非國務院姿態過高，中共欠缺足夠的信心，中共不見得選擇蘇聯而與美國對抗，狄托路線一直沒有排除在中共的外交選項外。

歷史淵源強化了潛意識的形成，也成為決策的重要變數之一。在觀念與權力不斷強化的國際體系內，嚴密兩極體系的觀念成為有效且容易解釋國家行為的理論。中共對台灣視為重要的利益區域，然而美蘇卻沒有如此認為，蘇聯基於中共的價值而支持中共的統一政策，但對於中共亟需的海空軍支援，蘇聯是口惠而不實的。美國對台灣是一種被動式的負擔，他只是不願意台灣落入中共之手，加深反共的挫敗感。所以張淑雅才認為美國遲至一九五一年四月後，才認為台灣是一項資產而非負

債。[1]美國逐漸重視台灣的功能，並武裝國府騷擾大陸沿海；對於視台灣為重要區域的中共而言，不啻是一種核心利益的傷害。依照國際體系理論的說法，超強必須在重要利益地區明確劃界與節制附庸國行動，才能維持體系穩定。美國是以第七艦隊巡弋台海畫出界線，但是沒有節制國府在外島的行動，也促成台海危機具有國際體系的因素。然而蘇聯似乎並沒有將台海視為重要利益區域，基於對中共的支持，蘇聯不敢在台海明確劃界，也沒有節制中共的軍事行動，致使危機爆發，這使得國際體系因素成為台海衝突是一項重要條件。

　　儘管台海危機具有國際體系的結構性因素，但是中共的外交選擇是一項重要的變數。依據本文的研究，中美雙方並無敵對的意願，只是互信與善意不足，當然蘇聯與中共的互動中也未專美於前。只不過蘇聯對中共的安全威脅遠大於美國，致使中共選擇了追隨蘇聯霸權的政策，而必須與美國敵對。中共的選擇強化了危機的結構性因素，使得歷史與理論在結果的解釋非常近似。歷史發展強化了體系理論，使得戰後的國際體系不僅成為觀念的分配，也成為權力的分配。

貳、危機爆發原因的研究發現

　　以往學者論述台海危機爆發的原因，累積了許多精闢的分析與見解。諸如卡利奇的擴張主義觀點；張曙光、陶文釗、辛頓、梅爾斯、格瑞布勒所強調美國圍堵造成中共恐懼的一種防衛性反

---

[1]　張淑雅，「美國對台政策轉變的考察（1950 年 12 月-1951 年 5 月）」，*中央研究院近代史研究所集刊*，第 19 期，民國 79 年 6 月，頁 469-486。

彈；霍布斯、史托普分析為國際政治鬥爭的產物；辛頓強調經濟發展與國府騷擾矛盾下的必然結果。這些學者的論點有共同處也有不同重視的角度，但基本上並無對立或不相容的觀點產生。本文重視這些研究成果，但是認為以中共的國家利益來串聯學者的觀點，具有較好的解釋力。

　　受制於傳統冷戰史觀，以往學者研究中共在台海危機的行為常以美蘇集團的對立，而將中共的國家利益從屬於集團利益下，對於中共被犧牲的國家利益有所探討，如鮑大可、吉廷、王緝思等，但是對於中共國家利益的實質內涵較少探討。早期大陸學者對中共外交目標的國家利益實質內涵亦少探討，大多流於官方的政治宣傳，如獨立自主、和平共處五原則等空泛性的宣傳，[2]晚近則對台海危機中共的國家利益定義為戰術上的軍事反擊與戰略上的政治鬥爭。[3]本文研究則認為中共引發台海危機的深層因素為國家利益的內涵轉變，由於實質利益的認知改變，中共才會成為維持現狀的挑戰者。韓戰是蘇聯與北韓聯手犧牲中共的國家利益，中共為了生存的核心利益被迫參戰。韓戰停火協定的簽署，確保了中共基本生存的核心利益已無顧慮，訴求國家威望與領土主權的利益浮出檯面，使得中共必須有所表示，所以中共犧牲北越在奠邊府的勝利，劃定了停火線，確保南北兩疆的安全，同時為表

---

[2]　這方面的政治宣傳請參閱中共官方的外交史版本，謝益顯主編，*中國外交史：中華人民共和國時期，1949-1979*，（開封：河南人民出版社，1984 年）；裴堅章主編，*中華人民共和國外交史，第一卷*，（北京：世界知識出版社，1994 年）；韓念龍主編，*當代中國外交史*，（北京：中國社會科學出版社，1990 年）。

[3]　戴超武，*敵對與危機的年代—1954-1958 年的中美關係*，（北京：社會科學文獻出版社，2003 年），頁 48。

示其追求國家威望與領土主權的決心，中共必須對台海現狀有所表示，以顯示其捍衛國家利益的決心。所以用國家利益來貫穿相關學者對危機爆發的研究，是一種很好的理解途徑。

此外，「中美共同防禦條約」常常被認為是促成危機爆發與升高的重要原因，筆者認同這些觀點，但是認為以台海中立化的歷史脈絡來爬梳，更容易理解危機爆發的原因。對於區域性國家，區域議題的利益遠比國際議題的追求來得重要。台海中立化政策嚴重侵害了中共的領土主權訴求，所以由台海中立化政策所衍生出的「中美共同防禦條約」與紐西蘭的外島停火案，都是中共所極力反對的。由於「中美共同防禦條約」在韓戰停火後，就以不同的型態不斷地出現在東亞的政治議題，如傳聞的西太平洋區域聯防組織與後來的東南亞公約組織。都讓中共感受到美國可能運用防約或者集體自衛組織來將台海現狀定型化，特別是一九五四年，艾森豪政府的重要官員陸續訪問台灣，總統特使與軍事顧問符立德三次訪台，周恩來就公開表達疑慮與不滿。[4]二個由台海中立化衍生的產物，在美中台三方角力下，有著不同的下場。在國府積極推動與美國意欲以防約換取國府同意停火案下，「中美共同防禦條約」簽訂；然而停火案則在兩岸堅決反對，美英的技術性承諾無法達成而宣告失敗。所以本文以台海中立化來論證危機爆發，遠比以防約來論述危機更具廣度與深度。

從國內政經情勢穩定來論述台海危機的爆發不乏論者，如辛頓強調中共經濟發展的穩定促使其必須解決東南沿海的航運安

---

[4] 戴超武根據當時中共人民日報、世界知識等傳媒，指出中共中央認定美台防約正在磋商中，請參閱戴超武，敵對與危機的年代—1954-1958 年的中美關係，頁 125。

全。此外，麥斯勒（Maurice Meisner）在探討中蘇關係時強調「一五計畫」的成功，其中論述到中共有把握清除高崗同時保持與蘇聯的關係頗具新意，不過他並沒有引用在危機的解釋上。本文則延續此一觀點，認為這是中共清算蘇聯在中共勢力的先聲，並表達出中共對蘇聯政策的不滿，當然台海危機也是中蘇關係的試金石。

從軍力失衡的觀點來探究台海危機，散見在美中台三方的官方報告上，專題性的學術研究付之闕如，頂多流於戰史的陳述及附屬性的說明。本文則大量運用兩岸軍事數據來呈現軍力失衡的事實，補足以往軍事研究數據資料的欠缺，並發現五○年代中期，兩岸軍事現代化均有相當成效，然外島由於地緣性的因素，使得國軍力有未逮，形成軍力的真空，終至大陳失守。由此可以看出，權力的真空對中共的軍事行為是具有一定的吸引力。

軍方對中共軍事行為的決策一直是隱晦而難以理解的，從本文的研究發現，毛澤東在第一次台海危機時相當重視軍方的意見，在公文的批示上也不斷徵詢重要的軍方將領，最後在軍方兩派的意見中，嘗試擺平不同將領的爭論，而且讓雙方均有台階下。在目前台海危機的研究中，尚無探討軍方如何介入危機決策的過程，本文在搜羅大陸將領回憶錄與官方文獻，拼湊出第一次台海危機軍方內部的鬥爭，明確指出張震與張愛萍對於攻擊外島策略的分歧，攻擊大陳或金門都是軍事上的考量，以張震為首的總參謀部與以華東軍區為主的陳毅、張愛萍、葉飛都是毛澤東所重視的軍方將領，毛澤東儘管接受了張震的意見，並指定張震擔任對台軍事鬥爭的總策劃，但多少是因為王尚榮的軍費評估而放棄，他還是把實際作戰的功勞給了張愛萍

與葉飛,藉此彌平軍方內部的爭議。所以砲擊金門所引發的震
撼效應,遠超過中共的預期,其實質內涵是軍方外島戰術爭議
下的副產品。

參、危機互動的研究發現

　　第一次台海危機過程的探討,一向是偏重以美國為核心的探
討,特別是學者利用美國解密資料主導了歷史研究的解釋權。九
〇年代,台灣的張淑雅利用美英資料分析美國對華政策,但是對
兩岸資料的引用相對欠缺。[5]留美的大陸學者試圖以美國資料來解
釋中共的行為是一種自衛性的反應;然而大陸資料陸續出版,也
使張少書與何迪得以利用雙方資料進行較客觀的分析,但資料蒐
羅仍有欠缺。所以中共中央黨校國際戰略研究中心與美國哈佛大
學費正清研究中心的兩次研討會上,有關台海危機的探討在觀點
的交流上是有所突破,但是資料的論證上仍嫌薄弱。二〇〇三年
戴超武出版敵對與危機的年代一書,詳盡蒐羅中美雙方資料進行
了良好的分析與論證,稱得算是一部總結性的著作,但仍欠缺台
灣的觀點與資料。本文在這些學者研究的基礎上,突出以中共為
主體的探討,特別是在中共軍事行為上的資料分析,運用更多的

---

[5]　張淑雅在研究台海危機,主要以美國檔案為主,國府資料借重顧維鈞保留
　　的使館檔案資料,由於中共文獻的欠缺,其在研究主題的設定上常常排除。
　　唯一比較特別的「文攻武嚇下的退縮:美國決定與中共舉行大使級談判
　　的過程分析,1954-1955」引用部份大陸文獻資料,然而在比例上仍是以美
　　國資料為主。張淑雅,「文攻武嚇下的退縮:美國決定與中共舉行大使級談
　　判的過程分析,1954-1955」,中央研究院近代史研究所集刊,第 25 期,民
　　國 85 年 6 月,頁 381-424。

資料進行論證，且首度引用蔣中正總統檔案補強三方互動的行為，在史實的呈現上具有更多元的看法。

　　本文的研究發現，中共在危機初始即以避免與美國衝突作為最高軍事前提，而且也沒有盡全力來打沿海的有限戰爭。本文從同一時期中共進行憲法的修訂，舉行國慶閱兵，高規格接待赫魯雪夫與尼赫魯來訪等，顯示砲擊金門只是衝撞一下美國，等待轉機與表達不滿，觀察攻打大陳的時機。當時中共中央辦公廳主任楊尚昆的日記記載頤年堂的議程，也未見外島議題入列，除了顯示這不是毛澤東真正優先政治議題，也可能代表毛澤東放手讓軍方主導規劃，他只強調避免與美軍衝突。

　　中共在砲擊後並無大規模的軍事行動，美國中央情報局評估中共的砲擊是一種試探行為頗為準確，但是美國並不清楚砲擊的策略是軍方內部妥協的產物。張少書、何迪認為砲擊金門是一種戰術行為，因為是日正好有運輸船，儘管葉飛回憶錄提供了此一立論，但是干擾馬尼拉會議、抗議杜勒斯訪台與宣傳日本投降九週年來反諷美國帝國主義，似乎遠比運輸船來得重要。本文研究大體接受砲擊金門本質上是試探性的戰術行為，至於造成美國戰略性的困境則是意外。根據中共行為的特性，常會以一個行動來突顯多重意義，進而認為此一行動具有軍事鬥爭意味，也具有國際政治鬥爭的內涵，這也符合中共在危機中設定的總目標，對台採取軍事鬥爭，對美採取政治鬥爭。此外，第一次台海危機的軍事鬥爭，毛澤東大體上是重視軍方意見，除了指示避免與美軍衝突外，幾乎放手由軍方指揮，[6]這頗符合毛澤東在五〇年代初期強

---

[6] 　其實第一次台海危機，毛澤東不只在軍事上重視軍方意見，在鬥爭高崗的過程中，也與彭德懷、劉伯承、陳毅、賀龍、葉劍英、朱德等談妥後，才

調的集體領導。相較於第二次台海危機，毛澤東嚴密掌控軍方的一舉一動，呈現截然不同的領導風格，這多少反映出毛澤東對權力分享不滿後的反彈。

在台海危機的研究上，對於「中美共同防禦條約」升高危機的觀點是沒有爭議的，防約與危機的確存在著直接的關聯，[7]本文也從周恩來年譜、彭德懷年譜找到直接的證據證明防約與危機的關聯性，但是到底是防約加速了危機還是危機加速了防約，成為雞生蛋、蛋生雞的問題。根據本文的研究，危機前美國重要官員陸續訪台，儘管均未授權與台灣談及防約，但的確造成中共的誤解。危機的爆發促使美國想藉停火案與防約來換取台海中立化的達成，而使得防約得以實現，特別是國府對停火案的強烈反對，讓美國相信需要防約來加以安撫。蔣中正總統檔案與石叟叢書，有關國府官員與助理國務卿羅伯遜的談話紀錄非常清楚的呈現此一觀點。儘管林郁方從同盟理論研究台海危機發現美國利用台海危機與國府簽訂防約，藉此約束國府對大陸東南沿海的攻擊行動，以免捲入與中共的戰爭。[8]這在「中美共同防約條約」的談判中，美國官員就已評估過防約有此效應。

進行正式批鬥。

[7] 史托普與何迪都認為砲擊金門是想要阻止「中美共同防禦條約」的簽訂。Thomas Stolper, *China, Taiwan, and the Offshore Islands: Together with an Implication for Out Mongolia and Sino-Soviet Relations,* (Armonk, N.Y.: M. E. Shape, 1985), Chapter III; Di He, "The Evolution of the People's Republic of China's Policy toward the Offshore Islands," in Cohen and Iriye, eds., *The Great Powers in East Asia, 1953-1960,* (New York: Columbia University Press, 1990), pp.222-245.

[8] Yu-fang Lin, *An Unequal Alliance: Exploring ROC-US Relations with a Special Emphasis on the 1950s,* (Ph.D. Dissertation, University of Virginia, 1989), pp.170-172.

　　在大陳撤退的研究上，張淑雅對於美台雙方的互動有著精闢的分析，[9]本文在這個基礎上，以引用兩岸軍事數據與將領回憶錄補充中共軍事行動的思維，並提出了「沉默交易」的觀點。由於大陳撤退中美雙方表現出相當配合的行動，美國通知蘇聯轉告中共，中共不攻擊協助國府撤退的美國，顯示這是以犧牲國府利益的成功交易。本文強調的觀點是沉默交易對中共是具有擴散性的，在大陳撤退後，中共隨即制定了福建作戰計畫，毛澤東並表示假如敵人撤退，不要對馬祖或其他島嶼進行攻擊，顯示中共是期望沉默交易再現。美國是否有配合此項交易呢？一九五五年二月，美國幾乎明確地表達防守外島的意圖，並以核武來支持其政策，但是在中共可能攻擊的壓力下，美國其實還是妥協了。一九五五年四月二十四日，美國派遣雷德福與羅伯遜以海上封鎖來遊說國府放棄金馬，顯示美國是有意圖以沉默交易來換取中共停手，[10]只是蔣介石的堅決反對與萬隆會議傳回和解的訊息，美國才放棄可能的外島交易。由此顯示，危機管理中的沉默議價是具有一定的效應，第一次台海危機中美雙方都有意圖藉由沉默議價來達成雙方的目標，中共希望解決外島對沿海的騷擾，美國希望國府保留軍力作為日後遠東的戰略預備隊，只不過在若干變數的

---

[9]　請參閱張淑雅，「金馬撤軍？美國應付第一次台海危機策略之二」，*中央研究院近代史研究所集刊*，第 23 期，上冊，1995 年 6 月，頁 411-472。張淑雅對美國的意圖有精闢的分析，然而國府的反應除了顧維鈞檔案，欠缺其他資料的支撐，本文則以兩岸檔案與回憶錄，強化軍事行為的論述，補強了大陳撤退的兩岸觀點。

[10]　若干學者質疑並嘲諷美國想以海上封鎖來換取國府撤退金馬，是一種矛盾且容易刺激中共的作法。請參閱戴超武，*敵對與危機的年代——1954-1958 年的中美關係*，頁 210-227；張淑雅，「金馬撤軍？美國應付第一次台海危機策略之二」，頁 470-471。

干擾下，如國府極力反對與中共感受核武威脅等，沉默交易才未再度成功。

　　從危機管理理論來看中共的行為角色，可以清楚地了解中共是一個理性的危機操控者。它非常清楚地將軍事置於政治的控制之下，所有的軍事行動都避免與美國衝突，它成功地採取了漸進式的施壓，迫使美國讓步，然而過於強勢的政治宣傳模糊了有限的軍事目標，也使得美國被迫將有限衝突與國家威望做連結，而喪失了下台階，陷入杜勒斯所言的可怕的困境。一江山的失守顯示美國模糊嚇阻失敗，甚至促成了大陳的沉默交易；所以當美國對金馬又表現出模糊嚇阻的態度，自然是難以嚇阻中共的期望。從本文的研究發現，中共的確是在謹慎施壓與廉價和解間尋求最大的報酬，唯一失算的是促成防約的簽訂。

肆、危機結束的研究發現

　　傳統在探討第一次台海危機結束的原因，泰半集中在美國的核武威脅與萬隆會議的原因。對於美國是否決心使用核武學界爭論不已，本文在第五章第一節已有相當的探討，但是本文研究重視的為中共是否感受到強大的威脅，以致於決定結束危機。以往這方面的研究，幾乎都以美國為主體，中共成為依變項，這類型的說辭為「由於美國使用核武威脅，使中共停止攻擊。」依此邏輯演變出不同的陳述方式，或粗糙或細緻，但本質是一樣的。但如何證明中共受到影響，則缺乏明顯的直接證據。史托普是西方學界探討台海危機首次提出中共以民眾連署的政治動員，顯示其恐懼核武的態度；大陸學者戴超武也提出相同的看法，但都缺乏

有力的論證。本文則從美蘇核武的演變，說明中共核武思想的淵源與發展，進而從中共寧可冒著「一五計畫」的可能失敗，也要發展核武，看出中共對核武的急切需求。再從中共的軍事優先發展項目看出防護核武成為一九五五年最重要的軍事需求。最後，從媒體宣傳與政治動員來論證中共的確受到美國核武的威脅。但本文研究並不認為美國的核武威脅直接促成中共結束危機，而是認為中共的確感受到美國的核武威脅，促成其被動結束危機；其主動的因素則是來自萬隆會議。

　　萬隆會議是亞非新興國家對冷戰的一種反彈，所以當亞非新興民族國家試圖合作創造出新的國際空間，對中共產生巨大的吸引力。由於中共外交思想受到傳統反帝國主義的影響比共產主義來得深遠，特別是建國之初，中國人民站起來的口號遠比共產主義更吸引民眾，毛澤東的聯合政府並非忠誠的兩極體系支持者，只是為了獲得史達林的信任，在政治上表現出一個傑出的國際共產成員模範。其在外交思想上，並沒有搞兩極體系的零和遊戲，而是一如其國內鬥爭的統戰手段，建立和平處的原則來爭取外交盟友。中共在日內瓦會議上，成功地捕捉到西方集團分化的現象，所以寧可犧牲越共，也要換取歐洲國家合作抵制美國的對立，並理解中共對東南亞的影響力。所以當兩大集團外的新興勢力出現，美蘇兩國均無法與聞的國際會議，中共又是唯二的兩個共產主義國家之一，如何搶佔這場國際勢力競逐的槓桿位置，對中共具有強大的吸引力。所以中共在一九五五年四月五日中央政治局會議就已決議：不談共產主義，同意緩和台海局勢。就已經說明了中共結束危機的主動因素即為萬隆會議所產生的外交利益。所以本文的研究推翻了艾西奈利認為美國對萬隆會議參與國所進行

的政治工作，促使中共發表緩和聲明；也推翻了張少書、何迪所認為緩和台海危機是一種臨時即席式的反應而非預謀。美國核武威脅迫使中共被動地考慮結束危機，而萬隆會議卻是中共主動地以結束台海危機來換取國際空間。

伍、其他研究發現

中共的行為常具有多重目標的功能，不管這些目標是事前的想定或事後的解釋，它在行為進行中常會交叉的自我解釋。譬如以軍事目標而言，中共非常清楚總目標是解決外島問題，渡海是絕無可能。但是為了政治鬥爭的對立性與強度，在政治宣傳上強調解放台灣，卻不承認現階段無此能力，宣傳一個無限的政治目標，卻又想爭取有限軍事勝利的極大化，致使美國不僅在政治與軍事都難以讓步，最後，中共喪失了解決外島問題的機會。以有限的軍事能力想要支撐無限的政治目標是有困難的，中共的行為並未確立一個階段性的總目標，而是希望追求多重目標的極大化，某種程度上像極了機會主義份子。譬如在對外關係上，中共強調對台軍事鬥爭，對美從事政治鬥爭；軍事目標清楚地顯現是以外島為主，政治目標是以試探美國的態度並分化其與盟國的關係，但兩者目標有牴觸時，何者優先則無定論。中共追求兩個目標的極大化利益，等到兩者利益衝突時才決定下一步，這使得在研究中共行為時，充滿著許多重大變數，而不容易預測。

此外，美國的模糊嚇阻對享有區域軍事優勢的中共而言不具明顯的效果。當美國於一九五四年五月評估中共可能攻打大陳，便不斷地在大陳海域展示武力，但這並未阻止中共繼續軍事試

探。九三砲戰後，美國暗示協防外島，並與國府商討防約事宜，也沒有讓中共停止轟炸大陳，甚至最後為了抗議防約的簽訂，中共攻下了一江山，充分顯示在浙江沿海享有軍事優勢的中共，是不容易被美國所嚇阻，特別是模糊性嚇阻。但是在軍力尚屬薄弱的福建沿海，中共的軍事試探是有限制的，除了砲擊，中共並沒有進行轟炸等升高危機的軍事行為，這當然與其軍事能力有關。相對而言，美國協防外島的意圖益加明顯，核武嚇阻也搬上檯面，模糊空間縮小，中共才放棄軍事衝突。

再者，爭論中共發展核武的確切年代，以往學者並無定論，韓戰後、第一次台海危機或第二次台海危機，均有學者論證。本文根據中共所出版的文獻資料，論證中共在第一次台海危機才決定發展核武。顯示出美國具體的核武威脅是促成中共決心發展核武的重要動機；同樣地，美國核武威脅中共也刺激到國府，依據蔣中正總統檔案顯示，第一次台海危機結束後，國府也積極發展核武。這形成一個有趣的對比，危機中核武的威脅對正反雙方均有刺激效用，特別是對沒有核武的國家。因為無核武的雙方都發現，核武對危機的重大影響。

其實，五〇年代中期，中共既不是無法無天的好戰者，在外交上也沒有狂熱的意識形態。儘管在韓戰中的國際宣傳，意識型態幾乎是對立而無解的，但在實際的執行上，中美雙方都是純粹的現實主義者。一九五三年韓戰停火協定達成了，一九五四年日內瓦會議成功地劃定越戰停火線，中共都是主導者。中共試圖與美國建立一個常態的溝通管道，來理解或溝通美國圍堵的意圖，當然中共也非常清楚，沒有美國的合作，它是沒有能力解決台海問題的。可是當溝通的管道斷絕後，中共只能靠軍事手段來理解

美國台海政策的底限，特別是美國對台海問題的漠視與決策遲
緩，[11]相對於中共急切地想理解美國在台海的角色，試探行為就
無法避免。由此觀察，中共的台海政策也是一連串的理性思考，
從外交試探到軍事試探都是經過相當時間的醞釀，至於中共為何
能在台海危機中享有主導權，倒不是中共有多好的規劃，因為中
共在危機中的目標是分歧而投機的；而是美國以彈性作為台海危
機的最高指導原則，期待對手不做什麼以求解脫困境，一廂情願
地要求國府配合犧牲，當然無法主導危機，最後只能在危機的各
個衝突階段，被迫採取行動，不免讓對手掌握機先。

　　最後，中共在面臨巨大威脅的情況下，會從事自我催眠的政
治動員，石之瑜用無懼與不屑來形容中共的反應頗為貼切。此種
政治催眠在中共的教條則是「戰略上藐視敵人，戰術上重視敵
人」[12]的策略實踐。第一次台海危機，中共除了發動機關報人民
日報攻擊美國的核武威脅，並動員四億民眾連署反對核武，表達

---

[11] 張淑雅對美國台海危機的決策有深入的批判，請參閱張淑雅，「一九五〇年
代美國對台決策模式分析」，*中央研究院近代史研究所集刊*，第 40 期，民
國 92 年 6 月，頁 1-52。

[12] 「戰略上藐視敵人，戰術上重視敵人」源自於 1936 年 12 月，毛澤東在紅
軍大學所作的「中國革命戰爭的戰略問題」演說中指出：「我們的戰略是『以
一當十』，我們的戰術是『以十當一』，這是我們制勝敵人的根本法則之
一。……我們是以少勝多的－我們向整個中國統治者這樣說。我們又是以
多勝少的－我們向戰場上作戰的各個局部的敵人這樣說。」請參閱「中國革
命戰爭的戰略問題」，*毛澤東選集*，第一卷，http://www.mzdthought.com/mxxx.
htm（2002/6/3）。此外，1948 年 1 月 18 日，毛澤東在為中共中央起草的決
議草案「關於目前黨的政策中的幾個重要問題」中又說：「當著我們正確地
指出在全體上，在戰略上，應當輕視敵人的時候，卻決不可在每一個局部
上，在每一個具體問題上，也輕視敵人。」請參閱「關於目前黨的政策中的
幾個重要問題」，*毛澤東選集，第四卷*，http://www.mzdthought.com/mxxx.htm
（2002/6/3）

不懂核武的信心。但是高層的頭腦卻是很清楚問題的嚴重性，在向蘇聯提出的兩大軍事需求之一，就是如何防護核武攻擊，並擴大防化部隊。中共這種兩極化的行為，在威脅感越高的情況下越明顯，也成為其外交行為的傳統。

陸、研究目的回顧與檢視

透過國際環境因素，如國際體系、國家利益、台海中立化、軍力失衡、核武與萬隆會議，本文解釋台海危機的形成與結束；也由於新資料的收集，補充了以往學者在文獻論證的不足。如以往倡導共產主義的擴張性是危機發生的重要因素，本文則從體系理論來解釋對立的形成，較意識形態來說明衝突性應更具說服力。立論中蘇共終將分裂，源自於中共國家利益的轉變，卻少有明確指出國家利益的內容與轉變的過程，本文具體提出五〇年到五四年，中共國家利益轉變的過程，並認為中共國家利益的內容由生存安全轉變為領土主權、政治獨立與國家威望等核心價值。傳統研究提出美國過度的圍堵促成危機的發生，本文則明確提出中共對美國的圍堵是有心理準備的，但是台海中立化的意外定型是促成危機發生的原因。在軍事因素上，除了掃除國府對大陸沿海的騷擾，本文也認為軍事行動有相當的國內因素，特別是軍方對外島作戰有不同的爭議，以往學者對砲擊金門有合理的臆測，即戰術佯攻或政治鬥爭，但從無提及軍方將領的爭議，本文所引證相關將領自傳與回憶錄，提供了合理的分析。此外爭論不休的核武嚇阻是否成功降低危機，本文的研究是肯定核武威脅被動地

促使危機結束，中共因考慮萬隆會議所帶來的外交利益而主動結束危機。

中共在處理危機的認知、態度與策略為何？其實中美雙方對初期的意圖評估都相當正確。美國評估中共引爆危機是一種軍事試探，然而這種軍事試探的軍事目標是希望解放沿海島嶼，而政治目標則是阻止或打擊「中美共同防禦條約」的簽訂，所以中共主動引發危機，卻被動地等待美國的反應，未料加速防約的簽訂，最後以一江山作戰作為一種政治的抗議。一江山的成功促成國府大陳撤退，促使中共期待「沉默交易」再度實現，而籌備攻擊馬祖的軍事準備，對美國而言是一種持續性的軍事壓力，迫使美國認為中共要持續升高危機，逼美國表態。然而中共卻認為在一江山戰役後，中共就已表達緩和危機的意願，但有限的軍事手段訴求的卻是無限的政治目標，解放台灣的口號強加在軍事行動上，使美國無法理解中共緩和危機的訊息，致使中共想達成的軍事目標失敗，外交目標亦無法成功，反而是後來的萬隆會議，為中共結束危機提供了最佳管道。

一九五四年台海危機的經驗性研究，對台灣可以提供何種啟示或助益？不可否認的，要避免中共軍事行為動機的發生，必須有良好和平的國際環境，讓中共認知和平外交可以爭取其國家利益，而不致絕望採取軍事行動。中共就是在日內瓦會議後才對美國絕望，而考慮採取軍事鬥爭的手段，試探美國的底限。所以台灣若想避免軍事衝突，應試圖與中共建立溝通的管道或平台，舉凡信心建立措施、兩岸菁英論壇等，但是溝通的代表不具權威性，功能當然打折。

　　此外，在一九七二年上海公報，一九七九年建交公報與台灣關係法及一九八二年八一七公報，已經使台海現狀適度定型，它不像「中美共同防禦條約」要將台海分裂的情勢長期化定型，導致中共無法接受而採取軍事行為，所以持續模糊而有善意的行為，有助於現狀的維持。然而二○○五年中共通過的反分裂法，的確增加了台海安全的變數，但是反分裂法是反對現狀進行分裂的改變，仍以維持現狀為核心，只要台海的定型化不要朝著分裂的方向前進，就不會對中共國內外政治威望打擊而激化中共軍事行為。當然，台海中立化能維繫多久，吾人不得而知，但是台海中立化是國際間普遍認可與接受的現狀，倘使能力不足而進行挑戰，勢必容易耗損脆弱的國力，實屬不智。

　　避免兩岸軍力失衡也是遏止中共採取軍事行為的要素之一，然而持續的軍備競賽顯然不利於台灣的總體發展，思索新的防禦戰略應該是必須的；就如同中共以往無法與美蘇抗衡，又恐懼美蘇的侵略而發展出人民戰爭，人民戰爭從來沒有驗證過是否有效，但是它的宣傳成功地嚇阻敵人的侵略，卻不參與耗費資源的軍備競賽。台灣應發展本土的防衛戰略，而不是抄襲或依托外國的戰略思想，除非像「中美共同防禦條約」如此明確保證，才能將安全戰略依托在「樂成計畫」[13]上。獨立作戰的戰略思想是必須的，同時也應遵循此一思想主軸購買可信的武器，如此宣傳才能提升防禦戰略的可信度。

　　中共的軍事行為是謹慎地，而且具有多重目的，倘使台灣不可避免要面對中共的軍事攻擊，也必須謹慎地回應軍事行動，避

---

[13] 「樂成計畫」是中美共同防禦條約簽訂後，美國與國府制定的台澎防衛作戰計畫的名稱。

免讓軍事衝突升高，特別是在政治攻擊方面，避免讓中共絕望，倘使在衝突中堅持無限的政治目標，容易導致危機難以下降。

核武嚇阻對中共具有絕對的影響力，儘管中共目前已經有核武的第二擊報復能力，然而相互嚇阻容易造成核武威脅的空洞化，不過這是對兩個核武大國比較適用。以北韓為例，擁有核武不僅可以對國際進行勒索，就算其沒有第二擊的報復能力，只是它使用核武的可能性比較高而迫使周遭國家對其讓步。中共已經是核武大國了，面對生存核心利益遭受威脅的核武小國－北韓，它也不願意得罪或阻止北韓的勒索，值得吾輩深思。

最後，像杜勒斯所言的外島困境是否會再出現？美國與英國自始至終都希望國府自金馬撤軍，剪除臍帶創造出兩個中國的環境。然而時空轉換，國際間普遍承認一個中國的前提下，外島是否具有臍帶功能必須重新思索。林正義曾經指出中共若攻打金馬，勢必會繼續攻打台灣，此種思路也是臍帶觀點的延伸。然而台灣已經從金馬撤軍，完全符合艾森豪所期待的前哨站功能，這當然容易使得美國從外島困境解脫，相對地，台灣也喪失與美國議價的資本。蔣介石堅持不從金馬撤軍，迫使美國搬出核武來保護台灣；第二次台海危機，蔣介石撤出 13%的外島駐軍換取了期待的武器裝備（響尾蛇飛彈、八吋榴彈砲等），在在都顯示外島對台灣是一項資產。台灣以精實案為由主動自外島撤軍，無異為美國解套，卻沒有增加任何籌碼，實屬可惜。儘管軍事事務革命改變了戰爭的時空與速度，但是地緣的威脅感並沒有改變。外島的軍事評估容有爭議，但是決策時也應思考外交利益等各個層面，總體性的評估才符合國家利益。

　　第一次台海危機的經驗性研究，是難以預測未來台海危機的走向，但是參考與提出未來問題則是可行的。本文對未來台海研究提出了值得思索的問題，也試圖描述以往的歷史經驗做為借鏡，相信是有助於未來的研究。

參考書目

壹、中文書目

（一）專書

A. M. 列多夫斯基，陳春華、劉存寬譯，2001 年，斯大林與中國，
　　北京：新華出版社。

Alan C. Isaak，陳忠慶、黃紀合譯，1991 年，政治學的範圍與方
　　法，台北：幼獅文化出版公司。

Doak Barnett，弓乃文譯，1985 年，周恩來在萬隆－美記者鮑大
　　可記亞非會議，北京：中國社會科學出版社。

John M. Collins, 鈕先鍾譯，1987 年，大戰略，台北：黎明文化事
　　業公司。

Robert Jones Shafer，趙干城、鮑世奮譯，1996 年，史學方法論，
　　台北：五南圖書出版公司。

Vojtech Mastny，郭懋安譯，2002 年，斯大林時期的冷戰與蘇聯
　　的安全觀，桂林：廣西師範大學出版社。

山极晃，鹿錫俊譯，2001 年，中美關係的歷史性展開 1941-1979，
　　北京：社會科學文獻出版社。

中央檔案館編，1991 年，中共中央文件選集，第 15 冊，北京：
　　中共中央黨校出版社。

中共中央文獻研究室編，1984 年，周恩來統一戰線文選，北京：
　　人民出版社。

＿＿＿＿＿＿＿＿＿＿＿＿＿＿＿＿，1987 年，建國以來毛澤東文稿，第一卷，
　　北京：中央文獻出版社。

＿＿＿＿＿＿＿＿＿＿＿＿＿＿＿＿，1990 年，建國以來毛澤東文稿，第四卷，
　　北京：中央文獻出版社。

＿＿＿＿＿＿＿＿＿＿＿＿＿＿＿＿，1990 年，周恩來外交文選，北京：中央
　　文獻出版社。

＿＿＿＿＿＿＿＿＿＿＿＿＿＿＿＿，1991 年，建國以來毛澤東文稿，第五卷，
　　北京：中央文獻出版社。

＿＿＿＿＿＿＿＿＿＿＿＿＿＿＿＿，1992 年，建國以來毛澤東文稿，第六卷，
　　北京：中央文獻出版社。

＿＿＿＿＿＿＿＿＿＿＿＿＿＿＿＿，1993 年，毛澤東年譜，中卷，北京：人
　　民出版社。

＿＿＿＿＿＿＿＿＿＿＿＿＿＿＿＿，1997 年，周恩來年譜：1949-1976，上
　　卷，北京：中央文獻出版社。

＿＿＿＿＿＿＿＿＿＿＿＿＿＿＿＿，1999 年，毛澤東文集，第六卷，北京：
　　人民出版社。

＿＿＿＿＿＿＿＿＿＿＿＿＿＿＿＿，2004 年，毛澤東傳，1949-1976，北京：
　　中央文獻出版社。

中美關係資料匯編，第二輯，1960 年，北京：世界知識出版社。

中美關係（文件和資料選編），1971 年，北京：人民出版社。

中國社會科學院、中央檔案館編，1994 年，1949-1952 年中華人
　　民共和國經濟檔案資料選編：對外貿易卷，北京：經濟管理
　　出版社。

方連慶、劉金質、王炳元主編，2001 年，戰後國際關係史
　　1945-1955，上冊，北京：北京大學出版社。

王炳南，1985 年，中美會談九年回顧，北京：世界知識出版社。

王焰，1993 年，彭德懷傳，北京：當代中國出版社。

王焰主編，1998 年，彭德懷年譜，北京：人民出版社。

外交部編，毛澤東外交文選，1994 年，北京：中央文獻出版社、
　　世界知識出版社。

左鳳榮，2001 年，致命的錯誤－蘇聯對外戰略的演變與影響，北
　　京：世界知識出版社。

石斌，2004 年，杜勒斯與美國對蘇戰略 1952-1959，北京：中國
　　社會科學出版社。

伍修權，1998 年，伍修權將軍自述，遼寧：遼寧人民出版社。

宋恩繁、黎家松主編，1997 年，中華人民共和國外交大事記，第
　　一卷，北京：世界知識出版社。

李丹慧編，2002 年，北京與莫斯科：從聯盟走向對抗，桂林：廣
　　西師範大學出版社。

李元平，1992 年，台海大戰，下編，台北：風雲時代出版社。

杜勒斯言論選輯，1960 年，北京：世界知識出版社。

沈志華，2003 年，朝鮮戰爭：俄國檔案館的解密文件，台北：中
　　央研究院近代史研究所。

沈宗美編，1992 年，理解與溝通：中美文化研究論文集，南京：
　　南京大學出版社。

肖佳靈、唐賢興主編，2003 年，大國外交－理論、決策、挑戰，
　　北京：時事出版社。

阿里‧沙斯特羅阿米佐約，周高塔、宋康源譯， 1983 年，我的
　　歷程，北京：世界知識出版社。

東方鶴，2000 年，張愛萍傳，下卷，北京：人民出版社。

林中斌，1999 年，核霸：透視跨世紀中國戰略武力，台北：台灣
　　學生書局。

林正義，1989 年，台灣安全三角習題：中共與美國的影響 ，台
　　北：桂冠出版社。

林利民，2000 年，遏制中國：朝鮮戰爭與中美關係，北京：時事
　　出版社。

林孟熹，2001 年，司徒雷登與中國政局，北京：新華出版社。

周琇環編，1995 年，台灣光復後美援史料，第一冊軍協計畫（一），
　　台北：國史館。

南京軍區傑出將領聶鳳智編委會編，1994 年，傑出將領聶鳳智，
　　南京：江蘇人民出版社。

姜長斌，Robert Ross 主編，1999 年，1955-1957 年的中美關係－緩
　　和之前：冷戰衝突與克制的再探討，北京：世界知識出版社。
　　＿＿＿＿＿＿＿＿＿＿＿＿＿＿，2000 年，從對峙走向緩和－冷戰時期
　　中美關係再探討，北京：世界知識出版社。

科學時報社編，1999 年，請歷史記住他們－中國科學家與兩彈一
　　星，廣州：暨南大學出版社。

胡喬木，1992 年，胡喬木回憶毛澤東，北京：人民出版社。

胡炘，1998 年，大陳回憶，台北：國防部軍務局。

孫健，2000 年，中國經濟通史，北京：中國人民大學出版社。

師哲，1996 年，在歷史巨人身邊（修訂本），北京：中央文獻出
　　版社。

徐成芳，2001 年，和平方略－中國外交策略研究，北京：時事出版社。

徐京利，2005 年，解密中國外交檔案，北京：中國檔案出版社。

徐焰，1992 年，台海大戰上篇：中共觀點，台北：風雲時代出版社。

徐學增，1995 年，蔚藍色的戰場－大陳列島之戰紀實，北京：軍事科學出版社。

徐曉天、李春隆、徐振澤著，2002 年，新中國與蘇聯的高層往來，吉林：吉林人民出版社。

時殷弘，1995 年，敵對與衝突的由來－美國對新中國的政策與中美關係（1949-1950），南京：南京大學出版社。

海軍總司令部編，2001 年，海軍艦隊發展史（二），台北：國防部史政編譯局。

國防部史政編譯局編，1981 年，美軍在華工作紀實（顧問團之部），台北：國防部史政編譯局。

＿＿＿＿＿＿＿＿＿＿＿，1996 年，俞大維先生年譜資料初編（一），台北：國防部史政編譯局。

＿＿＿＿＿＿＿＿＿＿＿，1996 年，戡亂時期東南沿海島嶼爭奪戰史（二），台北：國防部史政編譯局。

國防部軍務局史政處編，1998 年，國民革命軍第十八軍軍史，台北：國防部軍務局史政處。

國家統計局編，1959 年，偉大的十年，北京：人民出版社。

崔丕主編，2002 年，冷戰時期美國對外政策史探微，北京：中華書局。

張玉法主編，1982 年，中國現代史論集，第十輯，台北：聯經出版社。

張震，2003 年，張震回憶錄，北京：解放軍出版社。

陳志奇，1980 年，美國對華政策三十年，台北：中華日報社。

陶文釗，1999 年，中美關係史（1949-1972），上海：上海人民出版社。

梁敬錞譯註，1994 年，馬歇爾使華報告書箋註，台北：中央研究院近代史研究所。

彭卓吾編譯，2004 年，毛澤東與斯大林赫魯曉夫交往錄，北京：東方出版社。

華慶昭，1992 年，從雅爾塔到板門店－美國與中、蘇、英：一九四五至一九五三，北京：中國社會科學院。

鈕先鍾，1985 年，現代戰略思潮，台北：黎明文化事業公司。

資中筠、何迪編，1991 年，美台關係四十年，北京：人民出版社。

楊尚昆，2001 年，楊尚昆日記（上），北京：中央文獻出版社。

溫衛東整理，2000 年，葉子龍回憶錄，北京：中央文獻出版社。

葉飛，1988 年，征戰紀事，上海：上海文藝出版社。

賈慶國，1998 年，未實現的和解：中美關係的隔閡與危機，北京：文化藝術出版社。

裴堅章主編，1994 年，中華人民共和國外交史 1949-1956，北京：世界知識出版社。

裴默農，2002 年，周恩來與新中國外交，北京：中共中央黨校出版社

趙學功，2002 年，巨大的轉變：戰後美國對東亞的政策，天津：天津人民出版社。

劉山、薛君度主編，1998 年，中國外交新論，北京：世界知識出版社。

劉志功、何春超主編，1987 年，戰後國際關係史手冊，南寧：廣西人民出版社。

劉同舜、高文凡主編，1985 年，戰後世界歷史長編 1950-1951，上海：上海人民出版社。

劉金質，2003 年，冷戰史，上冊，北京：世界知識出版社。

劉漢等著，1987 年，羅榮桓元帥，北京：解放軍出版社。

劉曉，1986 年，出使蘇聯八年，北京：中共黨史資料出版社。

蔡佳禾，2000 年，雙重的遏制－艾森豪威爾政府的東亞政策，南京：南京大學出版社。

蔡國裕，1994 年，中共黨史，第三冊，台北：國史館。

鄭文翰，1998 年，秘書日記裡的彭老總，北京：軍事科學出版社。

鄧禮峰，1989 年，新中國軍事活動紀實 1949-1959，北京：中共黨史資料出版社。

謝益顯主編，1984 年，中國外交史：中華人民共和國時期，1949-1979，開封：河南人民出版社。

鍾漢波，2000 年，海峽動盪的年代，台北：麥田出版社。

戴超武，2003 年，敵對與危機的年代－1954-1958 年的中美關係，北京：社會科學文獻出版社。

薄一波，1991 年，若干重大決策與事件的回顧，上卷，北京：中央黨校出版社。

韓念龍主編，1987 年，當代中國外交，北京：中國社會科學出版社。

韓懷智、譚旌樵主編，1989 年，當代中國軍隊的軍事工作（上），北京：中國社會科學出版社。

＿＿＿＿＿＿＿＿＿＿＿＿＿，1989 年，當代中國軍隊的軍事工作（下），北京：中國社會科學院。

聶鳳智，1986 年，三軍揮戈戰東海，北京：解放軍出版社。

蘇格，1999 年，美國對華政策與台灣問題，北京：世界知識出版社。

顧維鈞，1986 年，顧維鈞回憶錄，第十二分冊，北京：中華書局。

（二）期刊、論文

丁斗，「三次台灣海峽危機的比較評析」，國際經濟評論，1996 年 9/10 月，頁 31-34。

石之瑜，「對中共表意作風的分析與對應」，理論與政策，第 9 卷，第 1 期，1994 年 12 月，頁 78-94。

沈志華、張盛發，「從大國合作到集團對抗－論戰後斯大林對外政策的轉變」，東歐中亞研究，1996 年第 6 期，頁 55-66。

李榮秋，「第一次臺海危機期間的美國對華政策」，政治學報，第 9 期，民國 70 年 12 月，頁 195-239。

周湘華，「相互威脅的安全：一九五〇年中蘇共安全合作的觀察」，中國大陸研究，第 47 卷，第 2 期，2004 年 6 月，頁 113-135。

鈕先鍾，「中美外交與臺海危機(1953-1955)」，歷史月刊，第 33 期，民國 79 年 10 月，頁 36-47。

張淑雅，「美國對台政策轉變的考察（1950 年 12 月-1951 年 5 月）」，中央研究院近代史研究所集刊，第 19 期，1990 年 6 月，頁 469-486。

_____，「安理會停火案：美國應付第一次台海危機策略之一」，中央研究院近代史研究所集刊，第 22 期，下冊，1993 年 6 月，頁 63-103。

_____,「中美共同防禦條約的簽訂：1950 年代中美結盟過程之探討」，歐美研究，第 24 卷，第 2 期，1994 年 6 月，頁 51-98。

_____,「台海危機前美國對外島的政策（1953-1954）」，中央研究院近代史研究所集刊，第 23 期，1994 年 6 月，頁 293-330。

_____,「金馬撤軍？美國應付第一次台海危機策略之二」，中央研究院近代史研究所集刊，第 23 期，上冊，1995 年 6 月，頁 411-472。

_____,「文攻武嚇下的退縮：美國決定與中共舉行大使級談判的過程分析，1954-1955」，中央研究院近代史研究所集刊，第 25 期，1996 年 6 月，頁 381-424。

_____,「一九五〇年代美國對台決策模式分析」，中央研究院近代史研究所集刊，第 40 期，2003 年 6 月，頁 1-52。

焦紅,「50 年代毛澤東對台軍事鬥爭戰略決策的特點與啟示」，軍事歷史，2001 年第 5 期，頁 50-54。

黃華,「回憶萬隆會議」，北京周報，1985 年 4 月 15 日。

楊明偉,「創建、發展中國原子能事業的決策」，黨的文獻，1994 年，第 3 期，頁 28-35。

雷英夫,「抗美援朝幾個重大決策問題的回憶（續一）」，黨的文獻，1994 年，第 1 期，頁 24-30。

熊華源,「周恩來與亞非會議」，黨的文獻，1996 年，第 2 期，頁 86-91。

霍世亮,「論杜勒斯的和平哲學及其和平改革說」，美國研究，第 4 卷，第 1 期，1990 年 3 月，頁 4-17。

戴超武、趙文洪，「第五屆全國青年世界史工作者學術討論會在廣
　　州召開」，世界歷史，1999 年，第 1 期，頁 67-69。

_____，「美國歷史學家與五〇年代台灣海峽危機（上）」，當代中
　　國史研究，1998 年第 4 期，頁 82-94。

_____，「美國歷史學家與五〇年代台灣海峽危機（下）」，當代中
　　國史研究，1998 年第 5 期，頁 62-74。

_____，「中國核武器的發展與中蘇關係的破裂（1954-1962）」，
　　當代中國史研究，第八卷，第 3 期，2001 年 5 月，頁 76-85。

（三）官方文獻

國史館藏，蔣中正總統檔案，特交文卷，檔號：070200，卷號：
　　026，卷名：交擬稿件，編號：07B-00145。

_____，俞大維電總統府，蔣中正總統檔案，特交文電，檔號：
　　090103，卷號：008，卷名：對美關係－革命外交，編號：
　　09A-00331。

_____，黃少谷電葉公超，民國 44 年 1 月 27 日，蔣中正總統
　　檔案，特交文電，檔號：090103，卷號：008，卷名：對美關
　　係－革命外交，編號：09A-00331。

_____，國防部第五廳編，「美國三軍特種武器計劃署之編組與
　　任務」，蔣中正總統檔案，特交檔案，檔號：080102，卷號：
　　052，卷名：中央軍事報告及建議，編號：08A-00593。

_____，1953 年 7 月 16 日「美軍顧問團參觀大陳報告」，蔣中
　　正總統檔案，特交檔案，檔號：080102，卷號：101，卷名：
　　大陳及邊區作戰，編號：08A-00878。

_____,「大陳防守區四十三年三月十八日大陳方面匪我海空軍戰鬥要報」,蔣中正總統檔案,特交檔案,檔號:080102,卷號:101,卷名:大陳及邊區作戰,編號:08A-00879。

_____,顧維鈞華盛頓電,蔣中正總統檔案,特交檔案,檔號:080106,卷號:033,卷名:對美國外交,編號:08A-1576。

_____,蔣中正總統檔案,特交檔案,檔號:080106,卷號:034,卷名:對美國外交,編號:08A-01577。

_____,蔣中正總統檔案,特交檔案,檔號:080106,卷號:034,卷名:對美國外交,編號:08A-01578。

_____,蔣中正總統檔案,特交檔案,檔號:080106,卷號:034,卷名:對美國外交,編號:08A-01579。

_____,「美駐華代辦本年一月三十日第十三號照會」,蔣中正總統檔案,特交檔案,檔號:080106,卷號:047,卷名:美國軍事援助,編號:08A-01657。

_____,駐美大使顧維鈞與駐美武官皮宗敢電文,蔣中正總統檔案,特交檔案,檔號:080106,卷號:047,卷名:美國軍事援助,編號:08A-01657。

_____,馬紀壯,「海軍接艦計畫草案概要」,蔣中正總統檔案,特交檔案,檔號:080106,卷號:047,卷名:美國軍事援助,編號:08A-01659。

_____,彭孟緝,「一九五五年度軍援軍協報告書」,蔣中正總統檔案,特交檔案,檔號:080106,卷號:047,卷名:美國軍事援助,編號:08A-01662。

＿＿＿＿＿＿，黃鎮球 1957 年 6 月 15 日簽呈，蔣中正總統檔案，特交檔案，檔號：080106，卷號：047，卷名：對美國軍事援助，編號：08A-01662。

＿＿＿＿＿＿，「中國國防部為美國聯合參謀首長主席雷德福上將舉行特別會報之報告資料」，蔣中正總統檔案，特交檔案，檔號：080106，卷號 048，卷名：美國協防台灣，編號：08A-01666。

＿＿＿＿＿＿，「大陳防守區四十三年三月十八日大陳方面匪我海空軍戰鬥要報」，蔣中正總統檔案，特交檔案，檔號：080102，卷號：101，卷名：大陳及邊區作戰，編號：08A-00879。

＿＿＿＿＿＿，1953 年 5 月 13 日，「總統與符立德特使第一次談話紀錄」，蔣中正總統檔案，特交檔案，檔號：080106，卷號：034，卷名：對美國外交，編號：08A-01579。

＿＿＿＿＿＿，蔣中正總統檔案，特交檔案，檔號：080106，卷號：034，卷名：對美國外交，編號：08A-01579。

＿＿＿＿＿＿，蔣中正總統檔案，特交檔案，檔號：080106，卷號：035，卷名：對美國外交，編號：08A-01590。

國防部史政編譯局藏，國軍檔案，「大陳作戰綜合報告案－防衛大陳作戰經驗報告」，總檔案號：26524，分類號：543.65，頁 15-17。

＿＿＿＿＿＿＿＿＿＿＿，國軍檔案，金剛作戰計畫案，總檔案號：25076，分類號 541.1，民國 44 年；

＿＿＿＿＿＿＿＿＿＿＿，大陳島撤退案一～七，總檔案號：26420-6，分類號 543.64，民國 43-44 年；

＿＿＿＿＿＿＿＿＿＿＿，金剛計劃案一～五，總檔案號：42222-6，分類號 501.5，民國 44 年。

國防部部長辦公室藏，預備師編成方案（天山計畫）（1），陸總部
檔案，編號：041740。

貳、西文書目

（一）BOOKS

Accinelli, Robert. 1996. Crisis and Commitment: United States Policy toward Taiwan 1950-1955. Chapel Hill: University of North Carolina Press.

Ambrose, Stephen E.. 1984. Eisenhower: Vol.2: The President. New York: Simon and Schuster.

Azar, E. E. & C. Moon eds.. 1988. National Security in the Third World. England: Edward Elgar Publishing Ltd.

Barnett, A. Doak. 1977. China and the Major Power in East Asia. Washington: Brooking Institution.

Best, Gary Dean. 1983. Herbert Hoover: The Postpresidential Years 1933-1964. Stanford, California: Hover Institution Press.

Betts, Richard K.. 1987. Nuclear Blackmail and Nuclear Balance. Washington, D.C. : Brookings Institution.

Borg, Dorothy and Waldo Heinrichs eds.. 1980. Uncertain Years: Chinese-American Relations 1947-1950. New York : Columbia University Press.

Brodie, Bernard. 1973. War and Politics. New York: Macmillan.

Chang, Gordon H.. 1990. Friends and Enemies: The United States, China, and the Soviet Union 1948-1972. Stanford, California: Stanford University Press.

Clough, Ralph N.. 1978. Island China. Cambridge, Massachusetts: Harvard University Press.

Cumings, Bruce I. eds. 1983. Child of Conflict: The Korean-American Relationship 1943-1953. Seattle: University of Washington Press.

Divine, Robert A.. 1981. Eisenhower and the Cold War. New York: Oxford University Press.

Doencke, J. D.. 1979. Not to the Swift: The Old Isolationists in the Cold War. Lewisburg, PA: Bucknell University.

Donovan, Robert J.. 1956. Eisenhower: the Inside Story. New York: Harper.

Dulles, Foster Rhea. 1972. American Policy toward Communist China, 1949-1969. New York: Thomas Y. Crowell Company.

Eisenhower, Dwight D.. 1963. Mandate for Change 1953-1956: The White House Years. Vol. I. Garden City, N.Y.: Doubleday.

Feis, Herbert. 1953. The China Tangle: the American Effort in China from Pearl Harbor to the Marshall Mission. Princeton, N.J.: Princeton University Press.

Freedman, Lawrence. 1983. The Evolution of Nuclear Strategy. New York: St. Martin.

G., Barraclough & Wall R. F.. 1960. Survey of International Affairs 1955-1956. London: Oxford University Press.

Gaddis, John Lewis. 1982. Strategies of Containment: A Critical A Appraisal of Postwar American National Security Policy. New York: Oxford University Press.

Garthoff, Raymond L.. 1958. Soviet Strategy in the Nuclear Age. N.Y.: Frederick Praeger.

George, Alexander L. ed.. 1991. Avoiding War: Problems of Crisis Management. Boulder, Colorado: Westview.

_____ & Richard Smoke. 1974. Deterrence in American Foreign Policy: Theory and Practice. New York: Columbia University Press.

_____, David K. Hall & William E. Simon. 1971. The Limits of Coercive Diplomacy- Laos, Cuba, Vietnam. Boston: Little Brown.

Gittings, John. 1974. The World and China 1922-1972. New York: Haper & Row.

Greene, Fred. 1968. U.S. Policy and the Security of Asia. New York: McGraw-Hill Book Company.

Greenstein, Fred I.. 1982. The Hidden-Hand Presidency: Eisenhower as Leader. New York: Basic Books, Inc..

Harding, Harry & Ming Yuan eds.. 1989, Sino-American Relations 1945-1955: A Joint Reassessment of a Critical Decade. Wilmington, Dela: Scholarly Resources.

Hermann, Charles F.. 1972. International Crises: Insights from Behavioral Research. New York: Free Press.

Heller, Deane & David Heller. 1960. John Foster Dulles: Soldier for Peace. New York: Holt, Rinehart, and Winston.

Hinton, Harold C.. 1965. Communist China in World Politics. Washington D.C.: George Washington University Press.

_____. 1972. China's Turbulent Quest: An Analysis of China's Foreign Relations Since 1949. New York: The Macmillan Company.

Holsti, K. J.. 1967. International Politics: A Framework for Analysis. Englewood Cliffs: Prentice-Hall.

Holsti, Ole R.. 1972. Crisis Escalation War. Montreal: Mcgill-Queen's University Press.

Hoopes, Townsend. 1973. The Devil and John Foster Dulles. Boston: Little Brown and Company.

Kalichi, J. H.. 1975. The Pattern of Sino-American Crises: Political-Military Interaction in the 1950s. New York: Cambridge University Press.

Kennan, George. 1967. Memoirs: 1952-1950. New York: Pantheon Books.

Kusnitz, Leonard. 1984. Public Opinion and Foreign Policy: Amercia's China Policy 1949-1979. Westport, Conn: Greenwood Press.

Lauren, Paul Gordon. 1979. Diplomacy: New Approach in History, Theory, and Policy. New York: Free Press.

Lewis, John Wilson & Xue Litai. 1988. China Builds the Bomb. Stanford, California: Stanford University Press.

Yu-fang Lin. 1989. An Unequal Alliance: Exploring ROC-US Relations with a Special Emphasis on the 1950s. Ph.D. Dissertation: University of Virginia.

Mandelbaum, Michael. 1979. The Nuclear Question: The United States and Nuclear Weapons 1946-1976. Cambridge, New York: Cambridge University Press.

Mayers, David. 1986. Cracking the Monolith: U.S. Policy Against the Sino-Soviet Alliance 1949-1955. Baton Rouge: Louisiana State University Press.

Meisner, Maurice. 1999. Mao's China and After: A History of the People Republic. Third Edition. New York: The Free Press.

Morgenthau, Hans J.. 1967. Politics Among Nations: The Struggle for Power and Peace. 6th. New York: Knopf.

Nelsen, Harvey W.. 1989. Power and Insecurity: Beijing, Moscow & Washington 1949-1988. Boulder, Colorodo.: Lynne Rienner Publishers.

Ness, Peter Van. 1970. Revolution and Chinese Foreign Policy: Peking's Support for Wars of National Liberation. Berkeley: University of California Press.

Paterson, Thomas G. ed.. 1984. Major Problems in American Foreign Policy: Documents and Essays. Vol. II. Washington D.C.: Heath and Company.

_____, Garry Clifford, Kenneth J. Hagan et. al.. 1983. American Foreign Policy: A History since 1900, 2nd. Lexington, Mass: D.C. Heath and Company.

Rankin, Karl Lott. 1964. China Assignment. Seattle: University of Washington Press.

Rees, David. 1968. The Age of Containment: the Cold War 1945-1965. New York: St. Martin's Press.

Robert, Jonathan M.. 1988. Decision Making During International Crises. New York: St. Martin's Press.

Schaller, Michael. 1989. Douglas Macarthur: The Far Eastern General. New York: Oxford University Press.

Segal, Gerald. 1985. Defending China. New York: Oxford University Press.

Snyder, Glenn H. & Paul Diesing. 1977. Conflict Among Nations： Bargaining, Decision Making and System Structure in International Crises. Princeton, N.J.: Princeton University Press.

Spanier, John. 1993. Games Nations Play. Washington D.C.: Congressional Quarterly.

Stolper, Thomas E.. 1985. China, Taiwan, and the Offshore Islands: Together with an Implication for Outer Mongolia and Sino-Relations. Armonk, N.Y.: M. E. Sharpe. Inc..

Sutter, Robert G.. 1978. China-Watch: Toward Sino-American Reconciliation. Baltimore: John Hopkins University Press.

Taft, Robert. 1951. A Foreign Policy for Americans. New York: Doubleday & Company.

Tsou, Tang. 1959. Embroilment Over Quemoy: Mao, Chiang and Dulles. Utah: University of Utah Press.

_____. 1963. American Failure in China 1941-1950. Chicago: Chicago University Press.

Walt, Stephen M.. 1987. The origins of Alliances. Ithaca, N.Y. : Cornell University Press.

Waltz, Kenneth. 1979. Theory of International Politics. New York: Random House.

Wendt, Alexander. 1999. Social Theory of International Politics. New York: Cambridge University Press.

Zhai, Qiang. 1994. The Dragon, the Lion, and the Eagle: Chinese-British-American Relations 1949-1958. Kent, Ohio: Kent State University Press.

Zhang, Shu Guang. 1992. Deterrence and Strategic Culture: Chinese-American Confrontations 1949-1958. Ithaca, N.Y.: Cornell University Press.

（二）ARTICLES

Accinelli, Robert. "Eisenhower, Congress, and the 1954-1955 Offshore Islands Crisis," Presidential Studies Quarterly. Vol. 20. No. 1. Spring 1990. pp.329-348.

Baldwin, David A.. "Neoliberalism, Neorealism, and world Politics," in Neorealism and Neoliberalism: The Contemporary Debate. David A. Baldwin ed.. New York: Columbia University Press, 1993. pp.3-25.

Bell, Coral. "Crisis Diplomacy," in Laurence Martin ed.. Strategic Thought in the Nuclear Age. Baltimore: Johns Hopkins University Press, 1979. pp.157-185.

Brands, Henry W. Jr.. "Testing Massive Retaliation: Credibility and Crisis Management in the Taiwan Strait," International security. Vol.12. No.4. Spring 1988. pp.124-151.

Chang, Gordon & He Di. "The Absence of War in the U.S.-China Confrontation over Quemoy and Matsu in 1954-1955: Contingency, Luck, Deterrence," American Historical Review. Vol.98. No. 5. December 1993. pp.1500-1524.

Chang, Gordon H.. "To the Nuclear Brink: Eisenhower, Dulles, and the Quemoy-Matsu Crisis," International Security. Vol. 12. No. 4. Spring 1988. pp.96-123.

Deutsch, Karl W.. "Crisis Decision-Making: The Information Approach," in Daniel Frei. ed. Managing International Crises. Berverly Hills: Sage Publication, 1982. pp.15-28.

Dingman, Roger. "Atomic Diplomacy During the Korean War," International Security. Winter 1988-1989. pp.50-91.

Dulles, John Foster. "A Policy of Boldness," Life. No.32. May 2 1952. p.146.

Dulles, John Foster. "Policy for Peace and Security," Foreign Affairs. April 1954. Vol. 32. pp.353-365.

Dulles, John Foster. "We Have the Initiative," Nation's Business. Jan 1954. Vol. 42. No. 1. pp.25-27.

Epstein, Joshua M.. "Horizontal Escalation," International Security. Vol. 8. No. 3. Winter 1983-1984. pp.19-31.

Foot, Rosemary. "Nuclear Coercion and the Ending of the Korean Conflict," International Security. Winter 1988-1989. pp.92-112.

_____. "The Search for a Modus Vivendi: Anglo-American Relations and China Policy in the Eisenhower Era," in Warren Cohen and Akira Iriye, eds., The Great Power in East Asia, 1953-1960. New York: Columbia University Press, 1990. pp.143-163

Gaddis, John L.. "Was the Truman Doctrine a Real Turning Points?" Foreign Affair. Vol. 52. 1973/1974. pp.386-403.

George, Alexander L.. "Crisis Management: The Interaction of Political and Military Considerations," Survival. Vol. 26. No. 5. Sep/Oct 1984. pp.223-234.

Gordon, Leonard H. D.. "United States Opposition to Use of Force in the Taiwan Strait 1954-1962," The Journal of American History. Vol. 72. No. 3. December 1985. pp.637-660.

Graebner, Norman A.. "Conclusion: The Limits of Nuclear Strategy," in Norman A. Graebner ed.. The National Security: Its Theory and Practice 1945-1960. New York: Oxford University Press. 1986. pp.275-304.

_____. "Eisenhower and Communism: The Public Record of the 1950s," in Rechard Melanson, David Mayers, eds.. Reevaluating Eisenhower: American Foreign Policy in the Fifties. Urbana: University of Illinois Press, 1987. pp.67-87.

Greenstein, Fred. "Eisenhower as an Activist President: A Look at New Evidence," Political Science Quarterly. 94. Winter 1979-1980. pp.575-599.

Halperin, Morton H.. "The Eisenhower Years," in Ernest R. May and James C. Thompson Jr. eds.. American-East Asian Relations: A Survey. Cambridge, Massachusetts: Harvard University Press, 1972. pp.377-389.

Heinrichs, Waldo. "Eisenhower and Sino-American Confrontation," in Warren I. Cohen and Akira Iriye, eds.. The Great Powers in East Asia 1953-1960. New York: Columbia University Press. 1990. pp.86-103.

Hermann, Charles F.. "Some Issues in the Study of International Crisis," in Charles F. Hermann ed.. International Crises: Insight from Behavior Research. New York: The Free Press. 1972. p.18.

Immerman, Richard H.. "Confessions of an Eisenhower Revisionist: An Agonizing Reappraisal," Diplomatic History. Vol. 14. No. 3. Summer 1990. pp.319-342.

_____. "Eisenhower and Dulles: Who Made the Decisions?" Political Psychology. Autumn 1979. pp.21-38.

Joes, Anthony James. " Eisenhower Revisionism: the Tide Comes In," Presidential Studies Quarterly. Vol. 15. No. 3. Summer, 1985. pp.561-571.

Keefer, Edward C. "President Dwight D. Eisenower and the End of the Korean War," Diplomatic History. Vol. 10. No. 3. Summer 1986. pp.267-298.

Keohane, Robert O.. "Lilliputians Dilemmas: Small States in International Politics," International Organization. Vol. 23. No. 1. Spring 1969. pp291-310.

Kissinger, Henry. "Military Policy and Defense of the 'Grey Area'," Foreign Affairs. Vol.33. April 1955. pp.416-429.

Mastny, Vojtech. "The Cassandra in the Foreign Commissariat: Maxim Litvinov and the Cold War," Foreign Affairs. Vol. 54. 1975/1976. pp.366-376.

Miller, Kent. "The Concept of Crisis: Current Status and Mental Health Implications," Human Organization. Vol. 22. No.3. Fall 1963. pp.195-196.

Morgenthau, Hans J.. "John Foster Dulles, 1953-1959," in Norman A. Graebner, ed., An Uncertain Tradition: American Secretaries of State in the Twentieth Century. New York: McGraw-Hill Book Company, Inc., 1961, pp.289-308.

Mottola, Kari. "Systemic Crisis: lessons of Regional Détente," in Daniel Frei. ed.. Managing International Crises, 1982, pp.185-198.

Nelson, Anna Kasten. "The Top of the Policy Hill: Eisenhower and the National Security Council," Diplomatic History. Vol. 7. No. 3. Fall 1983. pp.307-326.

Pruessen, Ronald W.. John Foster Dulles and the Predicaments of Power. in Richard H. Immerman, ed.. John Foster Dulles and the Diplomacy of the Cold War. Princeton, N.J.: Princeton University Press. 1990. pp.21-46.

Rushkoff, Bennett C.. "Eisenhower, Dulles and the Quemoy-Matsu Crisis 1954-1955," Political Science Quarterly. Fall 1981. pp.465-481.

Schweller, Randall L.. "Bandwagoning for Profit: Bring the Revisionist State Back," International Security. Vol. 19. Summer 1994. pp.72-107.

Schelling, Thomas C.. "The Diplomacy of Violence," in John Garnett. ed.. Theories of Peace and Security: A Reader in Contemporary Strategic Thought. Macmillan: St. Martin's Press. 1970. pp.64-84.

Sigal, Leon V.. "The Rational Policy Model and the Formosa Straits Crises," International Studies Quarterly. Vol. 14. No. 2. June 1970. pp.121-156.

Singer, J. David & Melvin Small. "Alliance Aggregation and the Onset of War 1815-1945," in Francis A. Beer. ed.. Alliances: Latent War Communities in the Contemporary World. New York: Holt, Rinehart & Winston, 1970. pp.12-67.

Stern, Eric and Bengt Sundelius. "Managing Asymmetrical Crises: Sweden, the USSR and U-137," International Studies Quarterly. Vol. 36. No. 2. June 1992. pp.213-239.

Strong, Tracy D. & Helene Keyssar. "Anna Louise Strong: Three Interviews With Chairman Mao Zedong," China Quarterly. September 1985. pp.489-509.

Trachtenberg, Marc. "A Wasting Asset: American Strategy and the Shifting Nuclear Balance 1949-1954," International Security. Vol. 13. No. 3. Winter 1988/1989. pp.5-49.

Ullman, Richard. "Redefining Security," International Security. Vol. 8. No. 1. Summer 1983. pp.129-153.

Wells, Samuel F. Jr.. "The Origins of Massive Retaliation," Political Science Quarterly. Vol. 96. No. 1. Spring 1981. pp.31-52.

X. "The sources of Soviet conduct," Foreign Affairs. Vol. 25. No. 4. July 1947. pp566-582.

（三）Government Documents

Foreign Relations of the United States, 1948, Vol.8, The Far East: China. Washington D.C.: United States Government Printing Office. 1973.

Foreign Relations of the United States, 1949, Vol. 7, The Far East and Australasia, Part 1. Washington D.C.: United States Government Printing Office. 1975.

Foreign Relations of the United States, 1949, Vol. 9. The Far East: China. Washington D.C.: United States Government Printing Office. 1974.

Foreign Relations of the United States, 1950, Vol. 1, National Security Affairs; Foreign Economic Policy. Washington D.C.: United States Government Printing Office. 1977.

Foreign Relations of the United States, 1950, Vol. 2, The United Nations; The Western Hemisphere. Washington D.C.: United States Government Printing Office. 1976.

Foreign Relations of the United States, 1950. Vol.6 , East Asia and the Pacific. Washington D.C.: United States Government Printing Office. 1980.

Foreign Relations of the United States, 1950, Vol. 7, Korea. Washington D.C.: United States Government Printing Office. 1976.

Foreign Relations of the United States, 1951, Vol. 6, Asia and the Pacific （in two part）. Washington D.C.: United States Government Printing Office. 1978.

Foreign Relations of the United States, 1951. Vol. 7, Korea and China. Part 2. Washington D.C.: United States Government Printing Office. 1983.

Foreign Relations of the United States, 1952-1954, Vol. 2, National Security Affairs. Washington D.C.: United States Government Printing Office. 1984.

Foreign Relations of the United States, 1952-1954. Vol. 7, East Asia and the Pacific (in two parts). Washington D.C.: United States Government Printing Office. 1987.

Foreign Relations of the United States, 1952-1954, Vol. 14, China and Japan. Washington D.C.: United States Government Printing Office. 1985.

Foreign Relations of the United States, 1952-1954, Vol. 15, Korea, part 1. Washington D.C.: United States Government Printing Office. 1984.

Foreign Relations of the United States, 1955-1957, Vol. 2, China. Washington D.C.: United States Government Printing Office. 1986.

Foreign Relations of the United States, 1955-1957, Vol. 21, East Asian Security; Cambodia: Laos. Washington D.C.: United States Government Printing Office. 1990.

Public Papers of the Presidents of the United States: Dwight D. Eisenhower, 1955. 1959. Washington D.C.: Government Printing Office.

Senate Foreign Relations Committee, Executive Sessions of the Foreign Relations Committee, Historical Series. Vol. 7. 1978. Washington D.C.: Government Printing Office.

參、報紙

New York Times, February 3, 1953, p.1.

_____, July 22, 1954, p.12

人民日報，1954 年 7 月 16 日，第一版。

_____，1954 年 9 月 3 日，第一版。

中央日報，民國 43 年 7 月 21 日，第一版。

_____，民國 43 年 7 月 23 日，第一版。

_____，民國 44 年 9 月 19 日，第一版。

肆、網路

「關於增強黨的團結的決議」（一九五四年二月十日），中央檔案
　　館提供原件刊印，請參閱 http://www.people.com.cn/
　　BIG5/33831/33836/34143/34224/2558005.html（2005/01/20）。

Dulles, John Foster. "The Evolution of Foreign Policy" address
　　before the Council on Foreign Relations (Jan. 12, 1954),
　　Department of State Bulletin, 30（Jan. 25, 1954）, pp. 107-110.
　　http://www.nuclearfiles.org/redocuments/1954/54-dulles-mr.htm
　　l（2004/12/08）

http://galenet.galegroup.com/servlet/BioRC。（2003/10/10）

The Truman Doctrine http://usinfo.org/chinese_cd/living_doc/BIG5/
　　trumandoctrine.htm（2005/3/9）

人民日報圖文數據全文檢索系統網路版，
　　http://202.108.59.115:957/web/index.htm（2004/8/13）

毛澤東，「準備一切必要條件，堅決粉碎敵人登陸冒險」，
　　http://www.mzdthought.com/mwj/6/mx06247.htm（2005/01/20）

毛澤東，「在國防委員會第一次會議上的講話」，
　　http://www.ccyl.org.cn/theory/mxweb/html/mx06354.htm
　　（2004/11/26）。

毛澤東，「同印度總理尼赫魯的四次談話」，
　　http://www.ccyl.org.cn/theory/mxweb/html/mx06361.htm
　　（2004/11/26）。

毛澤東,「在中國共產黨全國代表大會上的講話」,
　　http://www.ccyl.org.cn/theory/mxweb/html/mx06389.htm
　　(2004/8/14)。

毛澤東,「抗戰勝利後的時局和我們的方針」,
　　http://www.mzdthought.com/4/4-1.htm(2004/4/12)。

毛澤東,「關於目前國際形勢的幾點估計」,
　　http://www.mzdthought.com/4/4-11.htm(2004/12/23)。

毛澤東,「和美國記者安娜‧路易斯‧斯特朗的談話」,
　　http://www.mzdthought.com/4/4-13.htm(2004/12/23)。

毛澤東,「別了,司徒雷登」,
　　http://www.mzdthought.com/4/4-67.htm(2004/2/2)。

http://www.mzdthought.com/mxxx.htm(2001/12/21)。

王緝思,「1945-1955年美國對華政策及其後果」,美國研究,1987
　　年第1期,http://www.mgyj.com/american_
　　studies/1987/first/first03.txt(2004/10/10)

何迪,「台海危機和中國對金門、馬祖政策的形成」,美國研究,
　　1998年,第3期,http://www.mgyj.com/american_
　　studies/1988/third/third03.txt(2004/10/10)

「總統與羅伯遜助理國務卿第二次談話紀錄」,民國43年10月
　　13日上午11時至下午1時30分,主題名:續編,卷名:談
　　話錄,http://210.241.75.208/石叟叢書(2005/8/15)。

「總統與羅伯遜助理國務卿第三次談話紀錄」,民國43年10月
　　13日下午7時30分,主題名:續編,卷名:談話錄,
　　http://210.241.75.208/石叟叢書(2005/8/15)。

國家圖書館出版品預行編目

遺忘的危機：第一次台海危機的真相 / 周湘華
　　作. -- 一版. -- 臺北市：秀威資訊科技,
　　2008.12
　　　面；　公分. --（社會科學類；AF0100）
　　BOD 版
　　參考書目：面
　　ISBN 978-986-221-113-7（平裝）

　　1.兩岸關係　　2.中美關係　　3.臺美關係
　　4.臺海安全

　　573.09　　　　　　　　　　　　　97020846

社會科學類　　AF0100

遺忘的危機
——第一次台海危機的真相

作　　者 / 周湘華
發 行 人 / 宋政坤
執行編輯 / 林世玲
圖文排版 / 鄭維心
封面設計 / 陳佩蓉
數位轉譯 / 徐真玉　沈裕閔
圖書銷售 / 林怡君
法律顧問 / 毛國樑　律師
出版印製 / 秀威資訊科技股份有限公司
　　　　　　台北市內湖區瑞光路 583 巷 25 號 1 樓
　　　　　　電話：02-2657-9211　　　　傳真：02-2657-9106
　　　　　　E-mail：service@showwe.com.tw
經 銷 商 / 紅螞蟻圖書有限公司
　　　　　　台北市內湖區舊宗路二段 121 巷 28、32 號 4 樓
　　　　　　電話：02-2795-3656　　　　傳真：02-2795-4100
　　　　　　http://www.e-redant.com

2008 年 12 月 BOD 一版
定價：350 元

讀　者　回　函　卡

感謝您購買本書，為提升服務品質，煩請填寫以下問卷，收到您的寶貴意見後，我們會仔細收藏記錄並回贈紀念品，謝謝！

1.您購買的書名：＿＿＿＿＿＿＿＿＿＿＿＿＿＿＿＿＿＿＿

2.您從何得知本書的消息？

　　□網路書店　　□部落格　　□資料庫搜尋　　□書訊　□電子報　□書店

　　□平面媒體　　□ 朋友推薦　　□網站推薦　□其他＿＿＿＿＿＿

3.您對本書的評價：(請填代號　1.非常滿意 2.滿意 3.尚可 4.再改進)

　　封面設計＿＿　版面編排＿＿　內容＿＿　文/譯筆＿＿　價格＿＿

4.讀完書後您覺得：

　　□很有收獲　　□有收獲　　□收獲不多　　□沒收獲

5.您會推薦本書給朋友嗎？

　　□會　□不會，為什麼？＿＿＿＿＿＿＿＿＿＿＿＿＿＿＿＿＿

6.其他寶貴的意見：＿＿＿＿＿＿＿＿＿＿＿＿＿＿＿＿＿＿＿＿＿

＿＿＿＿＿＿＿＿＿＿＿＿＿＿＿＿＿＿＿＿＿＿＿＿＿＿＿＿＿

＿＿＿＿＿＿＿＿＿＿＿＿＿＿＿＿＿＿＿＿＿＿＿＿＿＿＿＿＿

＿＿＿＿＿＿＿＿＿＿＿＿＿＿＿＿＿＿＿＿＿＿＿＿＿＿＿＿＿

讀者基本資料

姓名：＿＿＿＿＿＿＿＿＿＿　年齡：＿＿＿　性別：□女 □男

聯絡電話：＿＿＿＿＿＿＿＿　E-mail：＿＿＿＿＿＿＿＿＿＿

地址：＿＿＿＿＿＿＿＿＿＿＿＿＿＿＿＿＿＿＿＿＿＿＿＿＿＿

學歷：□高中(含)以下　　□高中　　□專科學校　　□大學

　　　□研究所(含)以上 □其他＿＿＿＿＿＿＿＿

職業：□製造業 □金融業 □資訊業 □軍警 □傳播業 □自由業

　　　□服務業 □公務員 □教職　□學生 □其他＿＿＿＿＿

To：114

台北市內湖區瑞光路 583 巷 25 號 1 樓

秀威資訊科技股份有限公司　　　收

寄件人姓名：

寄件人地址：□□□

(請沿線對摺寄回,謝謝!)

秀威與 BOD

BOD（Books On Demand）是數位出版的大趨勢，秀威資訊率先運用 POD 數位印刷設備來生產書籍，並提供作者全程數位出版服務，致使書籍產銷零庫存，知識傳承不絕版，目前已開闢以下書系：

一、BOD 學術著作—專業論述的閱讀延伸
二、BOD 個人著作—分享生命的心路歷程
三、BOD 旅遊著作—個人深度旅遊文學創作
四、BOD 大陸學者—大陸專業學者學術出版
五、POD 獨家經銷—數位產製的代發行書籍

BOD 秀威網路書店：www.showwe.com.tw
政府出版品網路書店：www.govbooks.com.tw

永不絕版的故事・自己寫・永不休止的音符・自己唱